教育部高职高专文秘类专业教学指导委员会
“十二五”规划教材

文化素质教育系列

文化产业基础

主　编　宋桂友
副主编　刘　海　王　勇
参　编　余华川　曾红宇　童李君　张　伟

重庆大学出版社

内容提要

文化产业是一种新兴产业,并以极快的速度发展为社会产业链中势头强劲的朝阳产业;文化产业人才则随着文化产业的快速发展,成为目前社会所急需的人才,于是越来越多的学校纷纷增设文化产业专业;文化产业课程也正在飞速地开展起来。

为适应和满足文化产业发展以及开展文化产业课程的需要,我们编写了这本《文化产业基础》教材。它具有如下特点:

①该书是目前第一本也是唯一的一本高职高专层次适用的文化产业专业教材;②汇集了最新的研究成果;③体系完备,内容深入浅出;④编写体例创新,便于教学。

图书在版编目(CIP)数据

文化产业基础/宋桂友主编.—重庆:重庆大学出版社,2010.8(2015.9 重印)

教育部高职高专文秘专业教学指导委员会“十二五”规划教材

ISBN 978-7-5624-5388-8

Ⅰ.①文… Ⅱ.①宋… Ⅲ.①文化—产业—高等学校:技术学校—教材 Ⅳ.①G114

中国版本图书馆 CIP 数据核字(2010)第 079911 号

教育部高职高专文秘专业教学指导委员会“十二五”规划教材

文化产业基础

主　编　宋桂友

副主编　刘　海　王　勇

策划编辑:邱　慧　贾　曼

责任编辑:谭　敏　贾德伟　　版式设计:贾　曼

责任校对:贾　梅　　责任印制:赵　晟

*

重庆大学出版社出版发行

出版人:邓晓益

社址:重庆市沙坪坝区大学城西路 21 号

邮编:401331

电话:(023) 88617190　88617185(中小学)

传真:(023) 88617186　88617166

网址:http://www.cqup.com.cn

邮箱:fxk@cqup.com.cn(营销中心)

全国新华书店经销

自贡兴华印务有限公司印刷

*

开本:787×1092　1/16　印张:14　字数:298千

2010 年 8 月第 1 版　2015 年 9 月第 2 次印刷

印数:4 001-4 800

ISBN 978-7-5624-5388-8　定价:28.00 元

参编学校 （以拼音字母为序）

长沙民政职业技术学院
长江职业学校
福建泉州黎明职业大学
广东农工商职业技术学院
湖州职业技术学院
湖南商务职业技术学院
河北科技师范学院
河北政法职业学院
黄河水利职业技术学院
湖南大众传媒职业技术学院
华侨大学
黑龙江工商职业技术学院
嘉兴职业技术学院
荆州职业技术学院
金陵科技学院
金华职业技术学院
丽水职业技术学院
辽宁装备制造职业技术学院
连云港高等专科学校
南通大学
南通职业大学
南通农业职业技术学院
宁波城市职业技术学院
深圳信息职业技术学院
苏州职业大学
石家庄铁路职业技术学校
山西大学
四川职业技术学院
四川文化产业职业学院
绍兴文理学院
上海工会管理职业学院
山东文化产业学院
太原大学
唐山师范学院
扬州大学
扬州职业大学
英国密德萨斯大学
浙江经济职业技术学院
浙江商业职业技术学院
浙江金融职业学院
浙江东方学院
浙江经贸职业技术学院
钟山职业技术学院
中华女子学院
郑州牧业工程高等专科学校

总序

2006 年 1 月，教育部下发了《教育部关于成立 2006－2010 年教育部高等学校有关科类教学指导委员会的通知》(高教函[2005]25 号)，经过调整，教育部高职高专文秘类专业教学指导委员会(以下简称“教指委”)由下列人员组成：孙汝建(主任委员)、严冰(副主任委员)、郭冬、时志明、曹千里、王金星、杨群欢、王箕裘、韦茂繁、陈江平、李丽、张玲莉。

“教指委”成立以来，始终把教材建设作为重要工作来抓。设立了专业建设分委员会、师资培训分委员会、实训基地建设分委员会。由主任委员兼任专业建设组组长、专业建设分委员会主任，具体负责包括教材建设在内的文秘专业建设研究和指导工作。委员会先后召开了五次委员会会议；举办了三期全国文秘专业骨干教师培训班；建立了全国高职高专文秘专家库并开展研讨活动；承担教育部课题“文秘专业规范研制”的研究；在全国高职高专遴选和建设了三批教指委精品课程；设立了三批文秘专业研究课题；举办了两届全国高校文秘技能大赛；对全国六百多所高校的文秘专业进行了问卷调查；等等。“教指委”始终把教材的研究与开发作为主线贯穿在这些活动中，并多次组织专题研讨，在认真调查研究、反复论证的基础上，组织编写了教育部高职高专文秘类专业教学指导委员会“十二五”规划教材 36 种，由主任委员任总主编。经过网上公开招标、委员投票，该套教材由国家一级出版社重庆大学出版社出版。

2009 年 8 月 24－27 日，由“教指委”主办、重庆大学出版社承办的本系列教材主编会在重庆召开。会议期间，主编们就高职高专文秘专业课程设置、教学目标以及本系列教材编写指导思想、编写原则、体例和编写队伍组成原则等问题进行了认真而热烈的讨论，达成了以下共识：1. 根据我国高职高专文秘专业各方向的培养目标、专业建设、课程建设的发展规律与趋势以及国家秘书职业资格证书的考证要求、用人单位对文秘人才的需求，构建编写大纲、选择编写内容、设置编写栏目。2. 教材编写以文秘专业学生应具备的基本素质、基础知识、基本职业能力、核心职业能力为依据。3. 教材使用对象以高职高专学生为主体，兼顾文秘培训和秘书行业的社会需求。4. 教材内容以“够用为度，适用为则，实用为标”为原则，给课堂教学留有发挥空间，突出主要知识点，实训举一反三，紧扣文秘岗位实际，表达准确流畅。5. 教材由秘书职业基础、职业技术与技能训练和文化素质课程(高职高专各专业通用)两大版块组成。6. 教材资料尽量使用2007年以后的新成果,保证教材内容的前沿性。7. 教材采用立体开发的方式出版,除了纸质教材外,还包括教学资源网站和教学资源包。

会后,本系列教材主编积极组织力量,遴选副主编和参编者,以每本教材为单位,分别组织研讨和开展教材编写工作。

经过长期运作,本系列教材36本终于面世。其中:

(一)秘书职业基础、职业技术与技能训练课程版块23种

秘书理论与实务　　秘书写作实务
涉外商务文书　　文案阅读与评析
档案管理实务　　社会调查实务
办公室事务处理　　秘书信息工作实务
会议策划与组织　　中国秘书简史
商务秘书实务　　秘书岗位综合实训
秘书职业概论　　秘书思维训练
领导科学与领导艺术　　毕业设计(论文)写作指导
人力资源管理理论与实务　　企业管理基础
秘书语文基础　　市场营销理论与实务
办公自动化教程　　公共关系实务
秘书心理与行为

(二)文化素质课程版块13种

规范汉字与书法艺术　　普通话训练
口语交际与人际沟通　　新闻写作
社交礼仪　　商务写作实训
实用美学　　形体塑造与艺术修养
文化产业基础　　中外文化概论
地域与旅游文化　　文学艺术鉴赏
法律文书写作

本套教材由"教指委"确定教材目录、提出编写意图、组织编写队伍、审定编写大纲、并对编写出版过程进行了全程管理、指导与监控;系列教材全体主编有丰富的教学经验和科研成果;出版社有较高的资质和声誉。全体编写者都怀有一个共同的愿望:在教指委指导下,编写出一套能全面反映文秘专业最新教学科研成果、代表文秘专业建设方向、能在较长时间内指导全国高职高专文秘专业教学的精品教材。

重庆大学出版社从领导到该项目负责人,对教材的组织编写到出版一直给予高度重视和大力支持,特别是邱慧主任、贾曼老师几年来为教材辛苦奔走,精心策划、辛勤付出,其敬业精神令我们感动,我代表"教指委"及教材全体编写人员向他们深表敬意和谢意!

任何成果都是阶段性的,本套教材也不例外。但是,探索是无止境的,在教材的使用过程中,我们会发现修改的空间,在适当的时候,我们还可以对教材做适当的修订,使之日臻完善。

教育部高等学校高职高专文秘类专业教学指导委员会　孙汝建
华侨大学华文学院院长、教授
2010年6月16日于厦门

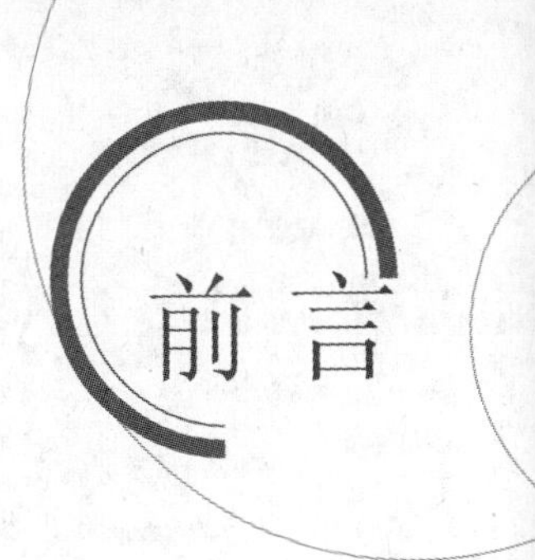

前言

世界经济的列车快速驶入新世纪后,其发展的动力何在?美国传媒与娱乐巨头米切尔·J·沃尔夫(Michael. J. Wolf)告诉我们:“文化、娱乐——而不是汽车制造、钢铁、金融服务业——正在迅速成为新的全球经济增长的驱动轮。”①此语精辟。人类社会在进入21世纪以后,文化产业因其带来巨大经济效益和社会效益所形成的重要性已成为全世界的共识。在目前以信息为基础的全球经济中,文化产业的发展已经成为国家财富和国际竞争优势的重要标志。在发达国家,文化产业已然成为支柱产业,如美国的电影和传媒业、日本的动漫产业、韩国的网络游戏业、德国的出版业、英国的音乐产业等都已成为国际文化产业的标志品牌。在我国,文化产业更是在近年来取得了超常规发展。随着文化体制改革的不断深入和人民群众精神文化需求的不断增强,我国文化产业已经从探索、起步、培育的初级阶段,进入了快速发展的新时期,呈现出朝气蓬勃的新局面。

文化产业是一种新兴产业,并以极快的速度发展为社会产业链中势头强劲的朝阳产业。

文化产业人才则随着文化产业的发展,成为目前社会所急需的人才,于是越来越多的学校纷纷增设文化产业专业。

文化产业课程也正在飞速地开设起来。但令人遗憾的是教材建设相对滞后,尤其是目前根本找不到一本高职高专类学生适用的有关文化产业理论与实践课程的教材。为适应和满足文化产业发展以及开展文化产业课程的需要,我们编写了这本《文化产业基础》教材。本教材具有如下特点:

1. 权威性。一是汇集了目前国内外文化产业最前沿的研究成果。二是使用了最新的官方材料,有很多是国务院有关部门在本书截稿时刚刚发布的数据。三是案例选择的典型性。

2. 针对性。该书是目前国内第一本也是唯一的一本高职高专

① [美]米切尔·J·沃尔夫(Michael. j. Wolf). 娱乐世界[J]. 黄光伟,邓盛华,译. 北京:光明日报出版社,2001(14).

层次适用的文化产业专业教材，编写目标明确。当然，本书也可以作为文化、新闻、传媒、服务经济、文化创意、营销策划等相关课程的教材或参考用书。

3. 实用性。本书体系完备，内容深入浅出。充分考虑高职高专院校教学实际。编写体例创新，便于教学。

本书是集体智慧的结晶，所有编写者均是来自于教学第一线的专家。编写工作历时一年，数易其稿。编写分工为：

第一部分、第二部分、第三部分：宋桂友；第四部分、第十二部分：刘海；第五部分：张伟；第六部分、第七部分：王勇；第八部分：童李君、宋桂友；第九部分、第十一部分：曾红宇；第十部分、第十三部分：余华川。

全书由刘海统稿，宋桂友定稿。为编写本书，虽然我们尽了最大的努力，但书中难免不当之处，在此恳请专家批评指正。

主编　宋桂友

2010 年 5 月 10 日

主编简介

宋桂友，文学博士，文化产业研究博士后，副教授，现为苏州市职业大学（苏州学院）吴文化研究所专职研究员。

自 1981 年 12 月在《大众日报》发表第一篇文章以来，一直从事文学创作、文学批评与文化研究，二十多年来共在《人民日报》《南方周末》《满族文学》《山东文学》《星星诗刊》《文艺争鸣》《东岳论丛》《名作欣赏》等百余种报刊发表各类文章 1800 多篇，出版专著 2 部，获得全国及省级文学奖项十余次，主持教育部文秘教指委重点课题《文化产业教程》和江苏省文化艺术科研项目《吴文化产品产业化研究》等省级研究项目 4 个。

中国诗歌学会会员，中国硬笔书法协会会员，江苏省作家协会会员。

也是不同历史文明的见证。但是在古代,由于生产力水平低下,人们所从事的社会产业也十分有限,原始先民在从事艺术创作活动过程中无论是题材还是形式,都受到当时生产力的制约。可以说,在原始社会时,语言是唯一的文化传播工具,而由于区域的阻隔,导致语言种类众多,所以当时落后的原始经济和单一的传播工具使得原始文化根本不具备产业化的条件。

当人类社会由渔猎社会进入农业社会以后,生产力有了较大发展,文字的发明为文化的传播带来了革命性的进化,这为一些艺术创造活动、手工业与商业以及为后来文化产品的创造、生产与传播提供了基础。特别是到了15世纪,德国人谷登堡发明的金属活版印刷带来了传播媒介的革命。印刷术的诞生使文字以此前手抄本无法比拟的速度传播开来,它代表的是以大量复制为基础的文化活动的诞生,提供了第一批可重复生产的产品、第一条生产流水线、第一次大规模的生产。①

16世纪以后,西方在追求科学的旗帜引领下,各个领域的发明不断涌现。珍妮纺纱机、蒸汽机的发明和运用,汽船等交通运输业的革新,又为机器大生产提供了动力基础,于是产业革命和机器工业迅速崛起,世界上第一个工业化城市曼彻斯特随之诞生……工业文明和城市文明的进步、人文艺术和工业技术的结合,是文化产业产生的社会基础。

(二)电子媒介的出现催生大众文化产业

1920年11月2日,世界上第一座广播电台(由美国匹兹堡西屋电气公司开办)开始播音。之后,法国、英国、德国、意大利、日本、中国、印度等国的无线电广播也相继问世。1895年,法国人卢米埃尔兄弟发明了电影。1923年,有声电影问世。1925年,美国开始试验发射一些电视图像,不仅小,而且模糊不清。1926年,英国科学家贝尔德制造出了第一台真正实用的电视传播和接受设备,标志着电视的真正诞生。1936年11月2日,世界上第一座公共电视台在英国伦敦建成并开始播出节目,德国、日本等国家也同时在进行着电视广播试验。这些传播工具的出现使人类进入电子媒介阶段,继而进入了印刷传播与电子传播并驾齐驱的现代大众传播时代。

电子媒介的出现是人类文化传播史上一次空前的革命,它极大地改变了文化传播的方式,改变了文化自身的形态,甚至改变了生存于其中的人类生活。第一,它意味着人类文化的发展经过书面印刷媒介向口语媒介更高层次的回归。第二,由于电子媒介使文化重新通过声音和形象得以传播,从而清除了书面印刷媒介的文字符号对大众的限制,扩大了公共领域的疆界和范围,使越来越多的人融入其中。第三,电子媒介是科技的结晶,它的工业化实体已成为大众文化的依托,使大众文化可以纳入到社会化大生产的网络之中。第四,电子媒介与市场结合,运用画面化的话语将现实和消费者脑子里的欲望联结起来以刺激消费,形成了新的社会生活方式和生活观念,在人们的生活中产生了迅速而广泛的影响。②

---

① 谢名家,等.文化产业的时代审视[M].北京:人民出版社,2002:64.

② 蔡尚伟,温洪泉,等.文化产业导论[M].上海:复旦大学出版社,2009:37.

(三)各种门类文化产业的出现

除上面提到的电子媒介、电影电视外,其他各种文化行业也相继诞生,为文化产业的形成和发展奠定了基础。比如:

报刊。最初的报刊主要是作为从属于官方政治的工具。在政体稳定后,报刊的商业属性被开发出来,报刊作为一种产业也就发展起来,报业集团出现。19 世纪 80 年代,美国的斯克里普报团就已形成,20 世纪 20 年代时已拥有报纸达 20 多家。20 世纪上半叶是整个西方报刊产业急速形成和发展的时期。

图书出版。20 世纪 30 年代,欧美国家开始认识到图书出版业的重要性,政府给予图书出版行业大力扶持,并成立大量研究机构对图书出版的商业发展进行系统研究,例如德国图书市场研究所、美国书业研究集团、英国图书市场研究公司、英国出版学院、法国书业学会以及加拿大出版研究中心等。

演艺娱乐业。这一时期的美国产生了纽约林肯表演艺术中心、大都会艺术博物馆和以“不夜街”著称的百老汇大道等世界闻名的娱乐场所。百老汇是从 19 世纪中叶起开始建起剧院,20 世纪初有 20 多家,1925 年百老汇剧院多达 80 多家。

会展业。工业革命使英国成为世界上一流的强国,因为强大而带来的巨大召唤力使英国在 1981 年 5 月 1 日顺利举办了第一届世界博览会。这次展览意味着从简单的商品交换到新的生产技术、新的生活理念交流的重大转变。从此,会展业开始大发展。而中国 2010 年上海世博会开幕式和开园仪式也分别于 4 月 30 日和 5 月 1 日在上海隆重举行。

文化遗产。合理而有序地开发利用文化遗产,也是文化产业的重要内容。在 1907 年,英国就率先筹备建立“政府艺术品收藏库”,对藏品集中管理,财政部也拨出专款供政府部门购买有历史和文化价值的艺术品。之后,法国、美国、澳大利亚等几个大国也都建立了类似的管理机构或部门。

二、世界文化产业的发展

20 世纪中叶以来,现代高科技如微电子与信息技术,新材料、新能源技术,生物工程技术等突飞猛进的发展,特别是计算机和互联网的出现,给文化产业注入了强劲的发展动力,形成了庞大的产业链和产业群。而今,文化产业已经成为发达国家国民经济的支柱产业,文化产业的实力和竞争力已成为国际社会公认的体现综合国力的重要标志。

(一)巨大经济效益助推文化产业

近百年来,文化产业可谓有力地推动了社会生产力的进步。例如美国的文化产业产值已占 GDP(国内生产总值)的 18% ~25%,以信息技术为中心的高新技术产业对美国经济增长的贡献率为 30% 以上,其视听产品已成为仅次于航天航空产品的第二大出口产品,占据国际市场 40% 的份额。[①] 日本的娱乐业经营收入已超过他们的汽车工业产值。在英国、加拿大、澳大利亚等国,文化产业的从业人员占就业人员的 10% 左右。一些发达国家

① 陈泰锋. 后 WTO 过渡期我国文化产业化的内涵及其占战略选择[J]. 世界贸易组织动态与研究,2005(2).

和地区的文化消费已占据总消费额的30%以上。据统计，当前世界文化产业市场的容量已经达到1兆2 000亿美元，主要集中于电影、音乐唱片、动画、电脑游戏等大众文化娱乐领域。比如迪士尼公司，1993年销售额为85亿美元，仅过了4年，到1997年就达到了225亿美元，2008年达到378亿美元，合人民币2 580亿美元。可见，文化不仅花钱，还能赚钱。文化产业已经成为当今世界最为活跃、最具潜力的新的经济增长点。

（二）现代高科技支撑文化产业

科技是第一生产力，也是文化产业发展的动力。文化产业属于知识密集型产业，也是科技含量高的产业，科技进步是文化产业发挥文化资源优势、实现集约化经营的关键所在，技术发展水平能为文化产业提供技术支持和发展动力。如电子技术革命就大大推进了包括以传媒、娱乐、IT行业、教育、体育、旅游、咨询等文化产业的快速发展。首先是广播、电影、电视、录音、录像等音像产业有了突飞猛进的发展；同时，印刷复制、电子排版、地球通信卫星、三维动画制作技术、数码影视技术和照排技术、数字化等高新技术也在推动着文化产业和带动国民经济的发展。比如百老汇音乐剧生产中的科技含量之高，是许多传统的表演艺术无法相比的，其场景美轮美奂，灯光的高品质以及逼真的音响效果，都取得了前所未有的艺术感染力。高新技术与文化产业的结合，不仅使文化产业获得了科技的支撑力，还不断促进了文化产品的发展和创新。

（三）政府重视和文化资本的全球化成为文化产业发展的保障

20世纪90年代以来，许多国际组织和各国政府都出台了文化产业发展战略和政策。1995年，联合国教科文组织发布了第一份世界文化发展报告《我们的创造性的多样性》，提出了“把文化置于发展的中心位置”。1997年，联合国教科文组织出台《联合国世界文化发展10年（1988—1997）》，提出要提高对全球人类共同体的人文——文化关怀，进一步促进经济—政治—文化的融合。1998年3月，联合国教科文组织在斯德哥尔摩召开了题为“促进发展的文化政策”的政府间会议，提出了一份《文化政策促进发展行动计划》，要求世界各国“设计和出台文化政策或更新已有的文化政策，将它们当作可持续发展中的一项重要内容”。同时，世界经济的一体化带来的跨国经营和贸易融通，以及投资自由化，使各国文化产品的生产、流通和消费日趋国际化，文化服务也趋向世界化。世界贸易组织把文化产业与服务贸易和知识产权保护纳入贸易条款，并制定了相应的非歧视原则、透明度原则、公平竞争原则和开放市场原则等，文化产业日益受到各国政府的高度重视，纷纷在经济投入、发展战略、行政管理和法律规范等方面创造良好的社会环境，适应国际间文化产业竞争的需要。

在联合国及各国政府的推动下，目前全世界已逐步形成了以促进“文化市场化”和“市场文化化”、推动文化内容的创新和生产、改善大众文化消费权利为宗旨的文化发展格局。

三、世界文化产业发展例述

20世纪下半叶以来，发达国家的文化产业已经成为“知识经济”的主体，文化产业也成为了增长最快的产业，出现了大批实力强劲的文化产业集团（如进入世界企业500强的索尼、迪士尼、时代华纳、新闻集团、贝塔斯曼、系格拉姆等公司),文化产品的国际贸易额也呈几何数增长。如在1980—1998年间,印刷品、文学作品、音乐、视觉艺术、摄影、广播、电视、游戏及体育用品的年贸易额从953.4亿美元增至3 879.3亿美元,这个数字还不包括20世纪90年代多媒体、视听艺术、软件和其他版权产品的贸易额①。此后增长更迅速,光美国好莱坞的电影产业,年产值在400亿美元以上,其影片占世界电影市场份额的92.3%。而刚刚出版的由中国社科院文化研究中心和文化部等单位共同编写的《文化蓝皮书:2010年中国文化产业发展报告》则指出,2000年我国的文化产业市场规模已达8 000亿元人民币,就是小小的韩国在经历了金融危机重创的2009,其文化产业出口值也超过了22亿美元。下面根据各个国家的社会经济文化现状和文化政策特征进行分类阐述。

(一)世界最强:美国

美国可谓当今第一文化产业强国。美国的文化产业政策重点,一是在使"文化资源小国"变成"文化产业强国"的基础上,逐步扩大国内外文化节市场,特别是国外文化市场;二是通过形成各种介于地方政府和具体文化部门之间的非营利性文化组织、设立基金会及创设各种资助文化单位的捐赠制度,促进各种文化企业、各个文化部门和具体单位健康多样地发展。目前美国有1 500多家日报,8 000余家周报和小报。《纽约时报》《今日美国》《华尔街日报》的发行量都超过100万份。有1.22万种杂志,1 965家电台,电视台1 440家,拥有美国广播公司、哥伦比亚广播公司、全国广播公司三大电视网。好莱坞是世界上最大的电影生产基地,其先进的电影生产流水线和成熟的商业运作经验使它多年来垄断世界电影市场。迪士尼公司的动画片制作闻名世界。音像业成为美国最有影响的行业之一,曾以每年12%~20%的速度增长,其出口额已超过了航天工业。到20世纪末,美国的传媒业走向集约化和巨型化,如2000年由美国在线与时代华纳合并而成的媒体巨人——美国在线—时代华纳公司,已经形成了一个庞大的文化产业链群,年销售额超过300亿美元以上。在400家最富有的美国公司中,有72家是文化公司,其文化产业与制造业、金融业相互融合,共同组成的产业群凭借其规模优势开拓国内和国际市场。随着经济全球化步伐的加快,美国的文化产业不断向世界各国渗透,成为对外扩张的重要渠道。1996年,其文化产品(电影、音乐、电视节目、图书杂志及计算机软件)的出口首次超过汽车、农业、航空和军火等传统行业,位居所有出口产品之首。美国控制了世界75%的电视节目和60%以上的广播节目的生产与制作。美国的电影产量只占世界电影总产量的6%~7%,但好莱坞电影却占据了世界电影市场分额的90%以上。2001年美国IT产业产值高达6 000亿美元,占世界IT产业产值的75%。美国的网站占了全球网站的70%以上。② 文化产业已经成为21世纪美国推行全球文化扩张的重要战略。

(二)欧洲发达国家

这些国家包括英国、法国、德国、芬兰、加拿大等。和美国文化产业及其国外扩张的强势相比较,它们应该算是第二梯队。它们的特点是:强调文化的民族认同,强调国家对文

① 李怀亮.西方文化产业及文化贸易的总体格局;孙安民.文化产业理论与实践[M].北京:北京出版社,2005:51-52.
② 欧阳友权.文化产业概论[M],长沙:湖南人民出版社,2007:15.

化独创性的保护性管理，进行文化体制革新，以提高自己的文化竞争力，进而以更高的综合国力应对新一轮全球化进程中出现的文化发展方面的挑战。①

英国政府在1992年就设立了专门主管文化的部门国家遗产部；1993年开始大力倡导“创造”，出台政策文件《创造性的未来》；在1998年出台《英国创意产业路径文件》，明确提出了“创意产业”（creative industries）的概念。法国政府一边出台文化产业的鼓励政策，扶持民族文化的发展，一边限制美国文化的渗透和影响，规定电视台播放本国与外国节目的比例，资助本国影视制作业。德国在1998年扩大了对文化事务的管理权限，成立了专门机构。芬兰政府则强化文化产业的市场化运作，在1999年出台了关于文化产业的《最终报告》，强调将文化艺术方面的生产与市场连接起来，顺应“文化市场化”和“市场文化化”的发展趋势。加拿大在1993年就设置文化产业司，其职能就是支持文化产业及产品的开发，加强对电影、音像和出版业的扶持，支持版权保护。

（三）亚洲代表：日本、韩国

处在亚洲的日本和韩国，它们的文化产业发展有其鲜明的特色，一是因为与西方的政治接近而较早地引进和吸收了西方国家先进的科技、社会文化管理经验；二是制定了开放、灵活多样的文化产业管理政策。

1995年，日本文化政策推进会议发表了《新文化立国：关于振兴文化的几个重要策略》，确立了日本在21世纪的“文化立国”战略。健全的法律法规体系，机制化的市场调控手段，成熟的市场网络，领先的技术支持，以及合理的产业结构和科学的管理方式等，使得日本文化产业得以持续快速地实现经济效益的提高。至2000年，日本文化产业的市场规模为85.057万亿日元，约占国内生产总值的17%。目前，文化产业已经成为日本国民经济的支柱产业。

韩国是继日本1995年提出“文化立国”方略后，又一个通过实施国家战略发展文化产业的国家，先后颁布《国民政府的新文化政府》（1998）、《文化产业发展五年计划》（1999）、《文化产业发展推进计划》、《21世纪文化产业的设想》（2001）等计划和《文化产业振兴基本法》（1999）、《设立文化地区特别法》、《出版与印刷基本法》（2002）等法律保障政策。其政策重点，一是优化文化产业发展环境；二是设立文化产业振兴基金；三是建立国家级尖端文化产业基地，构筑文化产业基础网络体系，形成文化产业部门之间的共同信息系统；四是形成集约化、规模化的产业经营和专业化城市生产布局；五是强化外向型产品，积极开拓海外市场。2001年8月24日，在已有的文化产业支援中心的基础上成立了韩国文化产业振兴院，下属韩国文化观光部。该院成立的主要目的就是推动“文化立国”战略的全面实施，全方位地支援文化产业。

韩国文化产业形成了自己的发展模式：（1）实行“选择与集中”的基本政策，集中力量支持重点产业和重要项目，培育战略性文化产业；（2）在组织管理、人才培养、资金支持、生产经营等方面加强机制建设，对文化产品的研发、制作、经销、出口等环节实施系统性扶

① 蔡尚伟，温洪泉，等. 文化产业导论[M]. 上海：复旦大学出版社，2009：86.

持;(3)积极开拓国际市场,把以中国、日本为重点的东亚地区作为文化产业登陆世界的台阶,集中力量开发具有国际竞争力的高质量文化产品;(4)加强流通现代化建设,畅通文化产业的国内和国际市场;(5)在文化产业相关领域设立一整套奖励措施,促进相关文化产业的发展。[①]

【思考与练习】

1. 文化产业产生的社会基础是什么?
2. 文化产业与经济社会发展的关系有哪些?
3. 现代高科技对文化产业起哪些作用?
4. 说说发达国家发展文化产业的做法。

第二单元　中国文化产业发展历程

【案例导入】

据《京师寺记》记载,东晋著名画家顾恺之为瓦棺寺画维摩诘像,点睛之日,公开向前来围观者索取施舍,"第一日观者就施十万,第二日可五万,第三日可任例责施。"结果第一天就"俄而得百万钱"。这比17世纪才出现在西方的艺术展览收费,早了1 300年。

【案例分析】

文化成为商品要具备这样几个条件:一是文化产品的创造主体出现,二是社会经济生活发达,三是社会文化精神需求出现,四是市场交易的社会环境形成。而社会化大生产和人类生活水平的大幅度提高才是推动文化产业发展的最大动力,所以直到今天,中国的文化产业才算真正快速发展起来。

【知识要点】

中国文化产业与文化市场的产生:文化商品的出现,近现代文化产业形成。解放后我国文化产业发展阶段:起步阶段,培育阶段,成长阶段,加速发展阶段。

一、中国文化产业与文化市场的产生

(一)文化商品的出现

在中国古代社会,由于占统治地位的是自然经济,几乎谈不上文化生产,有文化活动也大都是自娱乐自乐,像民歌民谣等等。只有在社会生产力不断发展和劳动工具与生产技术不断改进以后,社会经济文化才有了大发展,社会上出现了专门为满足特定文化需要而从事文化生产的人,构成了独立的文化主体。于是文化商品出现。这表现在如下几个方面:

① 孙安民.文化产业理论与实践[M].北京:北京出版社,2005:60-70.

1. **文化产品生产具有社会化特征**　纸和印刷术的发明，文化生产的工艺、工具和手段大大改进，文化生产力大为提高，生产规模大为发展，文化产品开始由少数人独享逐渐为越来越多的人所消费。

2. **文化产品实行交易**　商品经济出现以后，民俗文艺等文化产品和服务开始被当作商品交换，广义的文化市场就出现了。西汉末年就有书肆出现，开始图书交易。东晋画家顾恺之为瓦棺寺画维摩诘像成功，公开向参观者收取参观费。唐代中期，艺人开始卖艺，艺术活动商品化。北宋时期则出现了文化娱乐场所——瓦市，"闲来写就青山卖，不使人间造孽钱"的明代才子唐伯虎，还有清代扬州八怪之首的郑板桥则公开悬挂笔榜，以卖画为生。

3. **文化市场与经营者出现**　应该说文化产品的经营者较文化市场更早出现，并且还有专门促成艺术交易、评价艺术品市场价格的一种特殊的商人，也就是今天的文化经纪人，西周时称"质人"，西汉时称"驵侩"，唐后叫"牙人"。有人交易就渐渐形成市场。唐初就有画坊，宋代有专业书画商店，清代乾隆年间出现了发达的书画市场。

(二)近现代文化产业形成

19 世纪中叶，西方列强用坚船利炮轰开了中国闭守的大门，随之中国的文化思维和文化形态也发生了变化。受西方文化的影响，新型的文化产业开始在我国形成。

1. **报业**　中国近代报刊的诞生是外国宗教渗透的结果。世界上第一份中文近代报刊，是 1815 年 8 月 5 日在马六甲由英国传教士米怜主编的免费赠送的宗教月刊《察世俗每月统计传》。但真正代表中国报纸产业的，要数外国人创办的以营利为目的的综合性商业大报。当时全国的商业中心上海成为报纸竞争的重镇。1861 年 11 月由字林洋行创办、美国传教士伍德主编的《上海新报》可谓上海最早的中文商业报纸。直到 1872 年 4 月 30 日，英商美查等人创办了以盈利为主要目的的商业报纸——《申报》，二者才开始展开激烈的竞争。是年底，《上海新报》失利停办。但《新闻报》《循环日报》《时务报》相继问世，报业产业形成。

2. **图书出版业**　在中国近代出版史上，商务印书馆与中华书局并称全国两大出版机构。商务印书馆以编印新式中小学教科书为主要业务，1897 年在上海创办，创办人为夏瑞芳、鲍咸恩、鲍咸昌、高凤池等。初为合伙经营的小型印刷工场。1901 年改为股份有限公司，资本增至五万元，张元济入股，并主持编译工作。1903 年建立印刷所、编译所和发行所，改为中日合办，资本各十万元，引进日本先进印刷技术。翌年编印《最新国文教科书》，数月间风行全国。此后，陆续编印修身、算术、史地、英语等教科书，兴办师范讲习班、附属小学、养正幼稚园及函授学校，还出版各种中外文工具书、刊物和学术著作。中华书局是以编印新式中小学教科书为主要业务的出版机构之一，1912 年 1 月 1 日在上海创立，创办人为陆费逵。从创立至 1949 年的 37 年间，先后编译出版了《四部备要》《古今图书集成》《辞海》《饮冰室合集》等重要书籍，卢梭《社会契约论》、达尔文《物种原始》等重要译著，以及几十种杂志，在学术界颇有声望。中华书局的成功，在我国出版界多了一个与商务印书馆相匹敌的大型出版机构。新的出版格局由此形成，出版竞争也日趋激烈。

3. **戏剧演出业**　分两类，一是中国古典戏曲，二是西方话剧。中国古典戏曲宋元时期成型，历800年长盛不衰。到近代，随着大城市的形成，职业戏班及文艺演出尤为发达。话剧是在20世纪初才由外国传入中国的。1907年由中国留学日本东京的曾孝谷据美国小说改编的《黑奴吁天录》，是中国早期话剧的第一个剧本。此后得到迅速发展。现代著名话剧家有郭沫若、曹禺、洪深、田汉、老舍等。

4. **文物古玩字画业** 收藏古玩字画汉代已有出现，多集中在皇宫，著名的如宋徽宗和清代乾隆皇帝。到唐代，金石学家就有杜甫、韦应物、韩愈。宋朝有李清照的丈夫赵明诚等。民国时期有了长足发展，上海的画会社团之多前所未有，其中规模、影响较大者，如上海书画会、海上书画联合会、蜜蜂画社、中国画会等，这些组织一边进行画艺交流，一边进行书画交易。20世纪40年代末，中国书画市场开始繁荣，北京荣宝斋字画店于民国期间在全国各地开设五六家分店，推动了书画业的发展。

二、解放后文化产业发展阶段

新中国成立以来，文化作为意识形态的一个部门，主要是发挥其宣传党的方针政策功能，文化部门属于事业单位，经费由政府拨付，从业人员是国家干部，文化消费是公共福利事业。这样的体制束缚了文化的发展，限制了文化的产业化，也制约了经济增长。改革开放后，随着市场体制的转型、公众文化需求的增长和国际文化产业市场挑战的加剧，促使我国文化开始向产业化迈进。

从1991年国务院在批转的《文化部关于文化事业若干经济政策意见的报告》中正式提出“文化经济”概念，到1992年“文化产业”一词的出现，再到2002年11月中共十六大报告对文化产业发展战略的全面部署，文化产业开始全面进入蓬勃发展的快车道。总体来看，我国文化产业的发展至今已经历了四个阶段。

(一)起步阶段

文化产业的起步阶段是从1978到1985年，它以文化的流通领域的发展为标志，特别是娱乐业从无到有的起步，有力地冲击着传统的文化观念，刺激了全社会文化消费的滋长。1985年，国务院转发国家统计局《关于建立第三产业统计的报告》，把文化艺术作为第三产业的一个组成部分列入国民生产统计项目中，这事实上确认了文化艺术的“产业”性质。

(二)培育阶段

1985年到1992年，可视为我国文化产业的培育阶段。1991年，国务院批转《文化部关于文化事业若干经济政策意见的报告》，正式提出了“文化经济”的概念。1992年，在“十四大”报告中明确提出要“完善文化经济政策”。同年出版的国务院办公厅综合司编著的《重大战略决策——加快发展第三产业》一书，明确启用了“文化产业”一词，这是我国政府主管部门第一次使用“文化产业”概念。这一时期的文化出现了产业化趋势，产生了一批文化制造企业、文化服务企业和文化消费场所，以迅速涌现的广告公司和演艺公司为标志，出现了各种形态的文化企业。

(三)成长阶段

1992年到2001年，这是我国文化产业的成长阶段。从1992年明确提出“文化产业”

概念到1998年文化部设立文化产业司，标志着我国政府把发展文化产业纳入了政府工作的体系。以国有大型文化单位的转轨和转型为标志，文化产业化的浪潮从多种所有制企业进一步扩展到国有大型骨干文化单位。以影视制作公司的出现为发端，文化产业逐渐由流通业扩展到制造业和服务业，以较少规模的事业单位发展到大的文化企业集团，并向国有骨干企业延伸。1996年，广东省在全国率先组建报业集团，先后成立了南方报业、广州日报、羊城晚报和深圳特区报4家报业集团。文化产业在国民经济中的比重以及它对整个社会的影响力都在增强。

（四）加速发展阶段

2002年以后是我国文化产业全面启动、加速发展的阶段。这期间发生的两件大事直接催生文化产业步入发展的快车道：一是2001年12月11日我国正式加入世贸组织，使得刚起步文化产业受到世贸规则和外来文化资本的强劲挑战；二是2002年11月党的十六大召开，明确提出“积极发展文化事业和文化产业”“完善文化产业政策，支持文化产业发展，增强我国文化产业的整体实力和竞争力”的正确决策，还把发展文化产业定性为“繁荣社会主义文化、满足人民群众精神文化需求的重要途径”。这标志着我国文化产业的发展不仅已经从自发走向自觉，而且从自觉走向规范，并被确立为一项重要的国策。2003年10月，党的十六届三中全会通过的《中共中央关于完善社会主义市场经济体制若干问题的决定》提出，要“转变文化行政管理部门的职能，促进文化事业和文化产业协调发展”；2004年3月召开的十届全国人大二次会议《政府工作报告》又提出“积极推动文化体制改革和机制创新，加大对公益性文化事业扶持力度，完善文化产业政策，发挥市场机制作用，促进文化事业和文化产业共同发展”；2006年发布的《国家“十一五”时期文化发展规划纲要》更是对未来的文化发展作了科学规划和具体部署，让我们明确了文化体制改革和文化产业发展的指导思想、方针原则和发展目标，使我国的文化产业走上了加速发展的快车道。

【思考与练习】

1. 我国近现代文化产业形成的社会背景是什么？

2. 解放后我国文化产业发展分为几个阶段？

3. 我国政府出台了哪些政策才使得文化产业走上了发展的快车道？

第三单元 中国文化产业现状与未来发展战略

【案例导入】

"老剧种的青春传承"——白先勇和他的青春版《牡丹亭》

昆曲是我国传统戏曲中最古老的剧种之一，被誉为中国的"百戏之祖"。2001年，昆曲被联合国教科文组织定为"人类口述和非物质遗产代表作"，并且荣居19项世界文化遗产之首。然而近年来，随着经济发展和社会变革，这种起源于元明时代、有着600余年历史的戏曲艺术珍品却日渐凋零，几近消亡的绝境。值得庆幸的是，由台湾著名小说家、"昆曲义工"白先勇先生策划和制作的青春版昆曲《牡丹亭》，却赋予了昆曲这门古老的艺术以青春的生命与光芒。

白先勇先生意识到，要打青春牌，用年轻演员吸引观众，为年轻人制作一部新昆曲。恰巧这时苏州昆剧院院长蔡少华也找到白先勇寻求合作，两人一拍即合，开始携手打造青春版《牡丹亭》。

在剧本改编方面，白先勇在不改变汤显祖原著精神的前提下，使其变得更加精简和富有趣味，符合年轻人的审美情趣。在演员的选择方面，所有角色全部由年轻演员出演，这也同剧中人物的年龄相吻合。在制作方面，为两位主角聘请了昆曲名家汪世瑜和张继青做老师，两位老师跨省跨团，用了一年的时间，手把手地把自己的绝活传授给了这两位年轻人，这在昆曲的历史上是绝无仅有的。而服装和美术设计、舞台设计及舞蹈指导也力求在视觉效果上达到完美。

这样的精心与苦心获得了成功。从2004年在台北首演以来，青春版《牡丹亭》在三年的时间里，已巡回香港、澳门、苏州、杭州、北京、天津、佛山等地，演出逾百场，且场场成功。演出结束时，观众久久不愿离去，雷鸣般的掌声此起彼伏。青春版《牡丹亭》不仅在两岸三地获得热烈的反响，还走出国门，征服了美国的观众。美国戏剧界认为这是自1929年梅兰芳赴美巡回演出后，中国传统戏曲的美学对美国文化界、学术界最大的一次冲击。2008年，青春版《牡丹亭》巡演欧洲，[①]2009年登陆新加坡……

【案例分析】

不难看出，青春版《牡丹亭》的亮点有：台湾知名作家、白崇禧之子白先勇的策划，符合年轻人欣赏习惯的通俗化改编，妙龄演员领衔主演，昆曲名家薪火相传，令人陶醉的视觉效果……一切似乎都是为了观众、为了市场，同时，又坚决遵循昆曲艺术精神与表现原则，充分尊重原著思想，完全继承正宗、正统、正派的昆曲表演。所有这一切都遵循一个原则：

---

① 李宇红，白庆祥. 文化创意经典案例教程[M]. 北京：中国经济出版社，2008：137-138.

古典为体,现代为用。青春版《牡丹亭》的成功,证明在新的历史条件下,古典的高雅的传统文化传承照样可以使用产业化这个武器。这为昆曲乃至整个古典戏曲的传承发展带来了新的启示。

【知识要点】

目前我国文化产业进行了有效改革。我国文化产业发展迅速,取得了多方面成绩。我国制定了文化产业发展的战略举措,推进文化体制改革,加强文化产业园区基地建设与管理,加大政府投入和金融支持,加强基础性工作,建设现代文化市场体系,扩大文化消费,加强科技支撑,推动文化产业升级,扩大对外文化贸易,推动中国文化走向世界。

一、近年来的有效改革

近年来,我国在重视发展公益性文化事业的同时,采取多种措施,推动我国文化产业加快发展。

(一)推动文化建设理论创新

党的十六大以来,党中央、国务院在文化建设方面提出了一系列具有指导性、针对性、实践性的判断和论述,在文化发展方向、目的、思路、战略等方面形成了新的理念,提升了文化建设以及文化产业的作用和地位。党的十六大指出:要"积极发展文化事业和文化产业"。党的十七大站在新的历史起点上,确立了经济建设、政治建设、文化建设、社会建设"四位一体"的中国特色社会主义事业总体布局,明确提出要大力发展文化产业,并将"文化产业占国民经济比重明显提高、国际竞争力显著增强,适应人民需要的文化产品更加丰富"列入全面建设小康社会的奋斗目标。2010 年 2 月,胡锦涛总书记在省部级主要领导干部深入贯彻落实科学发展观、加快经济发展方式转变专题研讨班开班仪式上发表重要讲话,把加快发展文化产业作为加快经济发展方式转变的八项重点工作之一,要求加快发展文化产业,加快开拓文化市场。

(二)深化文化体制改革

文化体制改革是文化产业发展的动力。2003 年 6 月,党中央召开了文化体制改革试点工作会议。2005 年 12 月,党中央、国务院作出部署,要求在试点的基础上,全面深化文化体制改革,推进文化事业单位改革,深化文化企业改革,培育现代文化市场体系以及健全宏观管理体制等。

到 2010 年,全国共有 123 家文化系统国有文艺院团完成转企改制。2009 年,中国东方歌舞团、文化部文化市场发展中心等 4 家文化部直属事业单位转企。中国电视剧制作中心等 45 家电视剧制作单位完成转企改制。全国 18 万家印刷单位和 30 家省级新华书店系统已全部转制为企业,580 家图书出版社除保留事业体制的少数出版社外,其他将于 2010 年底前全部改制为企业,1 069 家非时政类报刊出版单位转制或登记为企业法人。

(三)实施《文化产业振兴规划》

在全球性金融危机中,我国文化产业逆势而上,受到了党和政府以及社会各界的高度关注。国务院于2009年7月通过了《文化产业振兴规划》，标志着文化产业上升为国家的战略性产业。《文化产业振兴规划》明确了文化产业发展的指导思想、基本原则和目标，明确了发展重点文化产业、实施重大项目带动战略、培育骨干文化企业、加快文化产业园区和基地建设、扩大文化消费、建设现代文化市场体系、发展新兴文化业态、扩大对外文化贸易等八项重点任务，提出了降低准入门槛、加大政府投入、落实税收政策、加大金融支持、加强组织领导、深化文化体制改革、培养文化产业人才、加强立法工作等一系列政策措施和保障条件。

（四）加大政策支持力度

2006年，中共中央办公厅、国务院办公厅印发了《国家"十一五"时期文化发展规划纲要》，这是新中国成立以来发布实施的第一个国家文化发展规划。2008年，国务院办公厅印发了有关经营性文化事业单位转制为企业和支持文化企业发展的文件，有关政策涉及国有文化资产管理、资产和土地处置、收入分配、社会保障、人员分流安置、财政税收、法人登记、工商管理等方面。国务院所属相关部门也单独或联合出台了一系列支持文化产业发展的政策文件。尤其是鼓励支持文化企业在国家政策允许的条件下，充分利用上市融资、发行企业债券、引进境内外战略投资等多种渠道融资。至2010年，在A股主板、创业板和H股上市的文化企业有18家。

二、我国文化产业发展现状

（一）文化产业快速增长，新兴业态迅猛发展

据统计，2004年以来，我国文化产业年均增长速度在15%以上，比同期国内生产总值增速高6个百分点，保持了高速增长的势头。2009年上半年，我国文化产业增速为17%，大大超过国内生产总值和第三产业的增速。2009年，国产故事片456部，城市影院票房收入62亿元，同比增长超过40%；新闻出版业总产值突破1万亿元，同比增长20%。

随着网络、数字、信息技术的发展，动漫游戏、数字音乐、数字电影、网络视频、移动多媒体广播电视、公共视听载体、数字出版、网络出版、手机出版等新兴文化产业迅速崛起，拓宽了文化产业的领域。2009年，全国动画片创作生产数量322部17万分钟，比2008年增长31%；原创动画片《喜羊羊与灰太狼》票房过亿元，刷新了国产动画电影票房纪录。

（二）文化产业成为地方经济发展新亮点，有力促进了经济发展方式的转变

现在，不少地方文化产业的增长速度高于国民经济的整体增长速度，成为提供就业机会的重要行业、产业结构优化的朝阳行业和经济增长的支柱产业，为促进当地经济增长、加快经济发展方式转变作出了积极贡献。2009年，北京、上海、广东、湖南、云南、深圳等省市文化产业增加值占国内生产总值的比重超过5%。湖南省文化产业增加值占国内生产总值的比重，由1990年的1.4%上升到2008年的5.1%，文化产业对经济增长的贡献率由2003年的2.3%上升到2007年的6.5%。云南省2008年文化产业增加值300亿元，占国内生产总值比重为5.8%。近五年来，深圳市文化产业增加值以年均约20%的速度增长，占全市国内生产总值比重达7%。

（三）文化产品和服务日益丰富，人民群众精神文化需求得到进一步满足

文化产业的快速发展，调动了全社会参与文化建设的积极性，打破了计划经济体制下国办文化的单一局面，形成了多门类、多层次、多样化的文化生产和服务体系。截至2008年，全国共有各类文艺表演团体近万家，演出经纪机构1 305家，文化娱乐场所84 356家，县级广播电视台1 969座，地级以上电台257座、电视台277座，公共广播节目2 436套，公共电视节目3 199套，各类广播电视节目制作经营机构3 343家，主流电影院线34条，院线内影院1 545家，银幕4 097块，报纸1 943种，期刊9 821种，图书出版社580家，音像出版社378家，电子出版单位240家，出版物发行单位12万家，印刷单位18万家。随着文化市场生产和经营主体的日益增多，文化产品和服务的种类更加丰富，质量不断提升，人民群众多样化、多层次的文化需求进一步得到满足。

（四）文化产品和服务“走出去”步伐加快，中华文化国际影响力日益提升

2009年，我国境外商业演出团组数约为426个，演出场次16 373场，实现演出收益约7 685万元；国产影片海外销售收入4亿美元左右；各类电视节目出口超过1万小时，外销金额共约5 898万美元。2009年1—11月，我国核心文化产品出口94亿美元，图书版权进出口比例由2003年的9∶1下降为2009年的3.4∶1。成功举办的法兰克福国际书展中国主宾国活动，实现版权输出2 417项。以天创国际演艺制作交流有限公司、中国国际电视总公司、安徽出版集团有限责任公司等为代表的文化企业加快“走出去”步伐，增强了国际竞争力。

（五）文化产业投资和文化资源开发持续升温，文化产业集群不断形成

我国是具有悠久历史的文明古国，发展文化产业的历史文化资源非常丰厚，资源优势转化为产业优势的潜力巨大。文化产业高附加值的特性吸引了投资者的目光，大量资本和人力资源涌进文化领域，文化产业成为社会资本追逐的新热点。如以电子制造业和电子专业市场为主导产业的深圳华强集团，大规模投资文化产业，成为国内文化主题公园的新锐。化工企业广西维尼纶集团有限公司参与投资制作的全球第一部山水实景演出《印象·刘三姐》，成为广西文化旅游的名片。以房地产开发为主导产业的大连万达集团，文化产业已上升为企业的四大支柱产业之一，旗下的电影院线公司拥有400块电影银幕，2009年电影院线票房收入居全国第一。

三、加快文化产业发展的战略举措

我国当前和今后一个时期，加快文化产业发展总的指导思想是：全面贯彻党的十七大精神，坚持以邓小平理论和“三个代表”重要思想为指导，深入贯彻落实科学发展观，自觉将文化产业发展融入转变经济发展方式的全局，贯彻落实《文化产业振兴规划》，坚持社会效益优先、经济效益与社会效益相统一，深化文化体制改革，转变发展方式，优化产业结构，培育市场主体，推进产业创新，扩大文化消费，实现文化产业又好又快发展。

文化产业发展的主要目标是：文化产品和服务更加丰富多彩，社会主义核心价值观得到进一步弘扬，人民群众精神文化需求得到进一步满足；文化产业发展速度明显高于同期国内生产总值增长速度,在国民经济中所占比重逐步提高;文化市场主体活力显著增强,文化创新能力显著提升,形成一批具有较强实力的文化企业和企业集团,文化产业结构更加优化、布局更加合理;文化产品市场和要素市场更加健全,文化市场秩序更加规范,文化产业发展保障体系更加完备;文化产品和服务出口额明显提高,中国文化产品的国际影响力和竞争力明显增强。

(一)着力推进文化体制改革,增强文化产业微观活力

以转企改制、重塑市场主体为中心环节,加快推进经营性新闻出版单位转企改制和兼并重组,通过把经营性文化事业单位转制为规范的文化企业,为文化产业发展奠定坚实的微观基础。着力培育一批骨干文化企业,增强我国文化产业的整体实力和国际竞争力。坚持政府引导、市场运作,科学规划、合理布局,在重点文化产业中选择一批成长性好、竞争力强的文化企业或企业集团,加大政策扶持力度,培育一批骨干文化企业和战略投资者。

(二)加强文化产业园区基地建设与管理,发挥重大项目带动作用

加强对文化产业园区和基地建设的统筹规划,坚持标准,突出特色,提高水平,促进资源合理配置和产业分工,防止一哄而上、盲目建设。有选择地建立和完善若干个集创意研发、产业孵化、产品交易、人才培训为一体的示范园区,为文化企业提供技术、信息、交易、展示平台,为文化产业规模化、集约化、专业化发展创造条件、奠定基础,提升产业集中度和创新能力。

发展重点文化产业,实施重大项目带动战略。以演艺娱乐、影视制作、出版发行、文化会展、网络文化、数字内容和动漫等产业为重点,加大扶持力度,实现跨越式发展。

(三)加大政府投入和金融支持,增强产业发展后劲

中央和地方各级人民政府将加大对文化产业的投入,通过贷款贴息、项目补贴、补充资本金等方式,支持国家级文化产业基地建设,支持文化产业重点项目及跨区域整合,支持国有控股文化企业股份制改造,支持文化产业基础设施建设,支持新产品、新技术研发。大幅增加中央财政"扶持文化产业发展专项资金"规模,不断加大支持力度。落实人民银行等九部门《关于金融支持文化产业振兴和发展繁荣的指导意见》,加大有效信贷投放,鼓励和引导文化企业面向资本市场融资,设立中国文化产业投资基金,通过股权投资等方式,推动资源重组和结构调整。

(四)加强基础性工作,为产业发展提供强有力支撑

加快文化产业立法进程,着手起草《文化产业促进法》。

进一步转变政府职能,建立适应文化产业发展要求的宏观管理体制。

培养文化产业人才,着力加强领军人物和各类专门人才的培养。

(五)建设现代文化市场体系,发挥市场机制的基础性作用

建立健全门类齐全的文化产品市场和文化要素市场,促进文化产品和生产要素的合理流动,充分发挥市场在资源配置过程中的基础性作用。着力构建传输快捷、覆盖广泛的文化传播体系,在演艺、影视、图书等领域,大力发展统一配送和连锁经营,培育一批辐射力强的全国性和区域性文化产品流通企业，建设若干辐射全国的区域文化产品物流中心，减少流通环节，降低交易成本。

（六）扩大文化消费，拉动文化内需

不断适应城乡居民消费结构的新变化和审美、娱乐、休闲的新需求，创新文化产品和服务，培育新的消费热点。引导个性化、时尚化、品牌化消费，促进节假日和会展文化消费。

（七）加强科技支撑，推动文化产业升级

充分发挥科技对文化产业发展的支撑作用，运用数字、网络等高新技术促进文化创意、动漫、数字立体电影、数字出版等新兴文化业态发展。加强核心技术研发，运用高新技术改造提升传统演艺、娱乐、电影等设施和技术。

（八）扩大对外文化贸易，推动中国文化走向世界

落实鼓励和支持文化产品和服务出口的优惠政策，在市场开拓、技术创新、海关通关等方面给予支持。大力扶持具有民族特色的音乐、舞蹈、杂技，以及展览、广播影视、出版物、动漫游戏等产品和服务的出口，打造一批国际知名文化品牌。鼓励文化企业通过独资、合资、控股、参股等多种形式在境外兴办实体或设立分支机构，实现文化企业在境外的落地经营。

总之，文化产业发展必须坚持发挥市场在资源配置中的基础性作用，按照“创新体制、转换机制、面向市场、增强活力”的要求，坚持体制机制改革和创新，提高文化产业的整体实力和国际竞争力，努力满足人民群众日益多元化、多层次、多方面的文化消费需求。

【思考与练习】

1. 我国当前和今后一个时期，加快文化产业发展总的指导思想是什么？
2. 我国文化产业发展的主要目标是什么？
3. 我国当前文化产业发展取得了哪些成绩？
4. 目前我国推动文化产业发展的举措有哪些？

第二部分　文化产业的特点

【学习目标】

1. 了解文化产品与服务的特征。

2. 掌握我国文化产业发展的新特征。

【内容描述】

随着世界经济格局的变化,文化产业在社会经济中的地位日益提高,越来越受到世界各国的重视。根据联合国教科文组织对文化产业内涵的界定,文化产业"就是按照工业标准生产、再生产、储存以及分配文化产品和服务的一系列活动"。文化产业具有重要的社会价值和经济价值。加快文化产业发展,既有利于激活文化生产力,提高文化竞争力,促进文化事业的发展,促进精神文明建设;有利于扩大内需、增加就业;同时有利于国民经济结构调整,促进国民经济发展,并使文化产业成为新的经济增长点。为了促进文化产业加快发展,必须明确文化产业的基本概念,特别是文化产业的特征与功能,这对保证文化产业发展的正确方向具有十分重要的作用。

第一单元　文化产品及服务的特征

【案例导入】

麦当劳最近几年的广告主题叫"我就喜欢",其在中国比较有代表性的广告是:敞篷越野车在沙漠中跑得飞快,王力宏站在车上大叫一声"我就喜欢"。广告把麦当劳具体卖什么东西撇开了,强调一种非常个人化的体验。通常的理解,麦当劳的东西一点都不好吃,吃了让你长胖、不健康,但这没关系,"那是你的看法,我不是你,我是我,我就喜欢"。在麦当劳吃的是汉堡包,想的是"我就是我"这种个性化、个人化的感觉。

【案例分析】

这种推广方式和个性化表达,是很多美国公司共有的。他们把卖的物质产品重新定位,灌注很多文化内容在里面。如果把吃麦当劳的经历拆分,其中一小部分是填肚子,更大一部分则是文化消费,而这个文化消费完全是通过一系列广告给它重新定义进去的。可口可乐也是这样。可口可乐的品牌价值在全球排第三。可乐未必那么健康,但没关系,可口可乐也采取超越战略,从文化上重新定义产品内涵,从19世纪80年代一直做到现在,非常成功。

【知识要点】

文化产业的特殊性,主要表现在它是"以'原创性'的精神活动为根本,以文化产品的生产、营销及服务为内容的社会行业。虽然文化产业也常常从事模仿性、复制性的工作,并能从中赢利(如光盘和优秀图书的盗版、名画的仿制等),但这不是文化产业的本质。""具有精神原创性的文化产业同一般的模仿复制性的文化产业的关系,就如同一幅世界名画的原作同其复制品之间的关系一样,梵·高的一幅《蓝色鸢尾花》的原作曾创下了3.2亿法郎的最高拍卖记录,而这幅画的复制品几元人民币就可买到一张。"(邓安庆、邓名瑛,1998)这一论述是深刻的,它揭示了文化产业的最本质特征。一个文化企业只有以"原创性"活动为根本,才能成为文化市场中的主宰和赢家。

与物质产业相比,文化产业除了上面所述的主要特殊性外,还有一般特殊性。这种特殊性,由于文化产品与文化服务两者表现形态、结构功能等的不同,两者的特征也出现很大差异。

一、文化产品的特征

文化产品的基本特征就是精神劳动物质化和价值化,取得物的外壳。精神劳动借助于物质载体(比如,书报杂志、文娱用品、音像制品等),直接为社会提供多姿多态的文化消费品,并构成劳动力再生产所必需的享受资料及发展资料,成为社会总产品的组成部分。人们通过购买这些物质载体,获得"精神食粮",陶冶情操,丰富精神生活,实现物质上、精神上的享受和发展的需要。

与物质产品相比,文化产品具有以下特征。

(一)创新性

文化产品的生产,具有强烈的创新性。每一项文化产品,不论它是理论型的,还是艺术型的,都应该独具匠心,不能雷同。虽然文化产品生产者可以吸收和利用前人的劳动成果,但它不能重复前人的劳动,而必须创造前人和他人所没有的新东西,需要生产者的一种创作激情才能完成。因而,文化产品的产生是具有自主知识产权的原创性研究和发明的过程,每一种文化产品之间都具有不可重复性、不可替代性和不可再生性。比如像金庸的武打小说,现在许多创作生产机构将它改编成影视剧,有的多达四五个版本,但即使是如此,它的每个版本都具有相对独创性,都有一些别的版本所没有的东西。否则,不仅没有市场,而且还会被有关部门追究侵权、剽窃等法律责任。而物质产品的生产,大多具有同一性、标准性、可替代性,产品大都有明显的生命周期,它的重复是普遍的、经常的、大量的。虽然物质产品的更新换代,也需要创造性劳动,但在更多的时间里,则是重复性劳动。

（二）广泛性

文化产品是人类精神发展的结果，其内容带有普遍性，有的甚至是人类共同的价值观念、审美观念的体现。虽然其表现形式可能是少数人的，但却可以得到全社会的认同，甚至是无数代人的认同。文化产品创造的是无形资本，积累的是品牌效应。它的产品可以被无数次重复生产。而且同一产品被再版、拷贝的次数越多，它的产值就越高，影响也就越大。而物质产品相对狭窄，一般一个物质产品只能满足某个人或者极少数人的需要。

（三）持久性

文化产品的消费是一种欣赏性的消费。文化产品经过消费，虽然它的物质载体会被损耗，但它的文化价值永不会被磨损。文化产品通过再版、复制和消费，让更多的人了解、掌握其中的文化价值，使得文化价值更具有持久性。《红楼梦》的美学价值在200年前得到人们的认同，现在仍然得到人们的认同，再过200年，仍然可以得到社会的认同。而物质产品的消费是一种直接占有和直接使用的消费。消费者购买了一件物质产品，通过使用，产品的价值会被逐渐消耗尽。即使是最精美的衣服，穿破了，也只好丢掉；最高档的汽车，年月长久，它的价值也就不存在了。

（四）思想性

文化产品具有认识、教育、审美、娱乐等功能，能满足人们的精神需求和情感需求，消除疲劳，丰富知识，提高劳动技能技巧，这是一种更高层次的消费需求。一般说来，人们的生活水平和文化程度越高，文化消费能力就越强，对文化产品的需求也越多。而物质产品是满足人的生理需求和生产需要的，是一种最基本的需求。社会生产力越低下，对物质产品的依赖程度越高，需求量也越大；人的文化素质越低，就越看重物质产品或物质财富。

二、文化服务的特征

文化服务作为一种体现社会契约或经济契约关系的服务活动，与货物交易相比，它有以下特殊性。

（一）品牌性

物质产品的品牌当然也非常重要，但总的来说，顾客购买物质产品时，物质产品的优劣，可以在买前观察、触摸或测试，而且购买后，还可以实行产品维修，甚至可以退货。而文化服务却大相径庭，顾客对文化服务质量的优劣、好坏，一般事先不知道，只能通过广告、别人的介绍才能有所认知，因而它的品牌效应特别重要。而在享受服务时，也是即时感受，没有售后服务的问题。比如看一场歌舞，作为观众事先不可能知道歌舞质量的好坏，他只能亲身感受，才能判别出好坏。

（二）不确定性

一般来说，物质产品的生产具有专业化、规范化的特点，因而质量具有一定的稳定性。而同样作为一种生产过程的文化服务，则主要是人的技能表现的过程而非物质生产，而人的技能的发挥要受到自身身体和心理状况以及环境变化等种种客观因素的制约。“千里良马尚有失蹄之时”,更何况人乎？因此,即使去看一场著名球队的比赛,也可能只看到一场很糟糕的表演;一个著名演员的表演,也许是失误频频。文化服务质量的不确定性,是导致一些演员假唱的重要因素,也是导致文化服务产生机率损失的重要原因,如一些剧院、电影院的空座,等等。

(三)个性化

文化服务的个性是由文化服务的生产者和消费者的不同而决定的。在文化服务中,大多数文化服务由单个人进行,因而即使是同一项目,但由于生产者个性、情感、气质等不同,其结果也不一样。比如京剧《智取威虎山》,虽然剧本中杨子荣的形象完全一样,但由于饰演者不同,就可能产生差别很大的艺术形象。而且即使是同一个人饰演杨子荣,但由于欣赏者在文化水平、审美偏好和理解能力上存在差异,不同的人所产生的印象也可能大相径庭。由于这种现象的存在,决定了对文化服务质量高低的评判,有时会产生很大的差异。

文化产品和文化服务的特殊性,决定了发展文化产业必须注意到其独特性,必须从实际出发,准确地进行市场定位,采取不同的手段和方法,加以认真培育,推动其发展。

【知识链接】

博物馆与文化产品之间的关系

一般来说,博物馆文化产品主要有三类:第一类是依托博物馆藏品和展览品设计制作的各种材质的文化产品和民族手工艺品,第二类是文物藏品的复(仿)制品,第三类是与博物馆藏品和展览品相关的书籍、电子出版物及各种纪念品。

国家文物局于2009年组织了一次全国博物馆文化产品开发情况的调研。结果表明,当前我国大多数博物馆的文化产品开发能力不足,产品缺乏特色,品类单调,与旅游景点所经营的商品大同小异,有的甚至粗制滥造,缺乏足够的吸引力。有专家表示,目前我国博物馆文化产品的开发、经营还处于起步、探索、培育的初级阶段,整体水平还不高,而且基础比较薄弱,与发达国家的博物馆文化产品开发相比,差距很大。

故宫博物院副院长李文儒对记者表示:“开发博物馆文化产品,不从文物、博物馆中寻找、发掘创新的原料元素,是失策;文物、博物馆界没能充分提供丰富厚重的优质资源,是失职。”

目前,我国大多数博物馆的运行经费仍然依靠政府拨款。但政府有限的拨款只能解决基本的生存问题,难以满足博物馆长远发展的需要。博物馆文化产品的开发则可以在保证博物馆社会效益的前提下,获得更多的经济效益,在一定程度上解决、弥补博物馆文化事业发展资金短缺的问题。但是很多博物馆还没有认识到这一点,将文化产品开发看作可有可无。更有不少博物馆采用经营承包的方式,将文化产品的开发权拱手让人。这种办法虽然能够保证博物馆一定的基本收益,但有些承包者为了谋取更多的利益而抬高价格,损害了消费者利益。同时,如博物馆对其未能实施有效监督,更会造成不良影响。

人才缺乏是博物馆文化产品开发面临的另一大困难。目前,国内各大博物馆在藏品、陈列展览方面专业人才较多,但缺少既懂专业技术又懂产业经营管理的综合性人才。

当然,也有部分博物馆在文化产品开发方面取得了一定的成绩。"上海博物馆新馆建成10余年来,累计开发各类文化产品1 600余种,年销售额达2 500万元,远远超过了门票收入。"上海博物馆党委副书记王莲芬对记者说。此外,据了解,成都武侯祠博物馆、陕西秦始皇兵马俑博物馆的各类文化产品年收入都达2 000万元,故宫博物院先后开发出水晶角楼、太和殿纸模、云锦、铺首、工艺扇、新款领带等一系列具有自主知识产权的新产品,湖北省博物馆注册了以馆藏国宝"曾侯乙编钟"为主要内容的"曾侯乙编钟乐舞"商标,湖南省博物馆自主研发的产品达到9个种类70多个品种。这些产品都受到大众的欢迎。

第二单元　我国文化产业发展新特点

【案例导入】

小李跟同事抱怨说自己家的宝贝又在嚷着要去迪斯尼乐园,真是够让人头大的。坐迪斯尼的太空车能当饭吃? 现在的小孩子都不知道在想些什么。小李为此很是头疼。

【案例分析】

坐迪斯尼的太空车当然是不能解决温饱的。但你在坐太空车时的那种体验,是通过吃穿住感觉不到的,这就是一种非物质的文化产业。文化产业不只是出版、影视和演艺。迪斯尼给二战后的美国社会带来了全新的消费和想像空间,它让人能在非物质世界天马行空、万里飞翔。这已经形成了一种消费,这种消费是温饱解决之后人们乐意支付的。你得到的已经超出你的生存必需,又那么稀缺,它的价格和个人的价值评估更是无限。有一个俄罗斯人和一个美国人,可以花2亿美元坐一次太空船,那是更高级的、远远超越了迪斯尼的太空飞行。他们愿意付那么大代价去体验太空生活,从人类整个经济发展的进程来理解,其实一点都不奇怪。

【知识要点】

在中国未来的发展中,文化产业是一个非常关键的经济增长点。今天中国人的温饱问题基本解决,经济增长追求的,就主要变成精神文化上的需要。从某种意义上说,一个人工作的动力,第一个是自己的精神享受,通过对人、对社会、对任何事物的新发现,得到新感受,让自身很满足。

一、区域文化产业竞争全面展开

全国范围内的文化产业非均衡发展态势进一步突出,中央和地方文化产业规划和协调发展进入新阶段。当前,全国已有相当部分省市完成了文化产业的发展规划,把文化产业当作支柱产业。随着这些规划的全面实施,文化产业在带动地区经济增长、提高地区经济综合竞争力方面的重要性将日益突出。在体制改革滞后的情况下,区域文化产业竞争将在各个方面全面展开,地方战略利益、地方保护主义,将会以一种新的存在方式来演示其合理性,表现为市场的争夺与反争夺、进入与反进入、合作与反合作、整合与反整合等。

二、文化产业内部结构升级加速

信息产业的迅猛发展将带动文化产业结构的战略性调整,发展数字化文化产业将成为提升文化产业综合竞争力的主要趋势。我国文化产业下一步的发展将是以发展为主题,以结构调整为主线,以深化改革促进结构调整和市场整合,以转变经营模式、促进产业优化升级和效益增长,实现壮大实力、增强活力、提高竞争力的目的。与信息产业相关的文化产业将成为引领文化产业结构升级,提升文化产业综合竞争力的主要力量。歌厅、舞厅、游戏厅等传统主流文化产业类别将让位于数字电视、数码电影、宽带接入、视频点播、在线游戏等新型文化产业群。我国居民人均消费性信息技术产品拥有率的进一步上升,将导致对各类信息文化消费品需求的迅速增加,培育出一个又一个新兴市场。

三、文化产业体制改革将在其核心领域——传媒业中获得重大突破

文化产业各行业的改革全面深化和走向融合,市场在资源配置中的基础性作用将得到实质性的发挥,政府与市场的兼容性格局将基本形成。市场失效和政府失效都将得到有效克服,市场在资源配置中的基础作用和政府在资源配置中的主导作用都将得到发挥。政府将把主要注意力更多地放在营造更有效率的文化市场环境上来,文化管理上的职能交叉和重复管理的现象将得到进一步克服。

四、我国文化产业发展面临多重挑战

文化产业与其他产业资本和金融资本的新型产业融合。我国文化市场的法律和法规将逐步与国际规则相衔接,不同文化领域彼此独立和不相衔接的法律法规将转化为所有领域统一的法律法规体系。一个公平竞争、规范有序的统一的文化市场环境将出现。这将迅速推动各类文化产品的自由流通和各种文化生产要素的合理配置。统一的文化产品市场和文化资本市场将建立,文化产业与其他产业资本和金融资本的新型产业融合将加速。

五、国际政治、经济、文化变数对我国文化产业的影响将日益突出

我国将进一步融入现代世界体系,国内文化市场与国际文化市场将融为一体,一些影响国际市场的因素也将影响中国的市场,国际性的产业变动也将带动国内的产业变动。国际资本可能为寻求安全的避难所而转向中国,为我国文化资本市场的发展创造条件,中国文化市场也可能因消费需求不明而产生新的波动。

六、复合型、高素质文化产业人才竞争日趋激烈

文化产业越来越成为高技术与高文化高度关联的领域,对专门人才知识与能力结构的构成有着特殊的要求。这是一种战略需求,这种需求能否得到满足已成为夺取文化产业未来制高点的制胜因素。因此,人力资本在文化产业领域内的流动,将随着这种战略需求的日益迫切而加速。尤其是能适应数字技术环境中多种产业需求的文化资本人才、数字艺术软件开发人才和媒体产业经营管理人才,将成为各类文化产业集团、文化投资集团争夺的热门人才。

【知识链接】

我国文化产业发展的整体概况

在我国,文化产业分为影视业、音像业、文化娱乐业、文化旅游业、网络文化业、图书报刊业、文物和艺术品业、艺术培训业等门类。

改革开放30年来,我国文化市场以"一手抓繁荣,一手抓管理"的方针为指引,基本形成了由娱乐市场、演出市场、音像市场、电影市场、网络文化市场、艺术品市场等组成的统一、开放、竞争、有序的文化市场体系,初步建立起以综合行政执法、社会监督、行业自律、技术监控为主要内容的文化市场监管体系。

到2007年底,全国文化系统登记注册的文艺表演团体达4 512个,艺术表演场所2 070个,演出经纪机构1 024个,文化娱乐场所82 174家,艺术品经营机构1 112家,音像制品批发零售出租机构87 137家,网吧13万多家,其他文化经营单位11 783家。

截至2007年底,我国经营性文化产业机构已达27.2万家。文化产业日益成为市场经济条件下繁荣社会主义文化、满足人民群众精神文化需求的重要途径,文化产业对国民经济增长的贡献率不断上升。

近年来,我国文化产业的总体发展形势是趋好的。国民经济的快速增长和国民收入水平的不断提高,开拓出文化产业新的发展空间;新闻出版媒体"整体上市",标志着文化体制改革的进一步深化;技术进步酝酿突破,广电和电信产业的融合稳步推进;促进文化产业发展的政策逐步成型。所有这些与产业发展密切相关的宏观总体形势都令人鼓舞。

但与同等发展水平国家相比,我国的文化消费总量还是偏低,公众的文化需求有待进一步满足。而文化产业区域发展的不平衡、文化产业发展战略的雷同正在制约文化产业的良性发展。

与中国东、中、西部经济发展不平衡的形势相一致,文化产业发展也存在着较大的区域发展不平衡态势,在整体发展不足的形势下,出现了文化资本的局部过剩。我国已经形成长江三角洲、珠江三角洲、环渤海地区三大文化产业带。

2006年中国的文化产业增加值达5 123亿元,文化产业的总量进一步扩大。但是与同等发展水平国家相比,中国居民的文化消费总量过低,居民文化需求的满足程度不足1/4。整体而言,从1999—2007年我国文化产业取了重大发展,而相对于处于金融危机笼罩下的

2008 年,我国文化产业还是取得了不错的成就,金融危机前各细分行业都呈增长态势。而金融危机发生后也只有少数行业受到了波及,并不影响 2008—2009 年整个行业的发展。

第三单元　案例选编

【案例 1】

韩国游戏产业发展模式

现在提到网络游戏,人们自然而然地会联想到世界上网络游戏产业最发达的国家之一——韩国。至 2005 年,韩国游戏产业市场规模已增长到 43 亿美元,游戏产业已成为韩国国民经济的支柱产业之一。

韩国以游戏产业为龙头带动文化产业发展的模式,为我国游戏产业的发展带来有益的借鉴和启示。

一、韩国游戏产业发展模式分析

(一)政府对游戏产业的鼎力支持

韩国游戏产业的发展得到了政府的支持,其力度之大在世界各国都是罕见的。韩国政府明确地将游戏产业的发展与国家的经济发展紧密地联系到一起。

1. 政府及其部门对游戏产业的资金、政策、技术等的支持　在 20 世纪 90 年代末的亚洲金融危机之后,韩国实行文化产业振兴政策,为游戏产业的发展奠定了基础。由文化观光部门出面组建"韩国游戏支持中心",向韩国游戏产业提供资金、政策等多方面的支持。

2. 政府部门或直属部门成立与游戏产业相关的管理和指导机构　这些与游戏相关的管理和指导机构包括,韩国软件振兴院(KIPA)、韩国游戏产业协会(KAOGI)、韩国游戏制作协会(KAMEX)、韩国游戏产业开发院(KGDI)、韩国文化振兴院以及地方的釜山信息产业振兴院、全州信息映像振兴院等机构。它们为企业在宏观调控和决策、可持续性成长、教育和咨询、装备设施支援、市场营销和技术支援等各方面给予管理和指导,促进了游戏产业健康快速的发展。

3. 政府协调展会,振兴韩国游戏产业形象　韩国政府在游戏产业的对外政策上实行制定分地区、分阶段占领国外市场的战略。为了扩大国外市场,促进国际交流与合作,韩国每年都要举办各种形式的游戏展示会。

(二)注重游戏专业教育

韩国是个网络游戏大国,被公认为世界上网络游戏产业最发达的国家之一,游戏技术开发、教育培训都代表了世界先进水平。游戏产业的发展,离不开高素质游戏人才的培养,韩国游戏业的发展自然也是因为有了一批游戏人才的努力。韩国政府对游戏业的重视也体现在教育方面,韩国有众多的游戏院校。

韩国建立了从职业教育到大学教育等各个教育阶段的游戏专业教育。2003 年的游戏相关教育机构共有 84 家,研究生院 8 所,大学 51 所(如韩国著名的世宗大学),私立教育机构 22 个,高中 3 所(如韩国动画高中)。其专业程度可见一斑。

(三)市场化的运作

1. 激烈的市场竞争机制 韩国游戏产业竞争的激烈程度,从其竞争主体的生存状态可见一斑。韩国本土每年有将近 300 款网络游戏出炉,但是这 300 款游戏中也许仅仅只有 10 ~ 20 款游戏能够顺利地被代理公司收购从而商业化,而绝大部分的游戏只有卖出国际版权金或根本无法面市。

2. 拓展海外市场,积极参与国际竞争 国际市场战略方面,韩国政府继过去以亚洲或大中华区为目标市场的策略,未来几年内将以全球市场为主要发展目标。

二、韩国游戏产业模式对我国游戏产业的借鉴和启示

(一)政府重视、扶持和管理

1. 政府应成立专门的游戏产业管理和指导机构 我国有必要建立如游戏产业协会、游戏制作协会、游戏产业开发院等专门性机构,它们在企业宏观调控和决策、可持续性成长、教育和咨询等方面予以管理和指导,从而促进游戏产业的健康快速发展。

2. 政府及其部门对游戏产业的资金、政策、技术等支持 我国政府可以设立文化产业基金和信息化基金;为游戏企业提供长期的低息贷款;对指定的风险企业实行各种税制优惠政策,减少甚至免除游戏企业的税务负担等。

3. 建立和健全游戏产业相关的法律和法规 在游戏产业法规制定方面,我国应进一步加强对引进版游戏的审批管理,做到有选择有计划;加大知识产权的保护力度;严肃查处利用网络游戏从事赌博的行为等。

(二)完善游戏产业人才培养机制

1. 培育和完善游戏专业教育体系,充分发挥政府、非政府机构、高校和国内外企业等各方的优势 目前,我国游戏培训机构的现状是:(1)规模普遍偏小。目前国内从事游戏人才相关培训的机构多如牛毛,但大多受到规模小的限制,难以形成完整的教学、教材和师资体系。然而,游戏人才的培养要求教案和教学模式也要不断更新,而这种教学实力只有建立在培训机构具备一定规模的基础上才能实现。(2)没有充分发挥高校的优势。韩国的游戏相关教育机构共有 84 家,其中绝大多数是大学的教育机构。而我国还完全没有发挥出高校在游戏人才培养工程中的作用。

2. 重视培育游戏人才的综合素质 想要成为一名好的游戏从业人员,至少要具备五个方面的基本素质:(1)一项以上游戏制作专业能力。(2)良好的协调能力与团队合作精神。(3)掌握市场潮流,了解玩家心态。(4)洞悉游戏娱乐的眼光,不断创新的热情。(5)艺术家的恒心毅力。所以游戏人才的培养是一项涵盖面广的工程。

3. 有针对性地培养游戏专门性人才 按照北京市有关机构对本市几家较大规模的游

戏企业的调查结果，游戏开发人员大致分为以下几类：企划类、程式类、美术类等。其中，网络游戏企划人才最为缺乏，也是今后游戏人才培养的重点和难点。

提高家长对游戏的兴趣和认识，使家长能更好地鼓励子女投身到游戏相关事业中去，这是游戏人才培养不可忽视的重要因素。

(三)走产业化模式的发展道路

就世界各国来看，电脑游戏业尤其是网络游戏产业的运作，从主体上看莫过于以下几种模式：(1)开发商—用户；(2)开发商—销售商—用户；(3)开发商—代理商—用户；(4)开发商—服务商—用户。不同类型的游戏应该根据市场要求，选择适合自身发展的模式。

【案例2】

《同一首歌》——获得社会效益和经济效益的最大化

一、案例背景

创办于2000年1月27日的中央电视台三套《同一首歌》栏目，是一档100分钟大型周末音乐栏目，每周五19点30分，在中央电视台三套黄金时段播出。该栏目坚持品牌定位，不断深入品牌形象，几年来在知名度、美誉度、影响力等方面不断提高，收视率一直在中央电视台三套节目中处于领先地位，并且屡创收视新高。2005年元旦播出的《同一首歌》走进广州"新年畅想曲"收视率高达4.95%，刷新了收视记录。《同一首歌》以制作独具特色的系列大型演唱会和各类主题、公益演唱会为主，赢得了观众的喜爱和好评，成为中国娱乐传媒著名品牌之一，在社会主义两个文明的建设中产生了巨大的影响。

二、案例分析

《同一首歌》栏目成功的秘诀在于：一是节目内容带有怀旧色彩，歌曲耳熟能详，所以深受各类观众的喜爱。同时，政府搭台、企业埋单、《同一首歌》唱戏的模式应运而生。二是打破单一的生存方式。在《同一首歌》巅峰时期，它打破了传统电视节目过分依靠收视率的现象，而是用走出去的方式改变了单纯依靠收视率——传统广告额的生存方式。除此之外，坚持公益事业是《同一首歌》永恒的主题，紧扣时代脉搏是它保持品牌长盛不衰的基石，与境外媒体合作是它打造品牌国际影响力的手段，精心制作是它保持品牌常青的不竭动力。《同一首歌》多年来的成功运作，为我国娱乐类电视栏目的创新和发展提供了可资借鉴的范例。

【思考与练习】

1. 文化产品及服务的特点有哪些？

2. 我国文化产业发展新的特点有哪些？

第三部分 文化产业的功能

【学习目标】

1. 了解文化产业的文化、经济、政治及社会功能。
2. 掌握文化产业各功能之间的关系。
3. 理解城市文化产业的功能。

【内容描述】

文化产业是在知识经济的浪潮中,文化和经济相互渗透而形成的新兴产业。文化产业既是与文化事业相区别的概念,也是与其他产业相区别的概念。与文化事业相比,文化产业淡化了公益性,更具商业性,具有经济功能;与其他产业相比,文化产业又具有精神文化属性,包含政治性、意识形态性,具有明显的文化功能。

第一单元 文化产业的文化功能

【案例导入】

从宏基分离出来的明基电通,自 1997 年在中国内地建立营销部门以来,短短几年之间,业绩从零提升到如今的 20 多亿,连续保持了高成长率。

【案例分析】

明基电通中国营销总经理曾文祺认为,对企业来说,企业文化上的成功比提升业绩更重要。明基是通过传承母体公司宏基的文化基因,向索尼等同行学习,以及结合苏州地方文化的优点,实现企业文化的嫁接、融合和发展的。

【知识要点】

文化产业尽管具有产业属性,但毕竟也是文化,文化的认识和解决问题、信息记录、凝聚人心、规范教化、显声扬名、审美娱乐这六大功能无一不有。学者们经常提说的文化的传播功能、宣教功能是其中最突出的。不过,原先人们只强调文化产品的宣教功能而忽视其他功能的开发,严重制约了文化产业的发展。人们购买文化产品是为了满足自身多方面的需要,其中最主要的是为了满足娱乐、健美和获取信息的需要。能满足此需要的文化就容易进行商业经营而形成文化产业,不能满足此需要的文化就较难进行商业经营而形成文化产业。这样,文化产业的文化功能便突出表现为以下几点。

一、娱乐生活,宣泄心理紧张

文化产业首先是为了满足大众的娱乐消费而兴起的。目前文化产业中最兴旺的也是娱乐性强的行业,如歌舞娱乐、电子游戏、综合娱乐、保龄球、台球、网吧,以及文化旅游等。现代社会,竞争日益激烈,人们的心理紧张和内心焦虑十分严重,在娱乐活动中人们的紧张和焦虑得到宣泄,有助于恢复心理平衡,从而维护社会的稳定。

二、健身增美,满足健美渴望

随着生活水平的不断提高,人们的健美需求日益强烈,拥有健美的身材、美丽的容貌成了人的强烈渴望,往往为此不惜重金。田径、球类、气功、武术、太极拳、瑜伽、跆拳道、健美操以及各种健身房的健身锻炼和美容院、化妆室的各种美容服务便因之而起。在这类消费活动中,人们增进了健康,获得了美丽。

三、获取信息,促进事业发展

在知识经济、信息化浪潮冲击下的当今社会,没有知识,不能掌握与自己事业相关的各种信息,必然处处碰壁、连遭挫折。人们对知识信息的需要日渐强烈,为适应这种需要,局域网、因特网、各种通讯服务及各种培训服务纷纷兴起。人们由此获得了大量与自己事业相关的信息和知识技能,从而促进了自身事业的发展。

四、服务大众,提升全民文化水平

文化产业兴起前的文化,基本上是上层社会的专利,平民大众难以享受。文化产业为了赢得市场,必然要适应社会大众的需要并着力为其服务。这就使文化从上层社会走向平民大众,使社会大众也能享受到文化服务,有助于提升全民文化水平。

【知识链接】

我国文化产业发展的观念性障碍

当前关于大力发展我国文化产业的呼声极高。但是,发展我国文化产业还有许多障碍要清除。这些障碍的一个重要表现就是观念性障碍。

影响我国文化产业发展的观念性障碍,从根本上来看,就在于对于文化的商品属性理解不足,进而混淆文化产业与文化事业之间的界分。为此,首先需要理解文化与产业的结合何以可能。所谓文化是指人类精神的生产活动,是属于意识形态的。而文化产业是对文化资源进行加工、改造、生产并创造社会文化财富的行业,它必须是提供文化产品和文化服务的大规模商业运作,并通过市场化和产业化的组织形态,进行可持续的简单再生产和扩大再生产。

从文化到文化产业,是技术结构与社会结构共振的必然结果。从技术结构来看,文化传播技术在近代以来的迅猛发展使得原有的观念形态拥有了大规模的物质载体;从社会结构来看,城市在城乡二元结构中逐步提升,人类对于精神的需求逐步上升,在这一过程当中文化的商品属性日益得到凸现,产业成为文化最有经济活力的界。

文化作为一种商品与非观念形态的商品一样,是具体劳动与抽象劳动的统一,是使用价值与价值的统一,是文化生产经营者通过市场交换向消费者提供的精神文化产品或文化娱乐产品。但是,文化商品又具有其特殊性,这一特殊性就在于,它是意识形态属性与商品属性的结合体。尽管文化商品的物化形态令人关注,但是文化商品从根本上摆脱不了其观念形态,进而也摆脱不了其意识形态属性。因此,发展文化产业脱离意识形态属性是既不现实也不可能的。我们必须坚持马克思主义、毛泽东思想、邓小平理论的指导思想地位,用三个代表统领文化产业的发展。

其实,文化的意识形态属性与文化的商品属性并不矛盾。因为作为意识形态的商品必须服务于自己的经济基础。从这个意义上看,文化商品属性的凸现,可以进一步巩固、完善文化的意识形态属性,成为意识形态属性的强有力的基础。长期以来,正是忽视了文化商品属性的这种积极作用,从而混淆了文化产业与文化事业两者之间的界限,把文化产业视为文化事业。需要进一步指出的是,这种误解实际上是计划经济条件下对产业的内涵理解不足的延伸。以往我国对产业的主流界定认为"产业是指从事生产活动的事业,特指工业"。准确而言,产业是指介乎企事业等微观经济单位与宏观经济单位(国民经济)之间的、以投入一定的经济资源为代价生产某类具有共同特性的产品的集合体。在市场经济大潮中人们对文化产业又产生了一种最流行的误解,以为只有推向市场的文化部门才是文化产业,靠国家财政支持的文化部门不是文化产业,提出的相应对策则是分制分治。

第二单元　文化产业的经济功能

【案例导入】

新华网广西频道6月20日电(曹滢 赵文)一曲民歌,发展出一系列节日,为一个地方带来发展的机缘。在"歌仙"刘三姐的故乡,近年来民歌唱得响亮,唱得红火。"民歌效应"带动着广西,为文化产业发展找到新的契机。

一年一度的广西南宁民歌节已经把南宁塑造为"天下民歌眷恋的地方",民歌节上仅演出交流活动每年就创收3 500万元。同期举办的中国—东盟博览会上,2005年商品交易总额达到11.5亿美元,签订投资合作项目400多个。民歌节的举办还使11月上旬的广西增加了第四个“旅游黄金周”。难怪有人称民歌节为广西带来了“旅游冲击波、投资冲击波、城建冲击波”。

【案例分析】

一些具有民族特色的传统工艺品在传统文化的传承和保护中为地方经济找到了新的增长点。让传统文化助当地老百姓致富,这是文化产业“相关层”应当起到的带动作用。著名导演张艺谋执导的大型山水实景演出《印象·刘三姐》就被称为“一个念头致富一个地方”的典范。

【知识要点】

经济功能是文化产业首要的功能。文化产业是新的经济增长点。文化娱乐、影视及音像制品、新闻出版、文化旅游等为本体的文化产业,被国际经济学界公认为“朝阳产业”。20 世纪 90 年代以来,文化产业成为全球发展最快的产业之一。2000 年,美国的版权产业达到 4 572 亿美元,出口额大大超过汽车及配件业、飞机制造业、农业等传统产业,已成为第一大出口项目。日本的音像产业成为国民经济的第二大产业,其文化娱乐经营收入超过了汽车工业的产值。韩国把“文化产业立国”列为一项基本国策。当前国际电影、电视、广播、出版、报纸、娱乐等已走向集团化、规模化的发展道路,形成了许多大型的跨国文化产业集团。同时,文化产业还是当今社会以及未来社会财富积累的重要源泉。具体地讲,其经济性功能包括以下几方面:

一、本身可以赢利,是新的利润增长点

在当代,以传媒、娱乐、旅游、教育、健美、咨询、会展等为代表的文化产业的发展速度已经超过了其他产业。国际知名的会计和咨询服务公司——普华永道公司 2000 年发表的预测报告说,在因特网这一新兴媒介的推动下,全球娱乐与传媒在今后五年内,将以每年 7.2% 的速度增长。其增长速度大大高于同期世界经济平均增长速度。到 2005 年,全球娱乐业和传媒业将达到 1.2 万亿美元的规模。美国著名的摩根士丹利通过对建立有世界级竞争能力的大企业所需的时间的统计分析表明,大众传媒业所需年限最短,仅为 8 年时间,其收益远远高于医药、银行、电力、能源等其他 11 种行业。

在《财富》全球最大 500 家企业排行榜中,索尼、迪斯尼、时代华纳、新闻集团、贝塔斯曼、维亚康姆、西格拉姆等都把文化、媒体作为主要经营业务。这些公司控制了全球 5 大唱片公司中的 4 家,好莱坞 8 大电影公司中的 7 家,以及全球一些最重要的电视、报刊、出版集团,是名副其实的文化产业集团。其中仅贝塔斯曼集团 1997 年 7 月 1 日至 1998 年 6 月 30 日经营年度总销售额就达 147 亿美元。文化产业具有的巨大盈利能力,正在为许多国际知名企业带来高额利润。

在文化产业十分发达的世界经济强国美国,1996 年文化产业营业总额高达 1 957 亿美元,其中电影电视营业额为 525 亿美元,音像制品 295 亿美元。据统计,400 家最富有的美国公司有 72 家是文化企业。1998 年,美国的电影、电视、录音带、音乐出版的总收入第一

次超过农业和飞机制造业,成为第一大出口产品。美国体育产业的收入,已经超过石油工业和证券交易所的收益。英国文化产业的平均发展速度是经济增长的2倍,目前城市文化产业年产值接近600亿英镑。日本仅娱乐业生产经营的年收入就高达35万亿日元,超过日本汽车工业的年产值。加拿大的文化产业也非常发达,1990年,文化产业的产值为113亿加元,1995年文化产业创造产值190亿加元,1997年达240亿加元。芬兰1995年共有文化产业部门14 000多家,总营业额为490亿芬兰马克。近年以来,随着高新技术的发展,文化产业在芬兰国民经济中的比重也相应增大。仅以多媒体为例,1996年比上一年的营业额增长375%,1997年比1996年又增长100%,达5亿芬兰马克。在澳大利亚,文化产业年均产值近200亿澳元,约占国民经济总产值的2.5%,大约与电力、通讯、住宅建设、银行公路交通等行业相仿。在一些发展中国家,自20世纪80年代以来,文化产业也逐渐得到重视并在一定程度上取得了发展。如1992年,文化产业在阿根廷的国民经济比重中占4%,年运转资金达80亿美元,当年的戏剧、音乐票房收入达1.2亿美元,全年的文化产业总收入为83.31亿比索。尼泊尔的文化产业在国民经济中也占有相当的地位,特别是其手工艺品不但在国民经济中占有重要地位,而且为国家带来了大量的外汇。

二、可以带动相关产业的发展

文化产业的发展会带动一系列相关产业的发展,产生综合的联动的效应。如:广播影视产业将带动音像、影像、游戏软件、家电、通讯设备、广告展览等产品及服务市场;文化娱乐业将推动旅游、宾馆、餐饮、交通、演艺市场;文化产业的公共参与性及其善于制造大众流行的特点,将推动服装业、美容业及各类延伸产品市场;各类先进的文化设施的建设,则将有力地配合高科技转化为市场优势,并带动建筑业和制造业市场。

在美国,网络业的发展还导致了一种新型的体育娱乐业的诞生。据报道,美国网脉传讯公司在全美三百家健身中心的运动器材上安装可连接上网的终端机,让健身爱好者可以一边踩脚踏车,一边上网遨游。运动脚踏车的前面安装了屏幕,使用者一旦停止踩踏,屏幕画面就会中断,以此作为激励使用者的手段。这种与网络连接的触控式屏幕可安装在运动脚踏车与踏步机上,使用者可以一边消耗卡路里,一边上网冲浪、寄送电子邮件、听音乐或看电视。美国的奥兰多,原来仅是一个以橘子种植和畜牧为主业的小城镇,而迪斯尼乐园的建成,则使其出现超常规的发展,一些大型的电脑公司、激光公司、海洋公司纷至沓来,全世界的游客更是趋之若鹜。一个游乐园为当地创造了每年5 000多万美元的房地产税、6 700多万美元的度假税、564万美元的国际贸易额,城市的建筑因此而得到改观,城市的交通由此而升级换代,奥兰多亦因此成为世界著名的国际贸易、旅游大都会。

三、可为经济发展提供动力支持

文化产业是文化的重要组成部分。文化作为知识体系,可为经济的发展提供各种知识;文化又是价值体系,可凝集人心,协调各方面的关系,提高企业形象,增大企业影响,从而为经济发展提供动力支持。在知识经济、信息化社会条件下,这种功能更加突出。

人类经历了5 000年的农业经济，又经历了300年左右的工业经济，现在正处于经济形态转换的阶段，正向知识经济迈进。知识经济与工业经济相比，创造知识和提供信息服务是经济活动最主要的部分，从事知识生产和传播的人将占劳动力总量的大部分，知识与经济已经密不可分。文化对经济广泛渗透，产品的文化内容的价值比重迅速增大，而物质形式的价值比重正相应地下降。在新增的社会财富中，文化性的"软产品"所占比重越来越大，不仅像微软公司这样的新兴产业大部分是知识密集的软产品，而且传统制造业产品的文化内涵也越来越高。一般消费品的生产，在当代已经着意通过其品牌、命名、设计将一定的文化形态、审美情趣甚至价值观念附加于消费品之上，使之成为一定意义上的文化品。广告业的发展已经使广告本身不再仅仅是纯粹的商品信息，已成为精心设计、刻意迎合或推广某种精神价值的文化品。日本专家曾对日本整个产业的服务化和"软件化"程度作过定量分析，他们把服务、软件等非物质性投入所创造的附加值，在产品总附加值中的比重称为"软件化率"。分析表明，从1965到1980年间，软件化率低于20%的产品比重从58%减少到了27.3%，而软件化率在60%～80%的产品比重却从1.5%增长到了17%。在传统制造业产品的文化含量越来越高的同时，尤其值得注意的是，由于高新技术的发展，文化内容在新兴产业产品价值构成中的比重也越来越大，并出现大量的富有美感和科技含量的智能化产品。数字技术、网络技术、人工智能、新型复合材料、生物工程技术、设计艺术等正在成为人们生活的必需品。

正因如此，人们感觉到，一个科学文化大发展时代已经来临，未来时代的竞争将是一场智力竞争，人类已经面临一场新的革命，并进入了一个知识和经济、文化和经济一体化的社会。在这个社会中，经济社会发展中的知识含量、文化附加值将越来越高，知识生产力将日益成为生产力、竞争力的关键因素。

四、可促进产业结构的升级

产业结构的升级过程是一个资源消耗减少、环境污染降低而资源循环利用率、产出率不断提高的过程。以采掘业、农业为代表的第一产业和以工业为代表的第二产业，消耗了大量资源，造成严重的环境污染。如果不大量降低物质与能源消耗，数十年后，在人均食物产量、能源以及工业生产等方面的产出下降将是不可避免的。正是基于这一认识，实施可持续发展战略已经成为世人的共识。

发达国家纷纷把大多数加工企业转移到发展中国家，而自己则发展资源消耗少、环境污染小的第三产业。文化产业是第三产业中的精华，具有低投入高回报、消耗物质能源少、取得的效益大的特点，是可持续性非常强的行业，代表了产业结构升级的方向。如一套软件的物质成本才几元人民币，但其价值可达几千至几十万元之高。在人类无计划的疯狂掠夺地球能源、使地球资源日益面临枯竭的今天，文化产业显然是最有利于实施可持续发展战略的产业，其发展可有力地促进产业结构的升级。

五、有利于扩大就业

文化产业的发展可开辟新的就业空间。在美国，从事艺术及其相关工作的人数达

1 700 万人。从 1987 年到 1993 年,美国以文化产业为核心的版权产业就业人数年增长率达 2.7%,三倍于同期其他产业 0.9% 的增长率。从 1994 年到 1997 年,纽约电影业的从业人员上升了 47.5%,而由城市文化产业作为参与主体的各类艺术节,则为成千上万的居民提供了临时性或永久性的工作。在 1998 年一年内,新经济已为美国的 1 540 万"知识工人"创造了就业机会。

从 1981 年到 1993 年,英国的文化产业就业人数增加了 22%,占所有从业人数的比例从 0.72% 上升至 0.84%。

芬兰 1995 年共有文化产业部门 14 000 多家,从业人数 68 100 人。

从日本就业人员构成比率来看,20 世纪 30 年代以来,第三产业就业者占总人数的百分比逐年上升。1930 年 30%,1965 年 43%,1970 年 46.5%,1975 年 52%,20 世纪 80 年代和 90 年代这一比率又大大提高。

加拿大从事文化产业的人数已达 75.2 万人,占全国总就业率的 6%。

澳大利亚从事文化产业人员约 220 万人,占全国劳动力市场的 10%。

新西兰文化企业共 11 835 家,占企业总数的 5.7%,从业人员 8.7 万人,占就业人员总数的 5%。

在我国国内,1996 年,上海的文化娱乐业为社会创造了 4 万个就业岗位;1999 年,香港特区政府斥巨资 224.5 亿港元与迪斯尼公司联手兴建香港迪斯尼乐园,其可预见的主要社会效益之一,即是可缓解香港的失业矛盾。

【知识链接】

欠发达地区文化产业发展的区域经济效应

按照国家统计局统一规定的文化产业概念及分类,我国文化产业的概念界定为:为社会公众提供文化、娱乐产品和服务的活动,以及与这些活动有关联的活动的集合。2005 年,贵州省文化产业增加值达到 30 亿元,文化产业初步形成了文化服务、出版发行和版权服务、广播影视服务、文艺服务、网络文化服务、文化休闲娱乐服务、其他文化服务、文化用品、设备及相关产品的生产与销售等 9 大类 77 个细目的较为完备的文化产业体系。在文化产业的三大层次中,2004 年,以新闻、出版、广电和文化艺术等传统文化服务行业为主的"核心层",以网络文化、休闲娱乐、旅游文化、广告及会展等为主的"外围层",以从事文化用品、设备及相关文化产品生产、销售组成的"相关层"的经营收入之比分别为 36%、13%、51%,从业人员之比分别为 52%、22%、26%,文化产业核心层举足轻重,外围层发展迅速,相关层初具规模。文化产业的发展与经济社会发展密切相关,尤其在贵州这样的欠发达地区,文化产业发展正在逐步显现出其区域经济效应。

一、拉动 GDP 增长

2000 年以来,贵州经济的快速发展为文化产业发展奠定了坚实的基础,文化产业产值从 2004 年的 24.79 亿元增长到 2005 年的 30 亿元,增加了 21%,高于全省 GDP 同期年均增长率。文化产业增加值占全省 GDP 的比重由 2004 年的 1.48% 上升到 2005 年的 1.52%，增加了 0.04 个百分点，对 GDP 增长的贡献率为 1.97%，拉动 GDP 增长 0.23 个百分点，文化产业对全省经济发展的贡献有所增强。

二、改善发展环境

贵州经济发展滞后的原因很多，其中一个重要因素就是文化差距，包括观念落后、体制滞后、信息不灵、知识陈旧、管理经营不善等。而近年来贵州经济的快速发展，就充分体现了文化对贵州经济发展具有先导作用。一是通过对多姿多彩的民族文化资源的挖掘和展示，找到自己的文化定位，增强了对贵州民族民间文化、历史文化和红色文化的认同感、自信心、坚定性，看到了贵州发展文化产业的希望，增强了经济发展的信心。二是创新发展观念，进一步克服重经济、轻文化，或先发展经济、后发展文化的倾向，树立文化事业与文化产业互动意识，共同促进发展。三是通过大力弘扬民族精神，提高劳动者的思想道德和科学文化素质，为经济增长提供了更多更好的智力资源。四是创新体制机制，通过改革，组建、培育了一批有竞争力的产业主体，确立了文化企业的市场主体地位，进一步增强了文化事业的活力和文化产业的竞争力。五是多渠道拉动投资，文化领域的资源配置方式逐步由计划转为市场，原来靠上级政府划拨资源搞文化项目的传统方式被改变，一定程度上缓解了文化事业投资的不足。

三、促进欠发达区域资源的开发

贵州不仅有矿产、能源、生物、旅游等资源优势，还有文化资源优势，是“民族之都”“文化千岛”。贵州文化资源优势主要体现为凝重的历史文化资源，独特的地貌文化资源，丰富的民族民间文化资源和长期积累的当代现实文化资源，并具有鲜明的贵州特色。通过将文化特色强、市场潜力大的文化资源优势与人才资源、技术资源、资本资源进行有效整合，把资源转化为产品，转化为品牌，初步形成了以贵阳市为中心的特色文化产业聚集区、产业带，促进了区域性特色资源的有效开发和区域产业布局的优化。

四、优化经济结构，转变经济增长方式

一是促进产业结构调整，一定程度上有助于解决经济发展对有形资源的依赖程度仍然较高、增长方式粗放、单位能源资源的贡献率仍然较低等结构性矛盾。二是推动文化产业与传统产业的结合，文化与电子产业、信息产业的融合，商业、旅游、文化产业复合、功能叠加，以及文化产业与其他产业的融合，创造出经济效益倍增放大的“边际效应”，提升经济发展的文化内涵和发展质量。三是提升经济发展的文化内涵，发挥文化对物质产业的整合效应，优化生产要素配置，提高产品价值和经济质量。

第三单元 文化产业的政治、社会功能

【案例导入】

人民网北京2010年3月8日电(记者赵艳红)3月5日温家宝总理所作《政府工作报告》中,以单独章节突出强调要“大力加强文化建设”。政府工作报告以单独章节用了610个字谈文化,3次被热烈掌声打断。很多人都将目光投向了报告中的这句话——要继续推进文化体制改革,扶持公益性文化事业,发展文化产业,鼓励文化创新,培育骨干文化企业,生产更多健康向上的文化产品,满足人民群众多样化的文化需求。这让关注文化发展的人眼前一亮。全国人大代表、人民日报社原副总编辑梁衡在欣喜的同时指出,近年来高喊发展文化产业的背后,文化的社会教化作用被忽略了。

【案例分析】

近年来,我国对文化产业喊得够高、够响。然而有一种倾向却值得我们注意,那就是文化被更多地赋予了市场性,片面追求经济利益,而忽视了社会价值这一精神内涵。文化对社会有教育教化作用,但是目前发展文化产业的口号,似乎过分强调了文化的经济价值,却掩盖了文化的教化作用。

【知识要点】

根据社会发展规律,世界终将归于大同,文化也将归于大同。形成共产主义社会全人类统一的文化,这是人类文化发展的最高境界。但在现时期,由于世界各国、各民族文化背景、历史条件、生产力发展水平、社会制度不同,上层建筑包括意识形态各异,因而有一个选择符合自己国家和地区经济、文化实际的发展道路问题。鉴于此,邓小平同志提出了建设有中国特色社会主义理论。遵循这一理论,我们要发展的文化产业也应当具有“中国特色”。这种特色主要应体现从实际出发,发挥优势,加快发展的客观要求。这就给文化产业冠上了政治色彩,赋予了文化产业政治与社会功能。

一、政治功能

(一)文化产业具有教化功能

文化产业虽然不如文化事业那样,具有强烈的使命意识和责任意识,但其同样具有教化功能。一方面,文化产业要追求经济效益,就必须具有普遍的可接受性,必须以大众可理解和接受的形式,表达一些大众共同认可的价值观念。而大众在接受、享用文化产业时,总是会受到他们所共同认可的价值以及相应的行为准则、规范等的教育。文化产业通过为人们提供一系列关于对与错、善与恶、美与丑、真与假、好与坏、是与非等判断标准,使人产生正义感、耻辱感、是非感等一系列思想观念，从而形成一定的人格修养，制约人们的思想行为。比如，在封建社会，统治者通过文化的教化，让人明君臣、父子、兄弟、朋友等等级关系，使人们的行为合乎封建文明礼仪，保持社会稳定。

（二）文化产业具有维护国家安全的功能

文化产业不仅具有重要的社会价值和经济价值，而且具有重要的战略价值，关系到国家政权的巩固和稳定。特别是在我国加入世贸组织后，西方文化产品大量进入，西方文化价值观念也随之输入。美国一些政界人士公开说，现在“美国最大的出口不再是地里的农作物，也不再是工厂里的产品，而是批量生产的美国文化。”一些资产阶级政客甚至公开叫嚣：在同社会主义的斗争中，最终起作用的是思想、是文化，而不是武器。因此，在对外开放不断扩大的情况下，我们受到西方发达国家优势文化产品的巨大压力，面临着被它们挤出市场的危险；受到西方发达国家强势资本的冲击，面临着失去人才、失去竞争的危险；受到美国文化霸权主义的威胁，面临着“西化”“分化”的危险。在这种复杂情况下，我们只有抢抓机遇，捕捉机遇，寻求机遇，加快发展文化产业，才能保持文化独立，维护国家安全。

（三）文化产业具有维护社会安定的功能

现代管理科学认为，一个人犯罪概率的大小，与他业余时间的安排有直接的联系，一般地来说，空余时间过多，且无所事事，这人的犯罪概率就高。因此研究对人的管理，关键是要研究人空余时间的分配。如果大量增加人的文化消费时间，就可以大量减少人的社会犯罪时间。随着社会发展，一是随着人们节假日的增多，人们的业余时间越来越多。二是随着农民进城“打工者”的增多，城市中寻衅滋事、打架斗殴、赌博的人数也在增多（当然，农民进城是社会的进步，他们干着城里人看不上眼的“下贱活”，为城市创造物质财富，却住着最简陋的房子，过着最单调无味的生活，他们是值得同情和肯定的）。文化产业为大众提供各种文化娱乐和文化服务，使大众不仅可以很好地打发业余时间，而且可以获得肌体的放松、感情的宣泄、心理的平衡。可见，文化产业对社会的稳定具有“正负向”的促进功能。大力发展文化产业，无疑会对社会的稳定起非常重要的作用。

二、社会功能

（一）文化产业具有娱乐功能

所谓娱乐功能，指在是文化产业能够起到满足市民放松身心、活动肌体、交流情感的作用。娱乐功能是文化产业重要的功能，也是最基本的功能。多年来，一些学者特别是一部分领导干部，不敢公开承认或者说尽量缩小文化产业的娱乐功能，他们担心如果过分强调文化产业的娱乐功能会导致出现过分强调文化产业的经济属性，忽视文化产业的社会属性，出现一些消极的作用。其实这种担心是多余的，也是没有用的。文化产业的娱乐功能是与生俱来的，如果文化产业缺乏娱乐功能，人们不能宣泄自己的情感，放松自己的肌体，表现自己的才能，又何必既出钱又浪费时间来消费文化产业呢？因此，文化产业必须有娱乐功能，才能吸引人、容纳人，得到发展。

（二）文化产业具有审美功能

虽然文化产业是一种“文化工业产品”，是一种商品，但它不是普通商品，而是一种学术、一种艺术，一般都是创作者“主体”对客观外界“客体”的评述，客体的质地、颜色和声响等都能引起人们的感官冲动，都会产生一种美的反映。虽然它的组成也是物质材料，比如音像制品、图书，但人们消费的不是它的物质外壳，而是里面的精神内涵，人们是为了满足自己的精神需求以及娱乐、休闲和丰富自己的知识与心灵的需要。人们在享受文化产品精神内涵的同时，也受到了感官的刺激、精神的愉悦、心灵的陶冶。因此，文化产业具有审美功能。

【知识链接】

文化产业对政治文明建设的促进功能

文化与政治是相互交融的，也是相互促进的。正如十六大报告指出的：“当今世界，文化与经济和政治相互交融，在综合国力竞争中的地位和作用越来越突出。”作为文化产业的文化，也是精神文明的组成部分。而精神文明的发展程度和水平，又是与政治文明发展的程度和水平相同步的，而且是相互制约和相互促进的。例如，社会主义政治文明所倡导的立党为公、执政为民、民主政治、廉洁勤政、平等、自由、人权和博爱等，既是社会主义文化产业应当为政治文明建设传播的内容，也是社会主义文化产业自身应当倡导的内容。因此，我们应当从政治文明建设的高度来认识文化产业的地位、功能和作用。

好莱坞电影之所以能够风靡全球，就在于他突破了政治意识形态限制，从人类普遍认同的价值观出发，生产出许多感人的影片。社会基本价值观超越了政治意识形态，是人类社会共同的道德标准。成功的文化产品，能够超越政治意识形态，在基本价值观方面做到思想文化与市场的完美结合。产品越能震撼大众心灵，也就越有市场。因此文化产业化、市场化与文化本身并没有矛盾。产业化使社会基本价值观通过产品得以更广泛的传播。

文化产业市场化发展模式，经济规律对文化产品生产的调节作用，虽然降低了政治意识形态对文化产业发展的影响力，但人类社会所倡导的社会基本价值观，却通过产业化得到更广泛的传播。我国作为社会主义社会，政治思想意识形态与资本主义社会存在本质上的差别，但这并不否认在人类基本价值观方面的一致。正因如此，产业化的文化产品才可能在意识形态不同的国家开拓其市场，为具有不同意识形态的人们所接受。过去，我们由于不能正确区分文化产业发展过程中政治意识形态与人类社会基本价值观之间的关系，过分注重政治意识形态在文化产业化中的作用，甚至为了强调政治意识形态而忽视人类普遍价值标准，由此设计出的产品自然不能为消费者所接受，也就没有相应的市场需求。所以，作为社会核心价值重要组成部分的人类社会基本价值、伦理标准，在文化产业化进程中不仅不会削弱，而且还会通过优秀的文化产品得到广泛传播，从而有助于社会核心价值的形成和巩固。因此，推动我国文化产业化发展，需要不断挖掘人类基本价值观的市场价值，大力培育通过市场渠道弘扬中华民族传统美德的能力，以推动文化产业的健康发展。

虽然政府部门关心文化在政治思想意识形态方面的教育功能，但不能过多指望文化产业能够在其中发挥主要作用。对社会公众思想意识形态的教育，主要是靠由政府财政支持的文化事业单位来完成。文化产业化、市场化，虽然通过产品的消费影响人们的思想道德观念，具有宣传教育的功能，但这种教育只有在符合社会大众基本价值观的基础上，才能为人们所接受。否则，强制要求文化产业在政治思想意识形态方面的教育功能，将由于缺乏市场需求基础而影响到文化产业的健康发展。因此，不能过分强调文化产业在政治意识形态方面的教育功能，思想政治意识形态出现的问题，主要通过文化事业的发展来解决。文化产业化弱化了政治意识形态在文化产品生产过程中的影响，但文化产业却能通过向市场提供文化休闲娱乐产品，在满足社会大众文化娱乐休闲消费的同时，传播人类社会基本价值。因此，要推动和谐文化建设，就需要合理区分文化产业和文化事业各自的任务。特别是随着市场经济体制的确立，文化赖以发展的物质基础、社会环境、传播条件等都发生了深刻的变化，文化建设的环境、任务、内容、形式、对象等也随着发生了变化。所以，必须加快文化体制改革，调整政府配置文化资源的传统机制，改革与文化生产力发展要求不相适应的文化生产关系，将文化事业和文化产业分类管理。文化产业应重点宣扬人类社会共同的基本价值观，而政治思想意识形态方面的教育工作则主要由文化事业单位来承担，在文化产业和文化事业单位分工协作的基础上，逐步构建我国社会主义核心价值体系，推动我国文化产业与文化事业的和谐发展。

在分工的基础上，目前需要重点解决文化产业发展过程的行政干预问题。由于文化产品涉及到思想意识形态，政府严密监管文化企业的生产经营，而这种管制，通常又不适应文化市场的要求，往往制约了文化产业的发展。因此，需要进一步合理文化事业和文化产业的不同任务，减少政府行政干预，弱化政治意识形态对文化产业的影响，完善文化产业管理体制，加快文化产品市场化进程，按照市场原则引导文化产业的发展。既要防止过度市场化可能出现的文化内涵缺失对产业发展的不利影响，更要注意政治意识形态对文化产业的任意干扰，在合理区分文化事业和文化产业的情况下，求得文化产品文化内涵和外在形式之间的统一，实现文化产业的和谐发展。

第四单元　城市文化产业的功能

【案例导入】

清早，小王泡了杯咖啡，按习惯打开电脑。他是北京中关村智乐软件公司的游戏程序员，和同事正在开发一款手机游戏。他说："我们每开发一款游戏都要经过策划、美工及编写程序3个阶段，重要的是在各个环节中贯彻创意。"在中关村地区，像智乐这样从事创意产业的公司多达2万多家。

目前，北京已经形成了几大创意产业集聚区，文化创意产业已成为北京服务业的重要组成部分和推动北京经济发展的重要力量。据统计，北京文化创意产业产值已达到960多亿元人民币，占北京市GDP的14%以上。有关专家测算，到2010年，北京文化创意产业实现增加值将达 1 000 亿元。

北京文化创意产业的前景也吸引了海内外的投资者。日前,首届中国创意产业大会暨中华创意产业大奖颁奖盛典就选择了在北京大学举行,内地和港澳台首次联手推动文化创意产业的发展。北京作为这一产业龙头的地位进一步显现。

【案例分析】

北京发展文化创意产业的优势主要体现在四个方面:深厚的文化积淀、密集的专业人才资源、强劲的科技创新能力、旺盛的消费需求及强大的市场辐射。“发展文化创意产业是促进北京产业结构升级和经济增长方式转变的战略选择,也是提升首都城市功能、进一步推动北京向国际大都市迈进的重要途径。”

【知识要点】

城市文化产业是指与城市经济相匹配的文化产业。它主要包括:软件开发业、信息咨询业、创意设计业、教育培训业、体育竞技业、报刊出版业、影视娱乐业、文化旅游业等。

一、城市文化产业是增强城市综合实力的基础

城市综合实力的构成,既包括具有物质形态的硬实力,也包括精神形态的软实力,它们是城市的两块基石。城市强大的辐射和牵引作用来源于城市的这两块基石。文化产业促进城市经济实力,经济实力又影响城市的文化实力。而文化实力和经济实力又影响城市的国际政治地位。比如,一些重要的国际会议往往安排在纽约、东京、伦敦等国际性大都市,这些城市每年都要举办国际会议 90 个以上,成为国际性会议的重要举行地,而这些会议的举办对大都市国际政治中心的形成同样起着推波助澜的作用。

二、积极发展城市文化产业是形成城市新的经济增长点的重要选择

文化经济是一种特殊的经济形态,文化产业的崛起是与新型工业化进程紧密相连的。美国众议员李·汉密尔顿说:“艺术活动不仅是文化,而且是经济发展的源泉。对艺术的投资能产生乘数效应,因而能影响整个社会经济状况。艺术是旅游业的宝贵财富,它还能吸引工商业,提高房地产价格。”文化产业在一些发达国家甚至成为国民经济的重要支柱产业,如日本的娱乐业经营收入已超过汽车工业的产值,美国的文化产业产值约占 GDP 的 1/5 ,其音像制品出口超过航天工业。纽约、东京、伦敦、巴黎等大城市的文化产业都很发达。随着经济全球化的深入发展,文化产业在世界经济中的比重还将日益增大,文化产业对城市经济的推动作用会日益凸显。

三、城市文化产业是满足小康社会城市居民精神文化需求的重要途径

随着全面建设小康社会和社会主义现代化事业的推进,城市居民收入的增长,文化消费支出的比重增加,文化消费的时间增多,人们会更多关注文化上的、精神上的需求,因而

对文化产品和服务的需求也会大大增加，自主选择性也会日益增强。发展文化产业，通过市场的调节作用，文化企业将会为消费者提供更多的形式各异的文化产品和方式不同的文化服务，形成多门类、多层次的文化生产和服务体系，从数量、质量、多样化等方面更好地满足居民的文化需求。

四、发展城市文化产业能直接提升城市的文化实力和文化品位

城市应该拥有众多高水准的科技、文化、教育机构和设施，有发达的信息传播业，有各类专业人才的优势，并能依托这些开展广泛的科技文化交流。在当代，发展教育和科学事业，繁荣文化事业，都直接和文化产业的发展相联系。文化的繁荣和发展需要有强大的物质基础支持，需要在融入经济、服务经济中获得持续发展的活力。当代文化经济的发展表明，文化发展中吸收的经济成分越多，科技含量越高，文化的生产力就越高，渗透力就越强，影响力就越大。所以，发展文化产业是实现文化自身繁荣和发展的必由之路，是壮大城市文化实力、提升城市文化品位的一个根本举措。

【知识链接】

要处理好文化功能之间的关系

一、经济效益与社会效益的关系

在社会主义市场经济条件下，文化产品既是一种商品，又是一种精神产品。说它是商品，是因为文化产品也具有一般商品的属性和特点，它也要面向市场、讲求经济效益，也要遵循价值规律，通过生产、交换、消费得到价值补偿，实现再生产的循环。如果文化产业违背市场规律，它的再生产就无法进行下去。因此，经济效益是文化产品生产的支柱。但文化产品又是一种特殊商品，因为它有别于一般物质产品的特殊属性。这主要表现在它的消费属性上。一般物质商品的消费，是实物的硬性消费，消费后不可能再产生其他的价值。而文化产品的消费，则具有精神导向的作用，它能直接满足人们的精神文化需求，改变人们的世界观，提高消费者欣赏水平、审美水平、认识水平和研究水平等综合素质。因此，必须高度重视文化产业的社会效益。在社会主义社会里，在一般条件下，文化产品的经济效益和社会效益是能够统一的。比如一本好书、一部好电影、一场好戏，读者观众越多，经济效益越好，其社会效益也就越大。

但是，两者也会出现矛盾。从微观层面上看，会出现过于重视经济效益、忽视社会效益的现象。在社会主义初级阶段，法规法制不健全，再加上一些经营者知识素质、文化层次和思想境界不高，个别人在经济利益的驱动下，置社会效果于不顾，“炒星”、卖书号、卖版面，甚至制黄贩黄。同时，一些公民文化素养也不是很高，习惯于追求感官刺激，喜欢一些低级趣味的东西，这就导致出现文化消费的畸形现象，即一些思想艺术价值高、学术价值高的作品，一些弘扬民族传统文化的高雅艺术，投入大，周期长，但发行量、上座率却上不去；而一些思想艺术价值低甚至含有毒素的东西，反而发行量大、上座率高，其经济效益

也高，使得文化产品的社会效益和经济效益出现背离。

从宏观层面上看，则存在着曲解社会效益的情况，将文化产品的社会效益仅仅看成是能否获奖，能获奖的就是社会效益高，否则就反之。这就导致出现了一种非常荒唐的现象：有的为了获奖，着意包装，甚至故意炒作，无原则地大吹大擂；有的搞不正之风，走后门，行贿送贿，买通评委；有的花上几百万甚至上千万元钱排练一台戏，上京演出，虽然观众寥寥无几，也许就是几个评委，但他们得到了成功，获得了奖项。但是，当这一类大奖获得之时，也就是文化产品生命力的终结之时。因此在目前的情况下，正确认识文化产品的商品属性和精神产品属性的辩证关系，正确认识文化产品的经济效益和社会效益的辩证关系，正确把握好度，努力实现两者的有机统一，是当前迫切需要解决的重要问题。

二、充分利用历史文化遗产和创新的关系

文化具有鲜明的继承性。今天的文化是昨天文化发展的必然结果。人们只有更好地了解、掌握、继承昨天的文化，才能更好地表现、发展今天的文化。中华民族有着七千年悠久的历史和灿烂的文化，有着多民族创造、兼容和共构一个伟大的文化共同体的辉煌。其文化累积之丰厚、文化形态之多样和文化哲学之深刻，在世界范围来看都是少有的。一部《西游记》，给后人的图书出版、影视制作、玩具制造创造了巨大的经济效益；去年，美国好莱坞利用中国民间故事，制作了巨片《花木兰》，获取了巨大利益；江南水乡桐乡市乌镇，一年可获得 3 000 多万的旅游收入；一个齐白石，给后人留下的遗产无法用准确的数字计算。中国有多少历史故事，多少历史文化名城、名镇、名村（宅）、名街，有多少画家？不可胜数，无法计算。这是一笔巨大的文化资源，是发展文化产业的重要资源。如果能科学合理地开发、整合、包装这些资源，就可能形成具有中国特色的文化产业主业。但是，仅仅满足于此显然落后于时代的发展。"当今世界，文化具有原生形态、经济形态和技术形态，新兴文化产业利益在资本和信息技术两驾马车拉动下，才有了前所未见的高速度，才将大批文化资源转化为产业和财富。"（江蓝生、谢绳武，2002）因此，必须在重视挖掘以往丰富题材的基础上，十分注重文化创新。创新是文化生存和发展的源泉，也是发展文化产业的源泉。失去这一源泉，文化产业就不能发展。

近年来，虽然有一些人造景观文化档次很高，但总的看，成功的只是少数，多数的景观，特别是一些乡镇、个人自办的景点，游客寥寥，失败者居多，例如近年来各地搞的一些仿古建筑、仿古公园、仿古一条街，甚至大庙大菩萨。产生这种情况，主要是由于一些人造景点系粗制滥造，缺少文化科技内涵，没有文化品位，没有吸引人的独特魅力，或者是外地一些古代文化的低档次重复，或者是一部分百姓的烧香拜佛的庙宇。这样挖掘传统文化，无疑是"画虎不成反类犬"，走上了歧路。因此，正确处理利用历史文化遗产和创新的关系是当前发展文化产业的一个大问题。

三、政策扶持与自我发展的关系

文化产业是一种特殊产业，在发展的初始阶段，必须依靠政府保护。同时像新闻出版

广播影视，与国家主权、政权稳定有直接关系，党和政府也必须占据一定的控制权。因此，制定积极、科学的文化经济政策，是推动文化产业发展的重要保障。但是，文化企业又是市场的主体，它要在竞争激烈的市场中立于不败之地，取得胜利，就必须有坚韧、持久的自我发展能力。因此，政府必须从实际出发，进一步完善文化经济政策，尽快制定出台加快文化产业发展的实施意见，明确目标，厘清思路，为发展文化产业提供更加优惠的政策支持。而文化企业如何在国家优惠政策的引导、扶持和推动下，采取必要措施，积极参与市场竞争，学会按市场经济规律办事，树立新的经营观和发展观，彻底改变计划经济体制下形成的思维定势，切实加大内部改革的力度，大胆改革劳动、人事、分配、财务等制度，增强自我造血功能，提高微观竞争力，在市场竞争中增强自我发展的能力。

在处理这一关系上，当前存在的突出问题是一些地方政府将政策扶持变成自己包办文化企业。政府办文化，是在计划经济体制下形成的。各级文化主管部门既管文化又办文化，会产生许多弊病。一方面，自己办的企业，必然要多管一些，干部任命、资金拨给、任务布置、生老病死等，都由政府负担，这样就压抑了文化单位的积极性，束缚了文化单位的手脚；另一方面，在执法时，又往往会被这些小团体的利益所左右，缺少公正，这样就会严重影响文化市场的繁荣。所以，各级政府要切实转变观念，逐步改变国家统包统揽的传统管理模式，理顺关系，对那些管不了、管不好，或者根本不需要政府部门管的事情彻底下放权力，逐步实现由办文化为主向管文化为主，由微观管理向宏观管理，由直接管理向间接管理、行业管理方面转变，做好协调、指导、服务、监督和优化文化环境工作，让文化真正进入市场，是当前一项重要工作。

【思考与练习】

1. 文化产业的经济功能有哪些？
2. 文化产业的文化功能有哪些？
3. 文化产业的政治功能有哪些？
4. 论述如何处理好文化产业各功能之间的关系？

第四部分 文化产业分类

【学习目标】

1. 了解文化产业分类的作用；
2. 熟悉文化产业分类的原则；
3. 把握文化产业分类的范围；
4. 掌握文化产业分类的方法；
5. 了解我国开始进行文化产业分类的背景；
6. 掌握文化及相关产业分类表；
7. 熟悉《文化及相关产业分类》的诠释；
8. 熟悉中国文化产业年度发展报告分类；
9. 掌握按行业划分方式分类；
10. 了解按层面划分方式分类；
11. 了解文化事业与文化产业的区别；
12. 熟悉“相关文化服务”的细化；
13. 知道行业小类的处理；
14. 把握边缘文化活动的确定。

【内容描述】

俗话说：“物以类聚，人以群分”。在文化产业中，不同种类有不同的特点，对人才有不同的要求。由于文化产业是一种迅速发展的新兴产业，所以政府和学界对于文化产业的分类，有一个从无到有、从粗到细、不断发展的过程。“横看成岭侧成峰，远近高低各不同”，按照不同的角度和标准，有不同的分类方法，起到不同的作用。

第一单元　分类综述

【案例导入】

讨论电影的栏目在财经频道播出

2010年2月12日至21日，中央电视台连续播出“《璀璨绽放》中国文化产业繁荣与发展探析”的节目，在10天里专门讨论：2009年的电影市场谁引领了潮流，谁引起了争议，有哪些电影让您心潮澎湃，有哪些银幕形象让您久久难忘，谁吸引了全国媒体和观众的所有话题,如何取得将近60亿票房收入的骄人成绩。值得注意的是,这档节目是在CCTV-2财经频道中播出。

【案例分析】

中央电视台之所以将电影话题放在财经频道,而不是放在文艺频道或栏目播出,就是因为电视台已将此话题当作了产业话题。电影是艺术,也是文化产业,做出这样的划分,其实是文化产业分类在新的社会形势下的需要。

【知识要点】

重视文化产业分类的作用。科学的分类可以推动我国文化体制改革,培育文化市场,建立科学、系统、可行的文化产业统计体系。提供合理的就业导向。

文化产业的分类原则就是要以国家方针、政策为指导,以文化产业自身特点为依据,以国民经济行业分类为基础。

文化产业的分类方法有多种,可以按照需要选择。

一、分类作用

(一)推动我国文化体制改革

党的十七大强调,要大力发展文化产业,实施重大文化产业项目带动战略,加快文化产业基地和区域性特色文化产业群建设,培育文化产业骨干企业和战略投资者,繁荣文化市场,增强国际竞争力。进入21世纪后,我国文化赖以生存和发展的经济基础、体制环境、社会条件等方面都发生了深刻变化,并由此导致了沿袭数十年的文化管理体制、运行机制与现状的诸多不适应:一是广大人民群众的物质生活水平已经基本实现了由温饱到小康的转变,而社会能够提供的文化产品和服务却不能满足这种迅速增长的精神文化需求;二是与经济发展、政治进步相比,文化建设水平还有较大差距;三是现行体制在许多方面还习惯于用计划经济的手段来管文化、办文化,制约了社会主义文化市场体制的发展;四是随着高新科技的飞速发展和互联网的普及应用,文化发展形式和传播方式创新上反应不够灵敏。

因此,国家明确提出要制定文化发展纲要和进行文化体制改革,要按照文化事业和文化产业的不同属性和特点,进行不同的制度设计,实行不同的管理和治理。显然,只有对文化进行合理分类,厘清文化事业与文化产业的内涵与外延,才能有效地推进我国的文化体制改革。

(二)培育文化市场

不同的分类角度和方法,对文化产业市场的培育起到不同的指导作用。

按照文化产业的结构关系分类,有助于搭建文化产业市场的基本框架。在市场发育过程中,明确"以结构调整为主线,推动文化产业的新发展"的战略方向,具体指出加强文化产品和其他产业的相关度,不断扩大准入,才能形成一个比较合理的国有、民营、外资并存，多种所有制共同发展的结构。

按照文化产业的统计口径分类，有助于与我国国民经济统计工作接轨。现行的政府行政体制和工作流程，政策明确，权威度高，规范性强，既有相当大的市场认可度，又能有效地促进文化产业市场的建设。

按照文化产业的内在规律和发展趋势分类，有助于揭示文化产业的学科属性和本质。学界对此认识比较一致，可以厘清传统观念中的模糊认识，利于促进文化产业的创新发展。

（三）建立科学、系统、可行的文化产业统计体系

产业作为国民经济的载体，对其状况进行统计和分析，是现代社会的重要工作。中国对产业的划分是：第一产业（first occupation；primary industry）指国民经济中以农业为主的产业；第二产业（second industry）指国民经济中的工业和建筑业；第三产业（third industry；servica sector）指国民经济中为生产和消费服务的部门和为提高科技文化、居民素质服务的部门。文化产业在传统划分中，只是第三产业中一个层面中的一部分。

随着社会的发展和人类对文化产品不断增加的巨大需求，文化产业已经从第三产业延伸到第二产业和第一产业。比如，作为文化产品的广告设计与制作、产品造型设计、装潢（饰）艺术设计，都与工业生产密切联系；作为生活产品的环境艺术设计、雕塑艺术设计、古建筑工程技术等，都是文化产业与建筑业相辅相成；作为旅游产品的生态旅游、观光旅游，全然是文化活动与农、林、牧、副、渔的有机结合。文化产业链明显地在第三产业基础上，延伸至第一、二产业。只有对文化产业进行更加科学的分类，才能规范和保证文化产业统计工作。

（四）提供合理的就业导向

在文化产业蓬勃发展、文化产品不断丰富、文化需求不断增加、文化领域招士纳贤的背景下，只有对文化产业进行准确定位，予以科学区分，既把握共性，掌握其一般规律，又找出类差，知晓其个性特点，才能更好地进行量化研究，才能更好地进行分类指导和教育，才能更好地提供就业导向。

作为国家行政部门，根据合理的文化产业分类，可以调查、了解现有各类人才的数量、分布等现状，科学进行文化产业发展的预测，适时发布就业需求，引导人才合理流动，促进结构平衡。

作为社会教育领域，根据科学的文化产业分类，可以系统地制定人才培养方案，通过教学计划、教学大纲、教材和相应的教学方法、手段，以就业为导向，加快专业改革与建设，以服务于区域经济和社会发展。

作为创业谋业个人，根据现实的文化产业分类，可以掌握文化市场的整体状况和分类情况，了解市场对不同类型、不同层面人才的需求，把握不同类别人才的共性与区别，选择自己的合理发展目标。

二、分类原则

（一）以国家方针、政策为指导

文化产业作为朝阳产业，近年来得到快速发展，其中重要原因，就是国家实行了文化

体制的改革。这些政府层面的方针、政策，对文化产业的发展起到了指导性的作用，对文化产业的分类，当然也起到宏观的指导作用。

国家“文化产业振兴规划”吹响了发展的号角。当前中国文化产业呈现出四个方面的发展趋势：一是将现有的中央政府驱动模式，转变为中央政府和地方政府、政府和企业双轮驱动的趋势；二是将现有的国有文化企业作为主角“领衔出演”，转变为由社会文化公司作为主角“领衔出演”；三是将现有的文化产业从单一依托文化单位，转变为与其他产业相互融合；四是将现有的文化产业主要依赖政府推动，转变为更多依靠社会企业和个人力量参与。

国家对于中国文化产业的发展趋势、战略方向、发展路径、非物质文化遗产的产业化开发等问题，都陆续出台了一些文件、规定，在操作层面上为文化产业的分类提供了指导性的依据。主要有：《国务院关于非公有资本进入文化产业的若干决定》《文化产业相关政策法规文化市场行政执法管理办法》《出版管理条例》《电影管理条例》《音像制品管理条例》《城市雕塑建设管理办法》《中华人民共和国文物保护法》等。

（二）以文化产业自身特点为依据

对文化产业进行分类，归根结底，是要从文化产业自身的性质和特点出发，才能科学、合理地进行类别划分。这里需要注意三个问题。

一是不同发展阶段中，分类有所不同。一般认为，当前中国文化产业的发展将经过三个阶段，分阶段实施振兴战略、成长战略和国际化战略。振兴战略要放开市场准入以扩张市场规模；成长战略要改革和发展并重，促进产业快速成长和产业水平大幅度提升；国际化战略要推动国内文化产业跟国际接轨，使我国成为文化产业大国和强国。不同阶段有所区别。

二是结构变化会产生新的类别。历史经验证明，特定时期加快推进跨地区、跨行业、跨媒体的重组整合，有利于促进产业升级换代，实现集约化、规模化生产经营。文化产业作为新兴产业，当然也不例外。在当今时代，出现新的类别是不奇怪的。

三是中外文化产业的不同。我国的文化产业发展时间不长，很多方面与国外的情况不完全一样。再加上不同的习惯和思维方式，当然不能照搬照抄国外的现行分类方法。

（三）以国民经济行业分类为基础

国民经济行业分类与代码（GB/T 4754—2002），是国家统计局对全国各行各业进行分类统计的基本依据。对文化产业进行分类，无论是务虚的学术探讨，还是务实的行政工作，都要在国标的基础上进行。和文化产业直接关联的在 R 大类，即文化、体育和娱乐业大类，包括（括号内为类别号）：新闻出版业（88），广播、电视、电影和音像业（89），文化艺术业（90）和娱乐业（92）等。和文化产业间接关联的在其他大类中，如：印刷业和记录媒介的复制（23），文教体育用品制造业（24），工艺品及其他制造业（42），电信和其他信息传输服务业（60）等。

三、分类方法

（一）三分法

按照文化产业的结构关系，可分为核心层、外围层和相关文化产业层。

(1)文化产业核心层:一是新闻服务,二是出版发行和版权服务,三是广播、电视、电影服务,四是文化艺术服务。包括新闻采编、制作和发布,书籍、报纸、刊物、电子音像产品的发行,广播、电影、电视的制作、发行和播出,文艺演出,文化活动,图书馆、文化馆、博物馆、档案馆、展览馆的建设和使用,文化社团、文化研究的活动等。

(2)文化产业外围层:一是网络文化服务,二是文化休闲娱乐服务,三是其他文化服务。外围层主要是中介性和间接性的文化服务,包括互联网中的网吧、网购、3G 等各种服务,旅游中的旅行社、酒店、旅游景区等各种服务,休闲健身娱乐服务;广告设计、制作与发布服务,文化中介服务,文化会展服务,文化产品销售、租赁、拍卖活动。

(3)相关文化产业层:一是文化用品、设备及相关文化产品的生产,二是文化用品、设备及相关文化产品的销售。

另外,著名产业研究专家冯子标教授将文化产业分为资源型、创意型和制造型三类,新加坡将文化产业分为文化艺术、设计和媒体三类。

(二)四分法

根据统计口径等,分为四个层次:部分,大类,中类,小类。

第一层次按照文化活动的重要性,分为文化服务和相关文化服务两大部分,分别用第一部分、第二部分表示;

第二层次根据部门管理需要和文化活动的特点,分为 9 个大类,用汉字数字一、二……表示;

第三层次依照产业链和上下层分类的关系,分为 24 个中类,用阿拉伯数字 1、2、……表示;

第四层次共有 80 个小类,它是第三层所包括的行业类别层,也是文化及相关产业的具体活动类别。该层不设顺序号,在右侧设置代码,为对应的"国民经济行业代码"。

为了科学、完整、准确地反映分类的文化活动,这种分类对部分内容作了特殊处理。

(1)在第三层部分中类下设置了过渡层,共有 7 个类别,用带括弧的阿拉伯数字表示。

(2)在第四层部分小类(行业类别)下设置了延伸层,共 38 个类别。延伸层不设代码和顺序号,在相应的类别前用横线"—"表示。

(3)第四层有部分小类(行业类别)的活动不是纯的文化活动,在相应的类别后用星号"*"表示。附件 1 对这些行业中的文化活动作了进一步解释。

(三)五分法

为改变文化产业分类不清晰、不规范的问题,由中宣部负责,与国家统计局、国家文化部、广电总局、新闻出版总署、国家文物局等单位联合组成了"文化产业统计研究课题组",经过共同努力,于 2004 年 3 月 29 日正式颁发了《文化及相关产业分类》,并以国家统计局[国统字(2004)24 号文件]的形式向社会公布。《文化及相关产业分类》将文化及其相关产业划分为五类(详见本章第二单元)。

(四)六分法

联合国科教文组织将文化产业分为印刷、出版、多媒体、视听产品、影视产品和工艺设计六类。

(五)七分法

中南大学文学院欧阳友权教授,在其专著中采用目前文化产业实践与研究过程中比较通行的行业划分方式，将现阶段我国文化产业划分为七大类型。一是纸质传媒产业：2004 年我国报纸共有 1 926 种，广告总收入 231 亿。二是广播影视产业：2008 年全国广播电台有 2 000 多个台，电影产量 406 部，电视剧将近 15 000 集，广播影视产业总收益约 1 500亿。三是网络传媒产业：2006 年全球中文博客（Blogger）数量达到 5 230 万，博客用户数达到 1 987 万。四是广告产业：2007 年，广告经营总额已达 1 741 亿元人民币，并已形成 110 多万的产业大军。五是动漫产业：2008 年全国制作完成的国产电视动画片共 249 部 131 042 分钟。六是休闲文化产业。七是艺术、体育及其他产业。

（六）其他分法

芬兰将文化产业分为九类：文学，塑像，建筑，戏剧，舞蹈，影像，电影，工业设计，媒体等。

我国 2006 年统计指标为十二类：演出业，影视业，音像业，文化娱乐业，网络文化业，文化旅游业，图书报刊业，艺术培训业，文物和艺术品业，动漫业，会展业，文化用品生产等。

韩国将文化产业分为十七类：影视，广播，音像，游戏，动画，卡通形象，演出，文物市场，美术，广告，出版印刷，创意性设计，传统工艺品，传统服装，传统食品，多媒体影像软件，网络等①。

【思考与练习】

1. 分类对培育文化产业市场有哪些作用？
2. 文化产业分类中要把握哪些原则？
3. 文化产业分类中有哪些范围？
4. 文化产业分类中通常有哪些方法？

第二单元　政府分类

【案例导入】

英国政府关于文化产业（创意产业）
分类与标准产业分类（SIC）对照表

创意产业类别	标准产业代码与类别	创意产业类别	标准产业代码与类别
广告业	74.4 广告业	音乐与表演艺术	22.14 录音资料的出版
建筑业	74.2 建筑业（+）		22.31 录音资料的再生产（+）
艺术品/文物交易	52.48/9 特别商品零售业（+）		92.31 艺术及文学创作和翻译
	52.2 二手商品零售业（+）		92.32 艺术设施的操作
工艺品	（量太小没有统计）		92.34 其他娱乐活动（+）
			92.72 其他消遣活动（+）

① 蒋三庚. 文化创意产业研究［M］. 北京：首都经济贸易大学出版社，2006：9.

续表

创意产业类别	标准产业代码与类别
设计业	(没有代码)
时装设计	9 部分服装制造业(+) 74.84 其他设计(+)
电影、音像与摄影	22.32 音像制品复制(+) 92.11 电影和音像制作 92.12 电影和音像发行 92.13 电影与音像放映 74.81 摄影活动(+)
出版业	22.11 书籍出版 22.12 报纸出版 22.13 杂志和期刊出版 22.15 其他出版 92.4 新闻通讯社活动
软件(包括休闲)和计算机服务	22.33 计算机媒体的再生产 72.2 软件顾问及提供
广播和电视	92.2 广播和电视活动

“+”号表示该产业中仅部分内容被列入创意产业。

【案例分析】

英国是最早重视文化产业的国家之一

英国政府对文化创意产业的科学分类有力地推动了英国文化产业的大发展。同时,科学的分类带动了科学管理,促进了产业转型升级。

【知识要点】

政府对文化产业分类的开始。中国政府对文化产业的表式分类,以及相关产业与文化产业的细分。

一、文化产业分类肇始

20 世纪我国没有官方的文化产业分类标准。

2002 年 11 月,党的十六大提出了关于“文化建设和文化体制改革” 的要求,指出要“积极发展文化事业和文化产业”,这是“文化产业”第一次出现在党的全国代表大会的报告中。

2003 年 7 月 22 日,成立了由中共中央宣传部牵头,国家统计局、文化部、国家广电总局、新闻出版总署、国家文物局、国家发改委、财政部、国家税务总局、国家工商总局等单位参加的“文化产业统计研究课题组”。在各部门的通力合作下,课题组完成了《文化及相关产业分类》(以下简称《文化产业分类》)的研制工作,2004 年 4 月 1 日,以国家统计局“国统字(2004)24 号文件”的形式,正式颁发了《文化及相关产业分类》。

从广义上讲,文化是指人类创造的一切物质产品和精神产品的总和,狭义上是指语言、文学、艺术及一切意识形态在内的精神产品。《文化产业分类》从国家有关方针政策和课题组的研究宗旨出发,结合我国的实际情况,将其概念界定为:为社会公众提供文化、娱乐产品和服务的活动,以及与这些活动有关联的活动的集合。

根据上述界定,文化及相关产业的范围包括提供文化产品(如图书、音像制品等)、文化传播服务（如广播电视、文艺表演、博物馆等）和文化休闲娱乐（如游览景区服务、室内娱乐活动、休闲健身娱乐活动等）的活动，它构成文化产业的主体；同时，还包括与文化产品、文化传播服务、文化休闲娱乐活动有直接关联的用品、设备的生产和销售活动以及相关文化产品（如工艺品等）的生产和销售活动，它构成文化产业的补充。

二、文化及相关产业分类表

类别名称	国民经济行业代码
第一部分　文化服务	
一、新闻服务	
1. 新闻服务	
新闻业	8810
二、出版发行和版权服务	
1. 书、报、刊出版发行	
(1)书、报、刊出版	
图书出版	8821
报纸出版	8822
期刊出版	8823
其他出版	8829
(2)书、报、刊制作	
书、报、刊印刷	2311
包装装潢及其他印刷 *	2319
(3)书、报、刊发行	
图书批发	6343
图书零售	6543
报刊批发	6344
报刊零售	6544
2. 音像及电子出版物出版发行	
(1)音像制品出版和制作	
音像制品出版	8824
音像制作	8940
(2)电子出版物出版和制作	
电子出版物出版	8825
——电子出版物出版	
——电子出版物制作	
(3)音像及电子出版物复制	

续表

类别名称	国民经济行业代码
记录媒介的复制 *	2330
——音像制品复制	
——电子出版物复制	
(4)音像及电子出版物发行	
音像制品及电子出版物批发	6345
音像制品及电子出版物零售	6545
3. 版权服务	
知识产权服务 *	7450
——版权服务	
三、广播、电视、电影服务	
1. 广播、电视服务	
广播	8910
——广播电台	
——其他广播服务	
电视	8920
——电视台	
——其他电视服务	
2. 广播、电视传输	
有线广播电视传输服务	6031
——有线广播、电视传输网络服务	
——有线广播、电视接收	
无线广播电视传输服务	6032
——无线广播、电视发射台、转播台	
——无线广播、电视接收	6040
卫星传输服务 *	
3. 电影服务	8931
电影制作与发行	
——电影制片厂服务	
——电影制作	
——电影院线发行	
——其他电影发行	8932
电影放映	
——电影院、影剧院	

续表

类别名称	国民经济行业代码
——其他电影放映	
四、文化艺术服务	
1. 文艺创作、表演及演出场所	9010
文艺创作与表演	
——文艺创作服务	
——文艺表演服务	
——其他文艺服务	9020
艺术表演场馆	
2. 文化保护和文化设施服务	9040
文物及文化保护	
——文物保护服务	
——民族民俗文化遗产保护服务	9050
博物馆	9060
烈士陵园、纪念馆	9031
图书馆	9032
档案馆	
3. 群众文化服务	9070
群众文化活动	
——群众文化场馆	
——其他群众文化活动	
4. 文化研究与文化社团服务	7550
社会人文科学研究	9621
专业性社会团体 *	
——文化社会团体	
5. 其他文化艺术服务	9090
其他文化艺术	
五、网络文化服务	
互联网信息服务	6020
——互联网新闻服务	
——互联网出版服务	
——互联网电子公告服务	
——其他互联网信息服务	

续表

类别名称	国民经济行业代码
六、文化休闲娱乐服务	
1. 旅游文化服务	7480
旅行社	8131
风景名胜区管理	8132
公园管理	8012
野生动植物保护 *	
——动物观赏服务	
——植物观赏服务	8139
其他游览景区管理	
2. 娱乐文化服务	9210
室内娱乐活动	9220
游乐园	9230
休闲健身娱乐活动	6190
其他计算机服务 *	
——网吧服务	9290
其他娱乐活动	
七、其他文化服务	
1. 文化艺术商务代理服务	9080
文化艺术经纪代理	7499
其他未列明的商务服务 *	
——模特服务	
——演员、艺术家经纪代理服务	
——文化活动组织、策划服务	
2. 文化产品出租与拍卖服务	7321
图书及音像制品出租	6380
贸易经纪与代理 *	
——艺术品、收藏品拍卖服务	
3. 广告和会展文化服务	7440
广告业	7491
会议及展览服务	
第二部分　相关文化服务	
八、文化用品、设备及相关文化产品的生产	
1. 文化用品生产	241

续表

类别名称	国民经济行业代码
文化用品制造	243
乐器制造	2440
玩具制造	245
游艺器材及娱乐用品制造	2221
机制纸及纸板制造 *	2222
手工纸制造 *	2665
信息化学品制造 *	4153
照相机及器材制造	
2. 文化设备生产	3642
印刷专用设备制造	403
广播电视设备制造	4151
电影机械制造	407
家用视听设备制造	4154
复印和胶印设备制造	4159
其他文化、办公用机械制造 *	
3. 相关文化产品生产	421
工艺美术品制造	8280
摄影扩印服务	7690
其他专业技术服务 *	
九、文化用品、设备及相关文化产品的销售	
1. 文化用品销售	6341
文具用品批发	6541
文具用品零售	6349
其他文化用品批发	6549
其他文化用品零售	
2. 文化设备销售	6376
通讯及广播电视设备批发 *	6548
照相器材零售	6374
家用电器批发 *	6571
家用电器零售 *	
3. 相关文化产品销售	6346
首饰、工艺品及收藏品批发	6547
工艺美术品及收藏品零售	

注：1. “*”表示该行业类别仅有部分活动属于文化及相关产业。

2. 类别前加横线“——”表示行业小类的延伸层。

三、相关产业与文化产业的细分

在含有部分文化活动的行业类别中,国家又对其包含的文化活动作了进一步的明确。

(一)包装装潢及其他印刷

包括的文化活动有:邮票、明信片及其他集邮品的印刷,广告宣传品印刷,扑克纸牌等文化产品的印刷。

不包括的有:商标印刷,票证印刷,其他与文化无关的印刷。

(二)记录媒介的复制

包括的文化活动有:①音像制品的复制:磁带的复制,录像带的复制,光盘的复制;②电子出版物的复制:软盘的复制,光盘的复制;③其他与文化有关的记录媒介复制。

不包括的有:数据的复制,与文化无直接关系的软件复制,与文化无直接关系的资料复制。

(三)知识产权服务

包括的文化活动有:版权服务:版权代理服务,版权鉴定服务,版权咨询服务,海外作品登记服务,涉外音像合同认证服务,著作权使用报酬收转服务,版权贸易服务,其他版权服务。

不包括的有:专利服务,商标服务,软件服务,集成电路布图设计代理服务,工商登记代理服务,其他未列明的知识产权服务。

(四)卫星传输服务

包括的文化活动有:①卫星广播传播服务:卫星广播传输、直播、覆盖服务,卫星广播接收服务,卫星广播监测服务。②卫星电视传播服务:卫星电视传输、直播、覆盖服务,卫星电视接收服务,卫星电视监测服务。

不包括的有:电信卫星传播服务。

(五)专业性社会团体

包括的文化活动有:文化社会团体服务:与作家有关的社会团体服务,与记者有关的社会团体服务,与艺术家有关的社会团体服务,与演员有关的社会团体服务,与出版有关的社会团体服务,与音像制品有关的社会团体服务,与历史、考古有关的社会团体服务,其他与文化有关的社会团体服务。

不包括的有:学术性社会团体服务,专业技术社会团体服务,卫生社会团体服务,体育社会团体服务,环境保护社会团体服务,其他与文化无直接关系的专业性社会团体服务。

(六)野生动植物保护

包括的文化活动有:植物园保护管理活动,动物园管理活动,放养动物园管理活动,鸟类动物园管理活动,海洋馆、水族馆管理活动,其他动物观赏保护活动。

不包括的有:动物保护专业机构服务,野生植物保护服务,其他野生动植物保护服务。

(七)其他计算机服务

包括的文化活动有:互联网上网营业场所(网吧)服务。

不包括的有:非网吧的计算机使用服务,计算机咨询服务,其他未列明的计算机服务。

(八)其他未列明的商务服务

包括的文化活动有:①模特服务:各种服装模特公司的活动,各种影视广告模特活动,各种艺术模特活动,其他模特活动;②演员、艺术家经纪代理:演员挑选活动,推荐经纪人活动,艺术家、作家经纪人活动,演员、模特经纪人活动;③大型活动文化商务服务:文艺晚会策划、组织活动,运动会策划、组织活动,大型庆典策划、组织活动,艺术、模特大赛策划、组织活动,艺术节、电影节等策划、组织活动,展览、博览会策划、组织活动,民族、民俗活动策划、组织服务,其他大型活动文化商务服务;④票务服务:文艺演出票务服务,展览、博览会票务服务,其他票务服务。

不包括的有:企业中介代理服务,企业活动礼仪服务,企业形象宣传代理服务,代收代缴欠款服务,其他企业商务服务。

(九)贸易经纪与代理

包括的文化活动有:文物、古董拍卖活动,艺术品拍卖活动,其他文化物品拍卖活动。

不包括的有:大宗非文化产品的拍卖活动,行政、司法拍卖活动,其他非文化产品的拍卖活动。

(十)机制纸及纸板制造

包括的文化活动有:新闻纸制造,其他印刷和绘图纸制造,书写纸制造。

不包括的有:卫生纸制造,包装用纸制造,瓦楞纸及瓦楞纸板制造,其他非文化用纸和纸板制造。

(十一)手工纸制造

包括的文化活动有:各种文化纸制造,各种宣纸制造,各种国画纸制造。

不包括的有:其他非文化用手工纸制造。

(十二)信息化学品制造

包括的文化活动有:电影胶片制造,摄影胶卷制造,感光纸制造,摄影用化学制剂制造,空白录音带制造,空白录像带制造,空白磁盘制造,空白光盘制造,空白唱片制造,其他各种与文化有关的信息化学品制造。

不包括的有:电子半导体材料制造,其他与文化无直接关系的信息化学品制造。

(十三)其他文化、办公用机械制造

包括的文化活动有:纸张打孔机制造,削铅笔机制造,其他与文化有关的机械制造。

不包括的有:票券打孔机制造,其他与文化无关的机械制造。

(十四)其他专业技术服务

包括的文化活动有:工艺美术设计服务,美术图案设计服务,展台设计服务,其他与文化有关的设计服务。

不包括的有:工业产品设计服务,包装装潢设计服务,模型设计服务,其他专业设计服务。

(十五)通讯及广播电视设备批发

包括的文化活动有:广播设备批发,专用电视设备批发,电影设备批发,广播电视卫星传输设备批发。

不包括的有:通讯设备批发。

(十六)家用电器批发

包括的文化活动有:家用电视机批发,家用摄像、放像设备批发,家用录音、收音及音响设备批发。

不包括的有:与家用视听电器设备无关的家用电器的批发。

(十七)家用电器零售

包括的文化活动有:各种家用影视设备零售,各种家用音响设备零售。

不包括的有:与家用视听电器设备无关的家用电器零售。

【思考与练习】

1.《文化及相关产业分类》的制定意义是什么?

2. 在分类表第一部分中,有哪些"文化服务"?

3. 举例说明"相关产业与文化产业的细分"。

第三单元　学界分类

【案例导入】

学者关于中国文化产业分类的一家之言

方宝璋认为:探讨中国文化产业的内涵可以从三个根本特征予以定位,即精神产品、按产业链范式生产、以赢利为主要目标。我国文化产业内部按其主体性质不同初步可分为艺术娱乐业、媒介业、文化旅游业、体育业以及其他文化产业五大类。除此之外,文化产业还有其他不同标准的分类。

【案例分析】

文化产业分类必须科学化。真正科学化需要一个过程,在这个过程中自然会仁者见仁,智者见智,同时还会受到学识与认识的影响,但这个过程必不可少,是分类走向科学化的必经历程。而学界的研究与争论正是这个过程的组成部分。

【知识要点】

对文化产业的学界分类主要是根据研究的需要划分。目前主要有:中国文化产业年度发展报告分类,按行业划分方式分类,按文化创意产品分类。

一、中国文化产业年度发展报告分类(2003—2009)

中国对文化产业进行年度发展报告研究是从21世纪初开始的。由中国社会科学院文化研究中心、文化部与上海交通大学共建的国家文化产业创新与发展研究基地共同组织策划、撰写了中国第一部文化产业蓝皮书《2001—2002 年:中国文化产业发展报告》。随之,出现《中国文化产业年度发展报告(2003)》,本报告涉及中国纸质传媒业、中国影音传媒产业、中国网络传媒业、中国广告产业等的年度发展报告。以后每年发布一次。在 2008 年的报告中,将文化产业分为 12 类:出版业;报刊业;网络传媒业;广播业;电影业;电视业;广告业;旅游业;演出业;动漫业;艺术品经营业;音像业①。在 2009 年的报告中,将文化产业分为 14 类:新闻出版业;广播业;音像业;电视业;电影业;动漫业;网络文化业;广告业;会展业;文化旅游业;演出业;艺术品经营业;教育培训业;体育业②。由此可见,中国文化产业年度发展报告中的行业分类(发展报告),呈现越来越多的趋势。

二、按行业划分方式分类

欧阳友权在《文化产业概论》中概括出七大产业类型。

一是纸质传媒产业。包括图书出版业、报业、期刊业,以及其他纸质媒体出版和发行业。二是广播影视产业。包括电影制作、发行、放映业,电视制作、发行、播映和电视网络经营业,广播业,音像制作、出版、发行业。三是网络传媒产业。包括网络新闻传媒业、专业性网络传媒业、商业性网络传媒业如网络游戏、电子商务、网络广告等。四是广告产业。包括广告传媒产业、广告经纪产业。五是动漫产业。包括动画与漫画产业。六是休闲文化产业。包括文化旅游业;休闲娱乐业,如影剧院、歌舞厅、夜总会、公园、高尔夫球场、健身房、游艺中心、茶楼、洗浴城、农家乐、购物中心、宾馆酒楼等。七是艺术、体育及其他产业。包括艺术产业,如艺术表演业,艺术设计开发业,艺术品展览、拍卖、销售和经纪业等;体育产业,如体育健身业、竞技体育业、体育博彩业、体育经纪业、体育用品业等;教育培训业;还有博物馆业、图书馆业、档案馆业、会展业、文物及文物保护业等③。

三、按文化创意产品分类

江奔东在《文化产业创意学》中,从四个方面对文化创意产品进行分类。

1.按有无载体分类的文化产业创意产品　根据文化产业创意的定义,其成果是无载体的新思想、新点子、新思路、新方法。这种无载体的新思想、新点子、新思路、新方法一旦生成,便以知识产权商品的形态存在于创意主体的头脑中,无形又不可触摸,但是它能够满足人们从事文化产业产品生产的消费需求或满足人们文化生活消费的需求,有价值(或价格),可以进入知识产权市场出售。这是文化产业创意产品的本质特性。

在现实的经济生活中,原始的无载体的文化产业创意(新思想、新点子、新思路、新方法)知识产权的直接交易还是少数,大量的文化产业创意知识产权要借助、依附或附着于

---

① 中国文化产业年度发展报告(2008)[M].长沙:湖南文艺出版社:2008.

② 中朗.中国文化产业年度发展报告(2009)[M].北京:金城出版社:2009.

③ 欧阳友权.文化产业概论[M].长沙:湖南人民出版社.2007:57-58.

物质载体进入文化产业物质产品市场进行交易。比如，艺术的表演创意要借助舞台进行演出，或将演出录像刻录成光盘进行市场交易，传媒创意产品要借助媒体进行交易，会展创意要通过会展场所进行交易，广告内容创意要通过信道进行交易等。舞台、光盘、媒体、会展场所、广告信道等，就是文化产业创意知识产权的载体。

2．按行业分类的文化产业创意产品 文化产业包括通讯广播电视、网络、纸质传媒、教育、旅游、休闲娱乐、广告、会展、艺术（表演及艺术）品生产与销售、研究咨询、体育等若干个行业，可划分为生产型行业和服务型行业。生产型行业的产品，主要是以物质为载体的文化产业创意产品，比如艺术品、工艺品、文化品、广告产品、传媒产品等；服务型行业的产品，主要是以服务为载体的文化产业创意产品，比如休闲、旅游、娱乐、教育、咨询、体育服务项目产品等。当然也可以直接以行业划分，如区分为：广播电视业产品、网络业产品、纸质传媒业产品、教育业产品、旅游业产品、休闲娱乐业产品、广告业产品、会展业产品、艺术品生产与销售业产品、研究咨询业产品和体育业产品。

在这里须申明两点：一是那些确系蕴含创新性思维的新的文化产业产品，才算得上文化产业创意产品。否则，只能是传统文化产业产品，或复制性的文化产业产品，或过时的文化产业创意产品。这就是说，文化产业产品与文化产业创意产品不是可以完全划等号的两个概念。二是文化产业创意产品是一个动态的有生命周期的产品。“昨天”的创意产品，经过人们大量复制和广泛使用，“今天”看来已经毫无观念价值了，那就不能再归为创意产品。只有那些充满新概念、新使用价值的产品才称得上创意产品。随着人们创意水平和能力的提高，在激烈的创意市场竞争面前，一般性、通常性的文化产业创意产品的生命周期有一种越来越短的趋势，只有那些原始创意水平高，且不断更新、始终走在创意前沿的文化产业品牌创意产品，才能保持相对长久的生命周期。

3．按附加值分类的文化产业创意产品 从经济学意义上讲，有物质载体的文化产业创意产品价值由两部分构成：一是物质载体的价值，二是创意知识产权的价值。文化产业创意产品中这两部分价值比重的显著特点是创意附加值（即知识产权价值）一般要高于其载体的价值，比如作为正版的软件，其光盘的刻录成本非常低廉，其价值主要是知识产权。

按创意知识产权价值（附加值）的不同，可把文化产业创意产品分为高、中、低附加值三类产品。

通常情况下，影视创意产品、广告产品、中小型表演艺术产品、纸质传媒产品、绘画产品、咨询服务产品等可视为高附加值创意产品，中型会展、旅游产品、体育产品等为低附加值创意产品，介于以上两者之间的为中附加值创意产品。

教育产品附加值是一种特殊情况，从教育成本上看投入是高的，从教育产品及劳动力产品的销售价格上看是发散性的。名牌高校的品牌专业的学生很容易找到高薪的工作，而普通院校普通专业毕业的劳动力的附加值一般为中、低创意附加值教育产品。为什么存在这种高等教育产品价格的差异呢？核心在于教育中创意的水平不同，名牌高校名牌专业的教育内容是科学技术学术最前沿的知识，其培养出来的学生站在时代的前沿，自然价位就高。

4.按规模分类的文化产业创意产品　按规模可分为大型文化产业创意产品和普通文化产业创意产品。这里讲的规模有两层含义：一是产品的体量，比如世界奥林匹克运动会的开幕式、闭幕式，国际大型航空产品会展，世界博览会，园艺博览会，大型综合性图书博览会，大型国际电影节等都属于体量比较大的文化产业创意产品；而一件艺术品、一部电影、报刊上的一个栏目、一个电视栏目等则属于体量比较小的文化产业创意产品。二是产品内容的复合程度，多项的综合性内容的创意产品通常规模是大的，而内容单纯单一的创意产品规模通常则小。不管是大体量的内容多元的综合性文化产业创意产品，还是小体量的内容单一的文化产业创意产品，都是创造性思维为源头的人类劳动产出的商品，都挟裹着文化产业(人的脑力劳动)创意的张力与魄力①。

【思考与练习】

1. 中国文化产业年度发展报告中如何分类？

2.《文化产业概论》中如何分类？

3. 按照文化创意产品如何分类？

第四单元　分类发展趋势

【案例导入】

北京市制定操作性强的文化创意产业分类标准

2009年，北京市统计局进行的《北京市文化创意产业分类标准研究》(项目编号：2006A01)，其分类标准是：结合“十一五”规划提出的北京市文化创意产业发展的八大重点领域，在产业分类过程中，把握可比性、现实性以及可操作性的原则，将《国民经济行业分类 GB/T 4754—2002》中的82个行业小类和6个行业中类确定为北京市文化创意产业统计范围，具体分为文化艺术，新闻出版，广播、电视、电影，软件、网络及计算机服务，广告会展，艺术品交易，设计服务，旅游、休闲娱乐以及其他辅助服务等9个类别。该分类标准是基于《国民经济行业分类》标准的派生分类，是立足北京发展实际的地方标准，是从产业链角度研究制订的分类标准，在范围上跨越了二、三产业的传统分类。

【案例分析】

文化产业必须遵循以国家方针、政策为指导，以文化产业自身特点为依据，以国民经济行业分类为基础，本着培育文化市场、推动文化体制改革、促进文化产业良性快速发展的原则，北京市的分类正是从北京的实际情况出发，以有利于产业发展以及推动社会进步

① 江奔东.文化产业创意学[M].济南：泰山出版社，2009：62-64.

尺度做出的,对其他地区有着很大的参考价值。

【知识要点】

文化产业的分类会随着该产业的发展而发生变化,但其发展趋势不外乎认真区分文化产业与文化事业,细化"相关文化服务"处理行业小类,以及确定边缘文化活动几个方面。

一、区分文化产业与文化事业

在统计分类中,行业与产业的概念是等同的,英语中都译为"industry"。国际上的有关分类一般翻译为"产业",而我国相对应的分类叫"行业"。《文化产业分类》采用社会上普遍认同的"产业分类"名称,既包括了公益性的文化单位,又包括了经营性的文化单位。由于《文化产业分类》是依据活动的同质性原则划分,没有按照公益性和经营性划分,因此,无法用其划分公益性文化单位和经营性文化单位。

文化企业的集合构成文化产业。我国现阶段,文化企业在广义上还包括按企业化运作的文化事业单位。由于对文化和文化企业的理解差异,各国文化产业的统计对象也不尽相同。比如,美国的文化产业,是指通过工业化和商业化方式进行的文化产品和文化服务的生产、交换和传播,主要包括文化艺术业、影视业、图书业和音乐唱片业;在英国,一般把那些出自个人的创造性、技能及智慧,以及通过对知识产权的开发生产可创造潜在财富和就业机会的活动归入文化产业,强调知识创新和文化创新,主要包括出版、音乐、艺术表演、电影、电视、广播、游戏软件、广告、建筑、设计、时装、艺术品与古董交易、手工艺品等;在日本,文化产业统称为娱乐观光业,包括电影、音乐、游戏软件、博彩、赛马、赛车、观光旅游、体育竞技、装潢、形象设计等。

文化企业的成长与文化产业的形成,是以生产力的高度发展为基础的。根据马斯洛的需求层次说,当人的生存需求和物质性消费得到满足之后,必然有更高的精神性需求产生。因此,随着生产力的发展,经济文化化与文化经济化将是经济发展和产业演化的方向。基于社会生产及其产业的这种演化趋势,对文化产业进行动态研究,尤其是针对当前世界各国文化产业的统计项目不尽一致的问题进行探索和研究,有助于把握社会经济和产业发展的规律,有助于更好地发展和壮大我国的文化产业。

二、细化"相关文化服务"

为了从产业链的角度观察文化活动,并进一步观察文化对社会经济的推动作用,《文化产业分类》设置了"相关文化服务"分层。相关文化服务主要包括以下几个方面的活动:一是制作文化产品的相关活动,即制作文化产品(如图书、音像制品等)所必需的设备和材料的生产经营活动;二是文化传播服务的相关活动,即提供文化传播服务(如广播、文艺创作、文艺表演等)所必需的设备和用品的生产经营活动;三是文化消费活动的相关活动,即文化消费(如看电视、玩电子游艺等活动)所必需的设备和用品的生产经营活动;四是含有较高文化内容的其他相关产品(如工艺品等)的生产经营活动。

根据以上内容,《文化产业分类》将相关文化服务归类为:

(1)用品的生产和销售,包括:文具、乐器、玩具、印刷纸张、书写纸张、空白磁带、空白光盘、电影胶片、照相器材、摄影胶卷、游艺器材等的生产和销售活动;

(2)设备的生产和销售,包括:新闻采编设备、广播设备、专业电视设备、电影设备、印刷专用设备、电视机、光碟机、收录机、音响设备等的生产和销售活动;

(3)相关文化产品的生产和销售,包括:工艺品、摄影作品、专业设计等的生产和销售活动。

文化企业就是通过满足人们的文化消费需求,直接或间接获取收益。文化企业以文化消费为基础,但并不是所有的文化消费都由文化企业提供。例如,宴请宾客是一种文化消费,但只有类似于婚庆公司之类的市场主体成长起来的时候,才形成相应的文化企业。随着物质生产力的提高和需求层次相应提高,人们日益重视精神及其文化消费。因此,一方面,经济日益文化化;另一方面,文化日益经济化。在新的经济条件下,随着信息技术的发展,企业经营越来越呈现网络化分工趋势,一些产品的生产工序和环节成为独立的部门。例如,原来的服装生产往往集设计、剪裁、缝制为一体,但随着审美的享受超过保暖的需要,服装设计便发展为独立的部门,经营服装设计的部门也就成为文化企业。因此,文化企业既是历史的,也是动态变化的。

三、处理行业小类

(1)《国民经济行业分类》是按照活动的同质性原则划分的,但从文化的角度观察,有些行业小类不是纯的文化活动。如行业小类“知识产权服务”,包括专利、商标、版权等服务,只有版权服务属于文化活动。为了在统计和管理中准确区分不属于文化产业的活动,我们在《文化产业分类》中对这类行业作了标记,并在附件中加以说明。

(2)在《国民经济行业分类》中,有些行业划分得较粗,使得按行业划分文化产业时难以反映需单独观察的文化活动。为此,我们在《文化产业分类》的部分小类(即行业小类)下增设了延伸层,以便科学、完整、准确地反映该行业所描述的文化活动。

要解决文化产业的分类统计难题,必须厘清文化产业与信息产业、知识产业、娱乐产业、服务业以及传媒业等相关概念的关系。产业演化是动态发展的。在前工业时代,农业占绝对主导地位,传统的手工业和商业仅仅处于依附地位。在工业化时代,生产手段的革命引起了生产方式的变迁。工业品的制造成为最主要的生产,工业化的生产方式还直接对传统农业实行改造。并且,围绕着工业化的生产,作为农业生产和工业生产的延伸的服务性部门成为独立的产业。因此,三次产业的划分是与工业时代相对应的。随着信息技术的突破和新经济时代的到来,产业形态必然发生重大演化。一方面,由于信息技术和信息交流平台的普及,使原有的工业乃至于农业的生产方式发生根本性变化,生产设备由专门化趋于通用化,企业组织趋于扁平化,产品生产由规模化趋于网络化分工,并由标准化向个性化定制生产发展。另一方面,信息产品制造业由附庸变为重要的独立部门。由于物质消费日渐饱和，人们的需求高级化，满足精神及其文化需要的产品生产既在技术上成为可能，又在市场上有着巨大的现实需求，同时精神及其文化产品的消费方式也因技术的进步发生革命性变化。从精神及其文化产品的生产来看，原来一些属于服务业特别是传统服务业领域的内容，现在已成为信息产品制造业的内容。例如，歌唱演出原来是纯粹的服务业，在马克思看来是一种非生产劳动。但在新经济条件下，它已成为信息产品制造业产业链条上的一个重要环节，DVD 的出品是它的下游产业，歌唱演出的组织与拍摄则成为 DVD 生产的上游产业。这样，歌唱演出不但具有即时生产、即时消费的特征，生产与消费还可以实现彻底分离，而且即时消费的比重是相对下降的。在生产方式变革的基础上，原来的服务业也发生相应的变革，网上销售、电子商务成为服务业的新形式，原来作为奢侈品的电信服务已成为大众消费的对象。

产业形态的演化是生产方式变革的必然要求。在新经济条件下，有的学者认为信息产品制造业可以定位为农业、工业之后的第三产业。这种三次产业的划分是以生产方式变革的顺序和产品的特征为依据的。而把服务业作为第四产业，具有服务于前三类产业的产品生产的性质。从内容上分，信息产品制造业可分为知识产品制造业、文化产品制造业和普通信息产品制造业。普通信息产品所占的比重较小，如以广告宣传为主的光盘、文献检索用的光盘等，可归入此类；知识产品制造业包括知识的创新和生产；文化产品制造业指文化产品的创作、表演直至拍摄录制和复制的过程。当然，知识产业和文化产业都不限于制造业，也不限于信息产品制造业，它们还包含服务业中的相应内容。因此，知识产业的外延包括科研、知识教育、劳动力培训，以及以知识为内容的出版、知识的网上提供、广播电视教学、专利保护、技术贸易等；文化产业则包括艺术表演、大众出版、电影、以提供娱乐节目为主直接或间接获取收益的广播电视和网站、游戏软件、商业化摄影、婚庆公司、大众娱乐场所、古董及艺术品交易与收藏、旅游景点的经营、体育商业活动、娱乐用品、艺术性文化用品、玩具、工艺品、艺术培训、形象设计等。

四、确定边缘文化活动

在确定文化及相关产业时，有关方面提出将教育、体育和自然科学研究纳入文化产业。我们认为，教育、体育和自然科学研究虽与文化有着紧密的联系，但它们已形成了自己完整的科学体系和分类体系。如果将其纳入文化产业，有可能削弱整体分类的文化特征。因此，《文化产业分类》暂不包括教育、体育和自然科学研究。另外，对公园管理、游乐园、休闲健身娱乐等边缘活动是否纳入文化产业，也存在不同认识。从表面看这些活动与文化的关系不太直接，但它们作为公众可直接参与的旅游娱乐消费，推动了我国文化市场的多元化发展和健康繁荣，反映了公众闲暇时间的分配和精神生活的质量，可以将此类活动纳入文化产业。

从文化产业与信息产品制造业、服务业、知识产业、传媒产业的关系看，日、英、美等国有关文化产业的界定均存在不确切之处。日本将娱乐观光业与文化产业大致等同起来，其实两者是有差异的。英国将文化产业看成创意产业，因此，很自然地把广告业列入文化产业。然而,广告设计固然充满创意,但从性质上看,广告是为推销产品服务的,并不是为了满足人们的文化消费需求,因此,归入一般性服务业更为恰当。至于建筑业,无论如何充满创意,至多建筑设计算得上文化产业,整个建筑业仍是基于满足人们的居住需求,尽管其文化含量越来越高,还是不应归入文化产业。

传媒产业是与文化产业和知识产业联系密切的一种产业,可以分为传统传媒产业和现代传媒产业。纸质书刊的出版属于传统传媒业,称它为传媒产业,主要是突出其文化与知识的传播渠道的功能。但是,它提供的信息与媒介物是合一的,有些出版物既是传输信息的媒介,也可看成是信息产品本身。因此,在新经济条件下,传统传媒产业将更多地保留信息产品的生产功能,其信息传输功能则必然受到立体传媒即广播、电视、网络的削弱。现代传媒业主要指广播、电视和网络。传媒产业与文化产业、知识产业的分类标准是不一样的,因此,在外延上存在很大的交叉,它包含文化产业和知识产业的部分内容。

以上分析表明,要对文化产业进行确切的分类统计是较为困难的,要么失于褊狭,要么失于笼统。目前,除了影视剧制作、艺术品创作和艺术表演外,文化产业在很多领域的发育并不充分。因此,在现阶段,分类统计不妨略为宽泛一些。为了统计的方便,可将传媒业与文化产业合并统计,称为传媒与文化产业。这是因为,传媒产业虽然包含广告等普通信息服务,但主要还是以满足人们的知识和文化需要为企业经营的基础。传统传媒业还直接包含文化产品和知识产品。另外,传媒产业提供的商品与电影一样,都属于最终精神消费品,并反映着产业演化的趋势。

【思考与练习】

1. 怎样处理文化产业与文化事业在分类上的矛盾?
2. 相关文化服务分为哪几类?
3. 行业小类是如何处理的?
4. 边缘文化活动有哪几种?

第五部分　文化产业结构与组织

【学习目标】

1. 了解什么是文化产业结构；
2. 明晰我国文化产业结构的影响因素；
3. 理解文化产业组织的特征和发展趋势；
4. 掌握文化产业结构与文化产业组织之间的相互关系。

【内容描述】

文化产业结构是指在一定的社会文化经济环境中,文化产业之间的相互联系和比例关系,它对一个国家和地区文化产业的发展具有深远的影响。文化产业组织是文化产业结构中运作的文化产业主体,反映了企业与市场的关系,其发展影响文化产业结构的调整和创新。要透彻了解文化产业发展,就应把握住文化产业结构与文化产业组织这对矛盾运动体。

第一单元　文化产业结构

【案例导入】

从我国文化产业的结构看,传统的以提供新闻、出版发行、广播影视、文化艺术等服务产品的核心层仍是文化产业的主体,近年来发展较快的提供网络文化、文化休闲等服务产品的外围层已具有一定规模。核心层、外围层和相关层的从业人员之比为31:17:52,增加值之比为38:20:42。文化体制改革在2005年结束试点之后,2006年在全国全面推开,文化体制改革试点的经验也逐渐随之推开。在WTO保护期的到期和国内文化产业发展的要求下,我国对文化产业体制层面、政策层面的思路进行了改革,对文化产业的发展起了重要推动作用。2006年取消一般题材剧目前期投拍的审批,改为备案、公示管理。一段时间内可能有些制作单位不适应,但从长远来看,有利于建立较强的市场观念和意识,增强市场竞争力。2005年《关于深化文化体制改革的若干意见》的出台,要求大力推进文化领域所有制结构调整,坚持以公有制为主体,鼓励和支持非公有资本以多种形式进入政策许可的文化产业领域,非公有资本随着开始进入文化产业。在国内文化产业改革、文化产业发展政策、国内迅速增长的文化产业需求和文化产业国际交流平台建设四种力量的驱动下,我国文化产业在2006取得突破性进展。但是我国文化产业结构仍不太合理,人才结构尚不完善,产业趋同现象严重,并出现区域内、区域间的恶性竞争。①

【知识要点】

文化产业结构作为现存一切文化关系的制度性概括,它既反映了一定社会发展环境中文化商品的市场化程度,同时也反映了在这种背景条件下人们文化消费需求的差异性。文化产业结构是一个牵动文化产业发展大局的宏观概念,需要科学的体制机制设计和政策保证。在具体的文化市场运作中,文化产业链通过上游、中游和下游环节的相互联系,也能够看出文化产业结构的某些特点。

一、文化产业结构

产业结构,亦称国民经济的部门结构,是指国民经济各产业部门之间以及各产业部门内部的构成。从我国目前状况来看,主要是指第一产业、第二产业、第三产业之间的存在状况与比例关系。文化产业结构,主要是指在一定的社会文化经济环境中,文化产业之间的相互联系和比例关系。主要包括文化产业的所有制结构、行业结构、层级结构、区域结构等,以及相互之间的各种关系构成。

文化产业结构是一个不断发展变动的过程。影响文化产业结构变动的因素主要包括:

1. **社会经济发展水平**　国家和社会的经济气候直接决定了文化产业的整体发展状况,特别是会影响文化产业结构的构成形态。比如在我国经济相对发达的深圳市,其电子通信技术、新兴多媒体技术发展得比较成熟,因此深圳市的高科技文化产业发展得比较快,新兴的文化视听产品、文化传媒工具研发得比较多,同时网络文化企业的数量也比较可观。而在经济发展步伐相对较慢的云南省,其文化产业结构构成中,具备原始风貌的文化旅游资源的开发以及民族文化艺术表演则成为其文化产业收入的主要来源,例如杨丽萍担纲艺术总监的大型原生态歌舞《云南映象》,在国内外演出市场都获得了很好的成绩,以丰厚的门票收入表明了市场的认可。可见在不同经济发展水平的国家和地区,文化产业结构中的比例构成是不一样的。

2. **文化底蕴**　文化底蕴的深厚与否也会在某种程度上影响文化产业结构。文化产业的发展离不开文化资源,而一个国家和地区的文化底蕴是影响文化资源丰富性和多样性的关键,从某种意义上说,文化底蕴在很大程度上能影响到文化产业结构的表现。例如历史悠久、文化底蕴深厚的国家,在发展文化产业时,可以充分挖掘民族文化和传统文化的丰富营养;而文化底蕴相对单薄的国家,在发展文化产业时,则比较善于借鉴别国的文化

---

① 叶郎. 中国文化产业年度发展报告(2007)[M]. 长沙:湖南文艺出版社,2007:1.

题材和一些为世界所共同认可的价值观念,如对真善美的追求,对亲情、友情、爱情的宣扬等。美国电影产业在这一方面就比较擅长,如 1998 年迪斯尼制作的动画片《花木兰》取材于中国传奇故事,影片保留了故事的传统情节,但片中的花木兰代父从军、孝道成了其次,女性对理想和自我的追求则成了故事的主题。传统的中国故事被赋予了崭新的美国个人主义和英雄主义,最终成就了 2 亿美元的海外票房。同时,其创意设计和新兴技术的研发能力较强,往往能制作出在画面、音效、技术处理等方面更胜一筹的文化产品。

3. 文化消费能力 消费者的文化消费能力在很大程度上影响并带动着文化市场的生产走向,而消费者的文化消费需求又和收入水平、文化水平紧密相关。在一段时间内消费者的收入水平越高,则其对于文化消费方面的支出也会越多。恩格尔系数(Engel's Coefficient)可以在某种程度上说明消费结构的变化。恩格尔系数是食品支出总额占个人消费支出总额的比重。19 世纪德国统计学家恩格尔根据统计资料,对消费结构的变化得出一个规律:一个家庭收入越少,家庭收入中(或总支出中)用来购买食物的支出所占的比例就越大;随着家庭收入的增加,家庭收入中(或总支出中)用来购买食物的支出比例则会下降。从中不难得出恩格尔系数的降低,意味着个人与家庭将更多的资金用于满足精神文化消费的需求,而不是仅仅停留在满足生存需求的层次上,也就意味着文化消费能力的提高。文化消费能力的不同,直接影响到当地文化产业发展的规模和速度。

4. 政府对于文化安全的认知 例如,文化产业层级结构的划分就与政府的这种文化安全认知密不可分。在 2004 年 3 月 29 日出台的《文化及相关产业分类》中,国家统计局将文化产业层级划分为文化产业核心层、外围层和延伸层等。新闻报刊、图书、电子出版物、音像制品、广播、电影、电视等意识形态属性显著的文化产业领域都被归属在文化产业核心层,从而体现了政府对于文化安全的重视。

二、文化产业结构与文化产业链

文化产业结构可以表现为文化产业所有制结构、文化产业行业结构、文化产业层级结构以及文化产业区域结构等。而在我国文化产业结构不断调整变化的过程中,我们对于上述各种文化产业结构的认识可以借助于对文化产业链的认识来实现。

(一)文化产业链

文化产业链,主要指的是从某种文化资源出发,经过一系列的产业化运作,形成文化产品和文化服务,并使之最终到达消费者的各个环节间的所有价值关联。这个概念是在现代产业经济日趋发达、文化产业日益成熟的背景下提出来的。文化产业链,不仅包括链式关联,同时也包括由点到面的车轮式辐射关联。

文化产业链的开发在出版行业和影视行业中比较常见。例如一位作家以某个民间故事为题材写作了一部小说,市场热销,这时影视制作人嗅到商机,遂与作家达成将小说改编成剧本的协议,并拍成了影视作品,在屏幕上与观众见面,甚至影视作品的主题曲还可以制作成唱片进行销售。从民间故事素材到图书到影视作品到音乐唱片,从中我们不难发现,以文化为核心,以创意为纽带,在文化产业化的各个环节,都有价值的生成,并且前后环节之间相互作用，这些都是产业关联的影响。比如在20世纪80—90年代，琼瑶剧的盛行，让出版行业和电视剧行业双获丰收。文化产业发展到了21世纪的今天，文化产业链条也在不断延伸，不仅有出版行业与影视行业的联姻，还出现了更加丰富更加复杂的由点到面的文化产业链条的延伸。

文化产业链所揭示的是文化产业在运动过程中不同环节和不同产业形态间相互作用的价值关系，可以将其概括为创意策划、核心产品的生产以及延伸产品的开发三个部分。创意策划主要是智力生产活动，是整个文化产业链成败的生命线。正是上游环节的内容创造，才能打造出中游产业链的核心文化产品。核心文化产品的成功运作则又能为下游延伸产品提供广阔的市场和消费对象。在文化产业链各个运作环节上，我们可以看出文化产业的行业分布、文化产业主体的性质等，以及从区域文化产业主体在文化产业链中最常处的位置，可以看出区域文化产业发展的水平。

（二）我国文化产业链现状

结合目前我国文化产业发展的实际来看，行业内部的文化产业链条开发意识已经逐渐形成，并已经摸索出了一定经验。但我国文化产业行业之间的关联度还不够，文化产业链条还有待延伸和完善。

1. 我国文化产业链的上游产业比较缺乏　现阶段我国文化产业链突出的问题是处于产业链上游的内容创造及创意策划能力较弱，这也是我国文化产业在国际上缺乏竞争力的原因所在。从文化产业链的构成环节看，我国文化企业大多数处于产业链条的下游，多从事文化产品的生产、复制、加工制作以及销售等活动，恰恰是在具有高额文化附加价值的核心环节，我国文化企业的进入能力不强。在目前的文化市场上，像2009年国产动画作品《喜羊羊与灰太狼》这样在文化产业链上游、中游和下游各个环节都做得比较成功的动画作品并不多见。伴随着《喜羊羊与灰太狼》在电视台热播，市面上随处可见产业链条上的延伸产品，例如服饰、玩具、水杯、暖手袋、枕头、书包等。同时，我们应该看到，在国内对于文化产业链下游延伸产品的开发技术已经比较成熟，且开发意识也比较强，大多数企业都能够提供这些延伸产品的生产和营销服务。现在需要关注的是文化产业链的上游和中游开发能力的提升，也就是文化产业链创意策划和核心产品生产能力的提升，以期改变像《喜羊羊与灰太狼》这样荣获国家广电总局优秀国产原创电视动画片奖项的作品数量少、缺乏一些创意构思精妙的优秀电影电视剧本和引人入胜的图书书稿的现状。

2. 我国文化产业行业间关联度不高　文化产业链，不是只在文化产业行业内部循环运作，除此之外，可以与行业外部的其他资源进行整合。产业链条的延伸不仅是单向的线状延伸，也可以是向各个方位辐射的车轮式伸展，这个时候它就不仅仅只是原来意义上的链条形状，而是关联更加复杂的环形运作。

目前在我国文化产业链的开发中，真正做到多方位环形开发并取得成功的文化产业项目也不多见。浙江省东阳市横店镇的横店影视城就是一个由点到面的广度辐射的项目，它从影视拍摄基地这个点出发，扩展到了文化旅游的各个面上。比如它提供了人造景观欣赏的服务，如秦王宫、明清宫苑、清明上河图、江南水乡、广州街、香港街等人造景观，在提供影视拍摄服务的同时为游客展示了一副美妙的历史生活画卷。在参观人造景观之际,游客还可以品味别具风味的地方特色小食,如金华小酥饼、梅干菜等。对于游客来说最新鲜也是最具有吸引力的则是可以在横店影视城观看剧组拍戏,领略明星和工作人员的工作状态和敬业精神,这些都是游客在其他类型的旅游目的地很难找到的体验。除此之外,横店影视城也开发了游客可以亲自参与的文化旅游项目,比如在夏天,游客可以参加到"泼水节"的疯狂游戏中,冬季则可以过一把"火把节"的瘾。同时游客们还可以亲自体验在影视屏幕上所见的一些特效,例如,工作人员可以在特定的场所将 30 吨水直冲而下制作出暴雨山洪的场景,这种震撼的体验可以令游客久久不能忘怀。横店影视城的运作,实际上一直遵循着"影视为表,旅游为里,文化为魂"的发展思想,将历史文化、民俗文化、影视文化与游客的文化需求密切联系起来,让我们看到了文化的力量,看到了文化所支撑的影视业、旅游业的欣欣向荣。

我国 20 世纪 90 年代开始,曾经掀起了一股人造景观热,例如成都的西游宫、国防乐园、世界乐园等。但是由于项目定位过于单一,不重视文化产业链条的行业外部关联,最终难免落入失去游客、失去市场的悲惨结局。

三、我国文化产业结构问题与对策

(一)问题

文化产业结构本身就是一个不断发展和完善的运动变化的过程。从我国文化产业结构目前的发展来看还存在很多问题。

首先,文化产业所有制结构方面,非公有制性质的文化产业主体与国有文化企业在规模和行业准入方面还存在一些差距。

其次,我国文化产业行业结构和区域结构还不是很科学。各地传媒业所占份额比重大,行业利润高,地方政府普遍将传媒业作为重点文化产业发展,而对于一些特色和优势文化行业却开发不足,创新意识不够强。文化产业的区域发展不协调,大城市和中小城市、城市和农村文化产业发展存在很大落差。

再者,文化产业链上游环节有待加强。如果从创意萌芽到形成文化产品文化服务,并使之最终到达消费者手中这个过程来看,文化产业链条的核心部分相对比较缺乏,也就是需要进行文化创意、文化内容生产的部分相对薄弱。

(二)对策

1. 促进文化产业供求结构平衡　文化产业的运作包括文化产品的生产、流通、销售、消费等各个环节,而各个环节之间的相互联系和资源配置情况直接关系到文化产业的供求结构。要想实现文化产业结构的科学合理化,就应该在文化产品和文化服务的供给和需求方面尽量做到供需平衡。现阶段我国人民群众的基本文化权益在某种程度上都能得到保障,但是文化消费需求的多样性还需要大力发展文化产业来实现。

2. 调动文化产业主体积极性　通过更多更好的政策设计,鼓励更多的文化产业主体参与到文化市场的竞争中来。放宽市场准入条件,以市场机制为基础,调整和重组文化经济利益关系。发展文化产业，需要国家采取更加积极的扶持政策，鼓励社会创办和经营文化企业，鼓励个人和社会机构对文化企业进行经济投资。可以通过各类政策和法规，对民间创办的文化企业进行政治和社会方面的规范与调控，健全文化产业组织，转变文化企业的运行机制，培育强大的文化企业集团。鼓励文化企业面向国际市场，充分利用国际国内两个市场、两种资源发展外向型文化产业，以利于引进世界一流的文化艺术产品，出口优秀的、具有民族特色的文化产品。

3. **优化文化产业行业结构**　需要培养更多的文化创意人才。重点扶持和培育动漫产业、会展产业、网络文化产业等新兴文化产业；做大做强优势文化产业，例如文化旅游业等。我国旅游资源非常丰富。近年来，我国的旅游需求不断增长，入境旅游、出境旅游和国内旅游市场日益扩大。世界旅游组织曾经预测到2020年，中国将成为世界第一位旅游目的地国家和第四位客源输出国。这些都说明我国文化旅游业具有较大优势。但我们也不应该躺在已有的成绩上睡大觉，更应该具有危机意识和争先意识，力争将优势文化产业做到世界领先水平，将新兴文化产业打造出国际品牌。

4. **优化文化产业区域结构**　文化产业的区域发展应该实现发达地区和欠发达地区的平衡，做到东部地区、中部地区和西部地区的协调发展。而这种协调发展又不是简单地平均发力，每个地方应该有自己的发展特色，在发展时间上可以有先后，但是文化产业后发地区应该有紧迫感和危机意识，能够找到区域特色，走出自己的文化产业发展之路。同时，要注意城市文化市场和农村文化市场的协调。我国农村文化市场普遍滞后于城市文化市场的发展，应该重视对于农村文化市场的培育和管理，提供适合农村居民消费的文化产品，尤其是文化服务。一方面，要继续组织文化下乡的活动，将一些优秀文化艺术作品送到农村消费者手中；同时，也要培育农村文化市场，成立面向农村、服务农民的文化企业，这才是解决农民文化需求不足的根本举措。只有城市与城市之间，城市与农村之间的文化产业协调发展，才能够实现真正意义上的文化产业结构的合理化和科学化。

5. **优化和完善文化产业链**　产业链条的完善，应该在分析我国现有文化产业链特征的基础上，进行有针对性的调整。投入更多的人力、物力、财力在产业链核心环节的研发上。从实际情况来看，位于我国文化产业链下游的文化企业数量比较多，对延伸文化产品的制造、复制能力较强，我们缺少的就是位于文化产业链上游和中游的核心文化企业。例如现在很多企业都能够进行动漫作品延伸产品的生产，但是能够制作出享誉全国甚至是享誉世界的动漫作品的文化企业却是凤毛麟角。因此，我们在改进文化产业结构的过程中特别要注意对于文化产业核心环节的投入与开发。

【思考与练习】

1. 文化产业结构主要包括哪几个方面？
2. 什么叫文化产业链，文化产业链如何影响着文化产业结构？
3. 如何优化我国的文化产业结构？

第二单元　文化产业组织

【案例导入】

近年来四川省的核心文化产业发展势头强劲,出现了一批效益不断提升的大型文化产业集团。2000 年到 2004 年,四川新华发行集团总资产年均增长 17.89%,从 19 亿元增至 36.7 亿元;净资产年均增长 10.67%,从 10 亿元增至 15 亿元;销售总额年均增长 9.67%,从 34.6 亿元增至 50 亿元;利润年均增长 20.98%,从 7 470 万元增至 1.6 亿元。《成都日报》报业集团总资产增至 25 亿元,净资产增至 12.7 亿元,年收入增至 12.25 亿元,是西部最早拥有上市公司的文化产业集团。四川广播电视集团总资产增至 17.48 亿元,四川出版集团总资产增至 14.5 亿元,《四川日报》报业集团总资产增至 10.7 亿元。①

【案例分析】

四川省的文化产业发展让我们看到了文化产业组织的绩效。这个优异的文化市场绩效里面有着极强的文化资源整合能力,文化创新发展能力。充分说明了文化产业组织在文化产业发展中的作用。

【知识要点】

在经济学中,产业组织通常是指产业内部的各企业相互关系所构成的组织结构状态及其发展变化过程。我们可以从这个定义衍生出对于文化产业组织的认识。文化产业组织主要是指从事文化产品生产及服务的社会实体,具体体现为文化产业内部各企业之间的组织结构状态,以及变化发展过程。文化产业组织是现代文化产业发展的基本载体,也是文化产业结构的作用对象。作为一种存在于文化领域里的现代产业组织,它有着现代产业组织的共性,但同时,我们更应该看到它有别于一般产业组织的特殊之处。

一、文化产业组织的特征

(一)文化性

文化产业组织最大的特征就表现为它的文化性。文化产业组织从存在之初就同时具备了两种属性,一种是经济属性,一种是文化属性。文化产业组织一方面要追求经济效益,要遵循市场经济的基本运作规律;另一方面,文化产业组织承载着文化的传承和延续的作用。其生产的文化产品、提供的文化服务都具有文化的、精神的、社会的影响,而这种影响的力量比传统产业组织的影响力度更大,因为文化产品对人的精神方面的渗透伴随

① 叶郎. 中国文化产业年度发展报告(2007)[M]. 长沙:湖南文艺出版社,2007:139.

着消费行为的完成而实现，它是无形的、潜移默化的，因而有些时候也是巨大的。

（二）政治性

传统的产业组织，只有当达到一定的规模，甚至只有发展到寡头垄断的阶段，才具有一定的政治影响力，也才能够在某些领域干预和影响国家的经济行为和政策制定。与此不同的是，文化产业组织由于直接和意识形态国家机器紧密相连，因此，其可以通过自己的组织行为影响着社会文化的走向，并能够使之朝着有利于国家和政府的意志方向前进。无论文化产业组织的实力和规模如何，都能够通过自己的组织行为，发挥自己的政治影响作用，使社会民众的文化权益得到保障，使自己的组织行为符合意识形态国家机器的作用方向。并且在某些情况下，文化组织可以直接干预到政府的文化行为，例如文化组织可以对于政府的文化产业政策的制定、文化产业制度规章的修订等方面建言献策，必要的时候还会进行舆论干预，而舆论的强大作用通常会使这种干预奏效。

（三）创意性

文化产业是创意性的产业。1998 年英国创意产业特别工作组提出，文化创意产业是"源自个人的创造力、技能和天赋，通过知识产权的开发和运用，具有创造财富和就业潜力的行业"。文化产业组织由于是文化产业领域的组织，因此也特别强调创意创新，在文化企业行为以及市场绩效方面都比较注重创意创新能力的发挥。

（四）知识产权性

将文化产业组织置身于文化产业链条的背景下讨论，不难发现，在产业链条的各个节点上，上下游文化产业组织之间的联系，都突显出要依托于知识产权的运作。知识产权主要包括发明专利、商标以及工业品外观设计等工业产权和自然科学、社会科学以及文学、音乐、戏剧、摄影等方面的作品组成的版权等。其中，与文化产业领域联系最为密切的是著作权和商标权。例如出版、电影、电视、动画动漫、网络文化等行业的文化企业在成功地塑造了核心品牌之后，其下游的文化制造业就会通过合法途径，获得上游产业的授权。只有在知识产权许可的范围内，文化产业链条才能够向下游延伸。

例如，中国第一部大型科普动画系列故事片《蓝猫淘气 3000 问》，它以"知识卡通"的艺术创意走出了自己的成功之路，"蓝猫"也被中国工商总局认定为中国驰名商标。在产业链的延伸上，下游产业领域出现了各种传统企业的合作，例如香港裕元鞋业、伟易达玩具、汇源公司等。毫无疑问，这些合作的下游企业都是被"蓝猫"在目标观众中的强大影响力所吸引。因此合作的成功与否、产业链条到底能够延伸多远，很大程度上都取决于对"蓝猫"这个品牌的保护和运用，使之从一个动画形象成功地转化为商品品牌，而在这个过程中知识产权的保护和运用是核心要素。如果脱离了知识产权的保护，这些文化企业的上下游关联也就会消失，而由此带来的巨大经济收益也就不复存在。文化产业组织的成长壮大也与自身所拥有的独立知识产权紧密相关。在此基础上，还需要文化产业组织善于利用产业链的延伸作用开拓空间，积极探索有益的知识产权转让合作方式。

二、文化产业组织绩效

谈论文化产业组织绩效的时候，我们主要是看文化市场绩效。文化市场的绩效是以文化市场结构为基础,由文化企业的市场行为形成的资源配置和利益分配的状况。文化市场的绩效反映了文化组织的市场运作情况是否是有效率的。具体而言,文化产业组织的绩效可以从以下方面加以考量。

(一)文化资源整合能力

资源的整合能力和资源配置效率是衡量市场绩效的最重要指标,同样,我们在看文化市场绩效的时候,也要重点分析文化资源的配置效率以及文化资源的整合能力。也就是说有限的文化资源是否能够经过文化市场的作用,被分配到最合适的文化行业里面,并流向最有效率的文化企业。简而言之,就是将文化资源与文化企业进行最好的配置。这需要良好的文化市场运作机制,使文化企业能够创造出良好的企业效益,并能够通过市场规律使效率不高的文化组织在市场竞争中处于不利地位进而退出市场,真正实现优化配置。政府在这个过程中应该加强文化市场管理,营造一个公开、公平、公正的市场竞争环境。

(二)文化创新发展能力

作为文化产业组织,在衡量绩效的同时还应该关注其文化创新发展的能力。文化创新发展能力,首先表现为对于文化内涵的领悟和创造能力。文化产业组织,特别是内容产业部分比如图书出版、音像制品、影视传媒等,这些领域就需要高度的智力创造活动,需要进行创意性的文化内容生产;其次表现为文化产业领域的技术进步和升级。伴随着高新技术的不断涌现,激烈的文化市场竞争也要求文化产业组织积极开发和应用数字技术,特别是在当前国际文化市场中,多媒体数字信息技术、特效制作技术等在影视产业、网络文化产业领域具有举足轻重的作用。例如《阿凡达》《2012》以及《变形金刚》等大片在特效方面的技术运用成就了其非凡的票房佳话。因此文化产业组织不能忽视其文化创新发展能力的锻造。

(三)积极的外部效应

文化企业具备两个效益、两种属性,即社会效益和经济效益、意识形态属性和商品属性,这是文化产业组织有别于一般组织的特性。因此,我们在衡量文化产业组织绩效的时候就应该将社会效益与意识形态属性作为一个重要的衡量标准。文化产业组织在任何时候都应该将社会效益放在首位,在追逐经济效益的同时要注意发挥其对于文化的传承、保护、宣扬、创新等方面的积极影响,要能够承担意识形态国家机器的引导作用,与政府和社会的价值观念和取向保持一致,并且对于维护和保障人民群众的基本文化消费权益、丰富群众文化消费的多样性产生积极的作用。

三、我国文化产业组织的发展走向

随着我国经济社会的日益发展、开放程度日益加深,我国文化产业组织的发展也呈现出一些新的趋势。

(一)市场主体地位日益巩固

党的十六大以来,中央政府和地方政府逐渐意识到文化事业和文化产业要两手抓、两加强。在保证人民群众的基本文化消费权益得到满足的同时,也要强化人民文化消费的多样性。而后者的实现，则要依靠文化产业的发展。正因为逐渐理顺了这种关系，我国文化产业组织的市场地位也得到了承认，过去那种只看到文化产业意识形态属性而忽略其经济属性、商品属性的做法逐渐得到纠正。因此，文化产业的主体性日益强化，各种社会主体参与到文化产业的情况日益普遍。在这个过程中，我国文化产业组织的市场主体性也日益得到重视。文化企业在坚持社会效益的同时，通过合法的市场行为可以创造和追求经济效益成为了普遍共识。政府在发挥看得见的外在推手的作用的同时，更多地看到了文化企业的市场主体作用，我国文化产业组织曾经缺失的身份逐渐归位。

(二)与世界文化市场的联系更加紧密

我国文化产业组织作为我国文化产业发展主体的同时，也属于世界文化市场中的一员，这也是改革开放以来，我国企业逐渐走出国门融入世界市场的应时之举。在挖掘开发文化资源的同时，既要弘扬中华传统文化，又要吸收外国的优秀文化，这是自觉应用文化产业的超越性运作规律的必然结果。所谓超越性运作规律，主要指的是在发展文化产业的时候要善于对时间和空间的超越。在对文化资源进行开发利用的时候要有国际视野，做到不限于当地当时的文化资源开发，要整合国际上一切可以利用的文化对象。如可以充分挖掘我国各少数民族民俗文化、各具魅力的地域文化，如北京的京味文化、四合院文化，山东的齐鲁文化，江西的浔阳文化、豫章文化、临川文化、庐陵文化、袁州文化、赣南客家文化，以及四川的三国文化、古蜀文化等。同时，也可以利用国际上其他国家民族的文化。只要能够反映人类共同的审美需求和价值取向的都可以为我所用。

在文化产品销售和文化服务推广方面，也需要有国际化视野，使产品走出国门。如北京派格太合环球文化传媒投资有限公司有着较强的国际意识，其大力推广的《云南映象》成为中国文化走向世界的成功范例，在全球几十个国家进行上千场次的巡演。在美国辛辛那提演出时曾经引起轰动，演出当晚的地方新闻里，报道总统的部分花了一分钟时间，而对于《云南映象》的报道足足用了七分钟的时间。派格太合公司总裁孙健君特别谈到了艺术总监杨丽萍身上具有一种非常明显的文化自信感，她有着强烈的渴望，想要将这种美丽纯朴、原汁原味的云南文化呈现在世界面前，这是对于云南少数民族文化的自信，也是对于中华民族文化的自信。事实证明，正是这种坚定的文化自信，使我们的文化产品在激烈的竞争中能够得到国际社会的认可，反过来又能够使我们的文化自信心得到更大程度地增长。而近年来，我国也呈现出越来越多的敢于接受国际文化市场检验的文化产品和文化服务。

在我国文化企业的国际化意识逐渐增强的同时，政府也出台了各项鼓励政策。在《关于支持文化企业发展若干税收政策问题的通知》中，鼓励文化企业“走出去”。《通知》规定，出口图书、报纸、期刊、音像制品、电子出版物、电影和电视完成片，按规定享受增值税出口退税政策；文化企业在境外演出从境外取得的收入免征营业税。这些鼓励措施在某种程度上有效提升了相关文化企业走出国门的积极性。

(三)影响政府文化决策的能力越来越强

由于文化产业组织近年来发展实力的积累和政府对于做大做强文化产业的政策鼓

励,我国文化市场也先后出现了一批文化产业集团。比如中国广播电影电视集团、江苏省新华书店集团、四川新华发行集团、星美传媒集团等。虽然有些是政府行政力量推动的结果,但是这些文化产业集团已经逐渐在文化市场上崭露头角。市场运作的成功,积极的社会效应的影响,使其能够在行业的规范和引导方面发挥相应的作用。因此,现在我国文化产业组织的发展也表现出这样的趋势:政府在进行文化决策、文化政策的制定过程中要听取某些文化产业集团的意见和建议。这也是我国文化产业组织发展成熟的一种必然趋势。

【思考与练习】

1. 文化产业组织具备怎样的特征?

2. 联系实际谈谈我国文化产业组织的发展趋势。

第三单元　文化产业结构与文化产业组织的互动

【案例导入】

2007 年中国创意城市(中小城市)年度奖产业园区创新奖由河北省新乐市摘得。新乐市通过整合优势资源,积极构建以伏羲文化园、动漫产业园、东方美院、燕赵文学艺术馆为主体的产业园区格局,为文化产业园区走上特色发展的道路树立了典范。

新乐是中华民族的发祥地之一。相传人类始祖伏羲"生于甘肃天水,长于河北新乐,殁于河南淮阳",伏羲、女娲在新乐创八卦、教渔猎、促耕织,繁衍生息,开创了泽被后世的远古文明。新乐籍全国朦胧画派创始人甄忠义先生创办了全国唯一的民办高等美术学院——东方美术学院,国家一级作家范香果先生创建了燕赵文学艺术馆。目前,新乐市正依托深厚的伏羲文化底蕴、借助新乐籍文化名人,做大做强文化产业,构建以"一园、一院、一馆"为主体,以动漫画、旅游、民俗文化等衍生行业为两翼的文化产业格局,积极打造"文化名城"。①

【案例分析】

文化产业结构的优化,实际上是在国家整个经济结构优化与升级的大背景下的必然趋势。同时,文化产业已然成为现代世界强国重点争夺的一个新兴领域,发达国家都想借助于本国强势文化产业,在全球的文化传播、经济收益以及政治控制和话语权方面先声夺人。面对如此激烈的文化产业发展局面,我们应该尽快理顺文化产业结构与文化产业组织的关系,并使二者处于一种积极的互动状态之中,这样才能有机会在文化产业的国际竞

① 向勇. 中国创意城市理论与实践[M]. 北京:新世界出版社,2008:19.

争中占有自己的一席之地。

【知识要点】

要处理好文化产业结构与文化产业组织的关系；要在国家层面、区域文化产业层面和文化产业组织层面上做好文化产业结构与文化产业组织的互动，使二者产生良好的外部影响。

一、文化产业结构与文化产业组织的关系

当今世界各国无论是发展先锋还是后起之秀，都已经敏锐地将利益触觉延伸至文化产业。而任何一个国家或者地区文化产业发展的好坏，都离不开一对矛盾运动的结果，即文化产业结构与文化产业组织的矛盾运动的结果。

（一）文化产业结构影响着文化产业组织的形态和发展水平

文化产业结构是在一定社会历史发展的环境下形成的，具有深厚的政治、经济、社会、文化背景。文化产业结构对于文化产业组织的形成、发展、壮大具有深远的影响作用。例如，在我国不同的发展阶段，文化产业结构是不一样的。在改革开放之初，非公有制文化产业主体的力量非常弱小，而且数量也很少，这就直接导致了文化产业组织构成中几乎都是集体和国有文化企业。同时文化产业的行业结构也比较简单，传统的文化产业，如新闻出版、广播影视在缓慢发展，广告产业、娱乐业刚刚兴起，如1979年广州东方宾馆的音乐茶座的出现被视为文革之后文化娱乐市场重新兴起的标志。而新兴文化产业如网络文化产业在改革开放之初还没有出现。这种文化产业行业结构，也使得文化产业组织主要分布在传统文化行业里。随着我国加入世界贸易组织，我国文化市场放开的程度日益加大，并且给予了国外文化企业之前承诺的条件，所以外资文化企业登陆中国文化市场的现象不再新鲜。这些都说明了文化产业结构能够影响带动文化组织的发展。

（二）文化产业组织的发展变动反作用于文化产业结构

文化产业组织作为存在于一定的文化产业结构中的活动主体，虽然其发展很大程度上受到文化产业结构的影响，但是也能发挥自身的能动作用。

按照文化产业组织所处的文化领域进行划分，文化产业组织包括出版文化产业组织、影视文化产业组织、演出文化产业组织、广告文化产业组织、旅游文化产业组织、娱乐文化产业组织、会展文化产业组织、动漫文化产业组织、网络文化产业组织等。上述各种文化产业组织，由于在不同的社会发展阶段，消费大众的需求是不一样的，而且由于行业技术能力的进步程度不同，在不同时期、不同文化领域的文化产业组织的利润率和组织规模也会不同，因此就会出现某些文化领域文化产业组织发展得相对较快，而某些领域文化产业组织发展相对较慢。随着文化产业组织格局的发展变动，最终会形成一股强大的力量推动文化产业结构做出调整，以适应变化了的文化组织的状态。比如随着新兴文化产业中的动漫产业的发展，国家相继建立了多个动漫产业基地，如郑州动漫产业基地、上海动漫游戏产业基地、成都动漫游戏产业基地等。而这些动漫产业基地的建设，为越来越多的动

漫企业提供了良好的发展环境;同时,动漫企业的发展又反过来促使国家更加注重对于动漫产业的支持力度,并在制定产业政策的过程中更加注重对于动漫产业的扶持和激励,使多种所有制结构的动漫文化组织参与到动漫文化产业的发展之中。从这里也能够看出来文化组织的发展能够反过来促使文化产业结构无论是所有制结构还是行业结构都进行相应的调整,使之进一步促进文化组织的发展壮大。

二、文化产业结构与文化产业组织的互动

认识了文化产业结构与文化产业组织的相互关系,就应该在遵循二者之间这种矛盾运动的前提下,充分发挥它们的积极互动作用,力争使二者产生良好的外部影响。

(一)国家层面互动

从全国范围来看,要进一步深化文化体制改革,从文化产业的体制、机制、政策方面理顺文化产业结构与文化产业组织的关系。

文化产业结构与文化产业组织的矛盾运动,具体表现为在文化市场上、在特定的文化政策环境下的文化行为。所以,关键之处就应该是在源头上建立高效的文化体制,并进行科学的政策设计,使文化产业结构与文化产业组织处在一种有序的环境下运作,使文化组织处于一种相对稳定的高效的存在状态。

国家的文化体制改革,就是为了从根源上进行疏导和调整这种关系。2006 年 9 月中共中央、国务院发出的《关于深化文化体制改革的若干意见》强调,文化体制改革要牢牢把握先进文化的前进方向,遵循社会主义精神文明建设的特点和规律,适应社会主义市场经济发展的要求,全面推进体制机制创新,解放和发展文化生产力,调动广大文化工作者的积极性和创造性,繁荣社会主义文化,不断满足人民群众日益增长的精神文化需求,提高全民族的科学文化素质,培育有理想、有道德、有文化、有纪律的社会主义公民,促进人的全面发展。同时,提出我国文化体制改革的原则要求是:坚持社会主义先进文化的前进方向;坚持马克思主义在意识形态领域的指导地位,确保国家文化安全;坚持勇于实践、大胆创新,树立新的文化发展观;坚持把社会效益放在首位,努力实现社会效益和经济效益的统一;坚持文化事业和文化产业协调发展;坚持区别对待、分类指导,循序渐进、逐步推开。从这些改革的指导思想和原则要求上不难看出,我们的改革要使文化产业结构和文化产业组织处于一种良性运作状态上。

2007 年 5 月中宣部发布的《我国文化体制改革状况报告(2007)》指出,总体上看,全国文化体制改革呈现由东往西梯度推进的态势。只有有条不紊地推进文化体制改革,才能够从根本上摆正文化产业结构与文化产业组织的关系。

(二)区域文化产业层面互动

从区域文化产业发展来看,区域文化产业结构调整应该坚持因地制宜、区别对待的方针。

区域文化产业发展是我国文化产业发展的基本形态之一,也是检验改革实践成效的关键之一。现阶段我国文化产业发展仍旧处于调整时期,很多方面都还不成熟。在这样

的发展调试环境里,切忌跟风而上,不顾自己实际情况,照搬套用文化产业发展先进地区的经验,否则是很难获得持续发展的。各地应该发扬地方特色,因地制宜。

在几十年的文化产业发展实践中,我国几大文化产业发展代表城市都走出了自己的文化产业发展模式。在陈少峰和朱嘉所著的《文化产业十年》一书中,作者就我国几大典型区域的文化产业发展实践提炼出了几种代表性模式。北京市由于作为首都的特殊城市地位和深厚的文化积淀,其拥有丰富的文化资源和充足的资金投入,形成了文化创意产业发展的大格局,走出了综合型文化产业发展模式。"北京市重点围绕文化创意产业中心的建设,打造文化产业品牌,发展文化企业,培育文化市场,优化产业布局,实现产业集聚,促进首都经济增长,提升北京作为全国文化中心的地位、功能和影响。"北京市希望能够取得文化产业全面综合的发展。而作为中华文明发祥地之一的文化资源大省河南,则呈现出文化资源带动文化产业发展的强大能力。同样,地处我国西部地区的四川省,也是文化资源推动发展的典型代表。而国际化大都市上海,汇聚了世界各地创意人才,表现出创意经济的勃勃生机。而经济相对发达的深圳,其文化产业发展则具有文化科技型的特征。深圳市坚持以数字内容产业的发展为主攻方向,大力发展高端文化产业,这也是与其拥有数量庞大的高科技数字文化企业分不开的。因此,在国家和各个地区文化产业结构调整的过程中,应该找到区域文化产业发展的个性,找到发展文化产业最好的契机和着力点。只有这样的结构调整才是科学的、有效的。

(三)文化产业组织层面互动

从文化产业组织方面来看,应运用现代企业的运作手段,建立和培育文化产业集团,促进文化产业结构和文化产业组织的良性互动。

文化产业组织作为文化市场的主体,其市场行为主要包括目标合理行为、价值风险行为、日常经营行为和传统行为等。在尊重文化发展规律、坚持社会效益第一的前提下,遵循市场运作规律,运用合并、收购等现代企业的运作手段,并采用上述合理的企业行为,组建一批大而强的文化企业集团,形成文化产业各个行业的龙头企业,并通过文化企业集团的发展,促进国内统一的文化市场的形成,打破区域分割和行业壁垒。文化产业组织的这种调整和发展势必推动我国文化产业结构的进一步调整和优化,而文化产业结构的日益科学化反过来也能够更加有效地刺激文化产业组织发展壮大。

【思考与练习】

1. 文化产业结构与文化产业组织之间存在着怎样的关系?
2. 联系我国区域发展实际,谈谈如何实现文化产业结构与文化产业组织的优化互动。

第六部分 文化产业与文化消费

【学习目标】

1. 了解什么是"文化市场";
2. 理解文化市场与文化产业之间的关系;
3. 掌握文化消费的影响因素;
4. 了解我国发展文化消费的对策;
5. 理解文化市场营销战略。

【内容描述】

任何产业都包含产品的生产、流通和消费三个基本环节,市场则是流通和消费两个环节中各要素的总和。从这个意义上讲,文化市场是文化产业的一个组成部分。当我们考察文化产业运行规律时,需要考察其如何通过内部诸要素——资源资本、人力、制度、管理等——的综合作用而形成文化产品;而当我们考察文化市场运行时,需要考察已经形成的文化产品是如何被接受的,因为文化产业与文化市场是相互关联、相互作用的。文化市场中的亮点是文化消费。文化消费是指用文化产品或服务来满足人们精神需求的一种消费,主要包括教育、文化娱乐、体育健身、旅游观光等方面。

第一单元 文化产业与文化市场

【案例导入】

2008 年 11 月 18 日,华漫兄弟互动娱乐(长春)有限公司等国内 42 家知名动漫企业在长春宣布《动漫强国宣言》,指出美国动漫网络游戏业连续 4 年超过好莱坞电影业,成为全美最大娱乐产业;日本动画产品出口每年创造 2 万亿日元市值规模,超过钢铁、电子成为日本 3 大支柱产业;韩国动漫业产值占全球的 30%,成为韩国国民经济的 6 大支柱产业之一。中国有 3.78 亿青少年动漫消费者,我国动漫行业缺口达 25.5 万分钟,是供给的 10 倍多,中国动漫市场将是一个 1 700 亿元人民币的市场空间。而动漫产品衍生产品的市场空间更广阔。业内人士和企业要共同努力,加入动漫强国行列。①

---

① http://www.gamfe.com/sz/content/2010-01-14/20100114104653.shtml

【案例分析】

中国动漫市场充满机遇,文化产业商机无限。目前,中国正处于经济转型和产业升级的关键时期。新经济是知识经济,是网络经济,需要动漫业携手共创,不断超越。这个新文化行业的发展关系中国未来的经济发展。虽然不能说动漫强国是因动漫而强,不过现实的确是强国有超强的动漫。

【知识要点】

文化产业通过文化市场实现,文化市场对文化产业起着决定作用,文化产业也必定随着市场需求的增长而不断发展。那么,文化产业界必须树立以消费者为中心的现代市场观。

一、文化市场含义

我们经常听到"市场"这个词,那么什么是市场呢?最初,人们把"市场"理解为某种固定的买卖场所,传统的经济学一般把"市场"定义为:"市场是买卖双方使商品或劳务发生转移的场所"。其实传统的市场定义是有缺陷的。首先,商品或劳务未必是在固定的场所发生转移的,比如"期货市场"及其他合约性交易。其次,这个定义只显示了市场的某些外延,而并未揭示市场的本质。比如,当我们说"某个商品很有市场"这句话时,显然不是指这个商品很有"地方",而是指这个商品很有"需求"。现代经济学对"市场"一词的定义是:市场就是以某种商品或劳务满足一定需要的活动,亦即买卖双方现实的和潜在的交换活动,而主要是买方的活动。从买方来看市场,它必须包括人口(消费者)、购买力、购买动机和商品(或劳务)四个要素。这四要素中的前三个构成市场的需求,第四个构成市场的供给。

那么什么是市场需求呢?现代经济学一般把市场需求定义为:市场需求是指在一定时期内,在每个价格水平上,消费者愿意和能够购买一种物品或服务的数量。市场需求是所有个人需求之和。也就是说,市场需求由三个要素构成:首先是消费者有需要且愿意购买(购买动机),其次是消费者有相应的货币支付能力(购买力),最后是消费者的总量(人口因素),它决定着市场需求的总量。

基于以上分析,我们也很容易推论出关于文化市场和文化需求的含义:所谓文化市场,就是以某种文化产品或文化服务满足一定文化需要的活动。而所谓文化需求,是指在一定时期内,在每个价格水平上,消费者愿意和能够购买某种文化产品或文化服务的数量。文化产业生存和运行的前提必须是符合一定文化市场中的文化需求状况。换句话说,就是文化市场决定了文化产业的生存和发展。

二、文化市场对文化产业的影响

文化企业生产文化产品要满足人们的文化需要,而且必须是能够实现的需要,即满足市场需求。如果一个企业生产的文化产品人们不愿意购买或根本买不起,那就是超出了文化市场的需求,这样的产品生产再多也没有意义。一般而言,我们用下列公式表示文化需求总量:

$Q = \sum ni * qi * pi$

其中,Q 代表某一市场的文化需求总量,ni 代表某一文化产品或服务在市场上的消费者数量,qi 表示每一个消费者的平均购买量,pi 表示该文化产品或服务的单价。比如,某一地区通过市场调查,得知该地区一年中大概有 20 万人观看电影,平均每人一年大约 3 次,该地区电影的平均票价是 20 元,那么,我们可以得知这个地区电影市场的年需求量是:

Q 电影 = 200 000 * 3 * 20 = 12 000 000 元

由此,该地区的管理部门在制定本地区文化产业战略目标时,就必须考虑这个上限。

既然一个地区的文化产业总量被市场所限定,那么,其相应的文化产业构成和布局也将受到市场的制约。就静态来看,文化市场的规模决定了文化产业的规模和布局;就动态来看,文化市场的前景决定了文化产业的前景。尤其对于买方市场时代而言,单纯考虑现有市场的潜力挖掘已没有太大的意义,重要的是企业能够预测未来市场的需求增长状况。一般而言,文化市场需求的增长取决于三个因素:首先是文化市场上产品的价格因素。由于竞争的激烈或技术的改善,某些文化产品的价格会降低,价格的降低其实是变相地提高了购买力,从而引起市场需求的增长。其次,居民生活水平的提高促使文化市场需求量的增加。再次,作为文化消费者,其文化水平对其文化消费行为有着重要影响。对于一个稳定的社会而言,一定地区居民的总体收入和文化水平总是呈不断提升的趋势,而一定的文化产品的价格大体呈下降趋势,这必然导致该地区的文化需求总量呈不断增长趋势。因此,一定地区的文化产业也必定随着市场需求的增长而不断发展壮大。

三、文化产业的现代市场观

既然文化市场对文化产业起着决定作用,那么,文化产业界必须树立以消费者为中心的现代市场观。就文化产业的管理决策部门而言,文化产业的战略规划必须建立在文化产业的市场格局的基础上;对文化产业的经营人员来说,文化市场战略实际上就是其经营战略的核心;而对于文化产业的理论研究人员而言,文化产业的市场规律则是理论研究的逻辑起点。当然,关于这一点,在文化产业领域内人们的认识并不一致。即便是在文化市场高度发达的西方,也有不同看法,如认为艺术品营销是应当以艺术家为中心等。这些不同观点主要反映了文化产业的转型时期两个症结问题:首先,人们习惯以文化事业的眼光界定文化产业的性质;第二,在许多人的思维定势中,艺术创造与文化生产是混为一谈的。并非所有的文化事业领域都要转入文化产业领域,也就是说,不是所有的文化活动都能够市场化。认为某些艺术品的营销应当以艺术家为中心,是针对艺术创造而言的。一个画家创作一幅画,也许并不想把它卖出去,而纯粹是为了完成自己的美学追求。但是,我们所说的文化产业就不同了,它不是某些艺术家纯粹个人目的的活动,而是为满足社会公众提供文化产品或服务的活动,也就是说,文化的产业化必然意味着文化的市场化。因此,我们应该首先转变观念,把重心集中到市场上来,集中到把握和满足消费者的文化需求上来。目前,这种以消费者为中心的观念已经深刻地渗入到文化产业各领域。现代广告业讲究把握受众,音像业总要着意于各类音像作品排行榜等,即便产业化特征不甚明显的新闻业,也提出"新闻策划"的口号,其背后就反映了从当初以宣传目的为中心向以满足受众需要为中心的观念转换。文化产业界巨大的生存压力和利益驱动,使许多人意识到,一个重要的文化活动的完成,只能落实到给予消费者满足的结果上来。当代文化传播的一个基本观点就是:任何文化活动其实就是接受者的使用和满足过程。

【思考与练习】

1. 文化市场的含义是什么?
2. 文化市场对文化产业的影响有哪些?
3. 文化产业的现代市场观的主要内容是什么?
4. 结合中国动漫产业的发展实际,用市场观进行分析。

第二单元　文化市场构成

【案例导入】

三维动画代替传统宣传的五大特点:一、可透视的产品内部结构和直观可视化的工作原理演示,让客户一目了然,减少营销沟通环节;二、新颖的娱乐化视频形式的产品介绍,降低客户对产品推荐的心防,更使客户记忆深刻;三、轻便的视频文件,可随时送往任何地方向客户全方位展示产品,节省了实物样品的运输成本和时间;四、只需设计方案就能把产品各项功能特性逼真、直观地模拟出来,并可灵活地作出修改,节省了生产前实物样品制造和修改的巨大成本;五、全方位的动态视频化产品演示,在设计和生产部门之间架起方便的沟通桥梁,指导实际生产,也可作为客户使用产品时的操作指南。

【案例分析】

三维动画代替传统宣传的五大特点其实就是吸引消费者眼球的需求点,它具有的优势适应了消费者的需求,可以让客户一目了然,降低客户对产品推荐的心防,更使客户记忆深刻,节省了实物样品的运输成本和时间,节省了生产前实物样品制造和修改的巨大成本,实质是增加了消费者的利益。

【知识要点】

文化消费来源于文化需求。而不同的人有不同的消费情况,据此可以分为多个需求层次。同时,文化消费还与文化产品本身有关。因此,我们要引导正确的文化消费观念,强化对文化消费的经济调控,加强文化消费的法律建设,规范文化消费行政管理。

一、文化需求

文化需求是一种更高级的需求,是文化产业和文化市场意义上的文化需求,主要是指人类对于文化产品(精神产品和物质产品)和文化服务的消费性需要。

(一)文化需求的层次性

马斯洛的“人类需要五层次”认为,人们首先要满足的是生理的需要,反映到文化消费上,就是对愉悦的追求。可以说,几乎在所有的文化消费行为中,都包含着愉悦成分,看电影、看戏、旅游、听音乐等,无不是以得到身心的放松和欢畅为基础的,它是文化市场上最大也是最基本的需求。安全需要产生了健身性的文化消费活动,如体育休闲、卡拉 OK 等都是在这样的动机下形成的消费潮流。社会需要是人渴望成为“社会人”的社会化过程,它所产生的是知识性消费。表现在文化消费行为方面,就是希望通过接受教育、技能培训以及人际协调等来达到融入社会、维持社会化生存的目的。这类消费往往在消费者没有形成自觉的消费意识之前,就已经被社会强制地实行了。尊重需要产生象征性消费,这是一种为满足人格需要而形成的文化消费行为。如不惜高价购买名画,重要的不仅在于个人欣赏,还在于体现一种文化品位,这样的消费实际上是一种象征行为,它把消费行为符号化为一种标志,以显示消费者的修养和尊荣。所谓自我实现的需要,按照马斯洛的说法,这是人之所以实现为人的需要,是人格完善的标志。自我实现是人类需求的最高境界,是满足了生理需要、安全需要、社会需要和尊重需要以后的一种自由境界,它所引发的消费是摆脱了物欲和功利后的审美性消费,所要达到的是一种畅达身心、净化灵魂、至善至美、物我一体的心灵自由,其消费主要体现为高层次的精神消费和艺术审美消费,文化市场应该为这类消费提供具有审美价值的文化产品或文化服务。

(二)文化需求的特殊性

文化需求和其他物质需求不同,它不会局限在上述文化需求的某一个层面,而是涵盖了所有的层面。因而文化需求是消费需求的统一体,一个文化产品应该满足多层面的需求。文化消费除个人消费者外,还有其他的主体,如组织消费者,即组织以人格化的方式为目标而进行的消费活动。组织消费最终的消费完成不是通过个人行为,而是以组织行为来完成的。比如广告消费,就是典型的组织消费。对于广告商而言,它的顾客不是受众,而是广告主,是一个组织。这类消费主体的消费动机、消费行为与个人消费主体是完全不同的,其对产品的需求也不同。另外,文化消费还有一种特殊的消费主体即“社会消费者”,它是由社会文化传承的需要而由社会意志强加给个人的文化消费活动,如教育培训等。这类消费未必来自个体消费者的冲动,而是社会秩序和社会力量的安排。比如许多公益性质的文化设施如图书馆、博物馆、自然保护区、历史文物、人文景观等,它们主要是依靠社会力量(政府)来建设和维护的。

二、文化产品

文化产品亦称文化商品。文化产品虽然在形式上也能被消费，但它却直接作用于人的精神，主要是促进和提高人们的思想境界，改善人的精神状态，培育人们的道德情操，着眼于全面提高人的素质。就总体而言，文化产品可以分为两类：第一类是公益性文化产品，其一般不以市场赢利为目的，不以利润的最大化为追求，而以满足人们的精神文化生活需要，提高社会的科学文化水平，促进社会的精神文明、和谐发展与全面进步为宗旨。第二类是指非公益性的或曰市场赢利性的文化产品，这也是文化产业中所讲的文化产品，是文化商品或商业性文化产品。这类文化产品一般都要以特定的物质载体为存在形式，是走向市场进行交换的物质产品，如报纸、期刊、图书、字画、雕塑、唱片、音像制品、软件光盘、电影拷贝、文艺表演、工艺饰品、花卉盆景、旅游景观等。消费者通过购买这些文化产品或服务，获得一种文化享受，满足某种精神需求，或受到某种文化熏陶与启发。

三、文化消费

文化消费是指用文化产品或服务来满足人们精神需求的一种消费，主要包括教育、文化娱乐、体育健身、旅游观光等方面。在知识经济条件下，文化消费被赋予了新的内涵，文化消费呈现出主流化、高科技化、大众化、全球化的特征。文化消费的内容十分广泛，不仅包括专门的精神、理论和其他文化产品的消费，也包括文化消费工具和手段的消费；既包括对文化产品的直接消费，比如电影电视节目、电子游戏软件、书籍、杂志的消费，也包括为了消费文化产品而进行的各种物质消费品(如电视机、照相机、影碟机、计算机等)的消费；此外，还包括各种各样的文化设施，如图书馆、展览馆、影剧院等的消费。

虽然文化消费是对精神文化类产品及精神文化性劳务的占有、欣赏、享受和使用，但它却是以物质消费为依托和前提的，因而文化消费需求的增长总是受制于社会生产力水平的发展。因此，文化消费水平能够更直接、更突出地反映出现代物质文明和精神文明的程度。目前，发展我国文化消费的对策是：

(一)引导正确的文化消费观念

文化消费观念是在一定的指导思想下和文化中形成的。要树立正确的文化消费观念，就必须以先进的思想为指导，吸纳先进文化。首先，引导树立先进的文化观。先进的文化观就是以科学发展观为核心的文化思想观念，它源于先进的文化建设和体验。要建立积极、健康、科学、向上的适应历史潮流、反映时代要求、代表未来发展方向、推动社会前进的先进文化，引导人民参加文化实践与建设，积极体验先进文化。其次，引导树立有意义的文化价值观。文化消费不仅是占有文化产品和享受文化服务，把它当作心理享受、地位和社会关系实现的途径，更主要的是使其文化意义和价值得到实现。要把促进人的全面发展作为文化价值核心观念进行培养。第三，引导树立科学合理的文化消费观。把握好价值取向，通过加强家庭培养、学校教育、传播媒介宣传，重点引导青少年和农民，重点建立科学合理的消费观，逐步形成观念先进、消费自律、结构合理、方向正确的消费风尚和社会氛围,引导以娱乐休闲消费为主向以知识文化消费为主转变。

(二)强化对文化消费的经济调控

强化对文化消费的经济政策和经济杠杆调控。文化产业化、市场化使文化产品和服务在供给与分配上发生转变,必须重新定位消费主体,形成以居民消费为主、出口为辅、单位或社区消费为补充、政府消费为引导的文化消费主体格局。由于文化产品和服务的特殊性、层次性,甚至还可能有非文化、反文化的内容,因此,应对文化消费政策作合理调整,有区别地采取鼓励或限制政策。鼓励高层次、高质量的知识文化和精神文化消费、鼓励文化产品出口、文化企业"走出去",限制低俗、劣质的文化产品和服务消费,限制外国文化产品进口规模、市场份额,形成以本国文化消费为主、引进外来有益文化消费为补充的文化消费结构。在财政、收入分配、税收价格和利率汇率政策上,对需要鼓励的消费和出口,可以降低税率、利率和提高外汇汇率。否则,进行相反的调节。规范价格形成机制,使价值得到真实反映。应逐步提高居民收入水平,提高消费者的消费能力,在保证基本文化消费的基础上,逐步增加享受文化消费,特别是扩大发展文化消费。政府财政应资助传统文化和先进文化的消费以及对外文化宣传,向基层、低收入和特殊群体提供免费文化服务,完善农村图书、通讯、电视、培训等网络,释放农民潜在的文化消费需求。

(三)加强文化消费的法律建设

文化消费也离不开法律的支持与规范,要健全相应的法律法规体系。严格劳动法,以保障和增加劳动者自由支配的时间。按照消费者权益法制定文化产品和服务的消费法规,使消费者文化消费权益得到法律保护。制定相关的消费法律、道德规范、行为准则,加强对不科学、不合理和反文化的低俗、迷信、色情等消费的法律和行为约束,防止非理性、非文化消费引致文化产业结构畸变。参照 WTO 规则要求,健全文化产品进口、外资进入文化产业法规,对文化产品和服务进口贸易、利用外资实行总量控制和结构调整,维护国家文化安全,提供文化出口便利,促进文化出口贸易。对文化产业市场行为,应随着文化产业市场准入的进一步开放加强规范化和法制化,制定反垄断、反不正当竞争的具体措施和文化产业守则,防止文化企业肆意践踏、改变消费者的需要,强迫消费者选择,防止价格过高和消费者信息被外流滥用,以营造良好的消费环境。

(四)规范文化消费行政管理

文化的特殊性决定了文化消费管理的政治性、政策性很强,既不能背离社会主义精神文明的根本要求,也不能打击消费者的合理消费。管理要以发展科学合理的文化消费作为出发点和落脚点;要从体制、制度、职能、程序、方法、手段上进行规范的合理的科学的管理;实行集中监控与分级管理相结合,整合政府管理职能和行为,加强宏观指导和管理;实行行政监督、司法监督、社会监督、舆论监督相结合,加强对文化产品和服务的政治性、社会公德和市场流通秩序、价格、公平竞争的监督管理;实行行政手段与法律手段、经济手段相结合,防止文化产品和服务粗制滥造、质量低劣、格调低下、结构失衡,加强对文化产品和服务的投诉处理;开展文化市场调查和预测,掌握文化市场、文化消费规模和结构的变化信息,有效组织、调控文化供给,为引导文化消费和文化产业正确发展提供依据。

【思考与练习】

1. 文化需求的含义是什么?
2. 文化产品的含义是什么?
3. 文化消费的含义是什么?
4. 联系实际,谈谈我国发展文化消费的对策。

第三单元　文化市场营销

【案例导入】

2009 年第四届中国北京国际文化创意产业博览会上,国际快餐巨头麦当劳推出“购买早餐可得好运魔力吸水杯垫”促销活动。此款好运魔力吸水杯垫,来自成功推出过《秦时明月》《快乐星猫》等多部知名动画片的国内动漫领军企业 StarQ 明日科技。此次麦当劳携手“星猫宝宝”,也是国际快餐巨头与中国原创动漫形象首次成功进行深度合作的标志。与明星营销、娱乐营销、音乐营销、体育营销等营销手段相比,中国原创动漫营销具有更高的性价比优势。①

【案例分析】

当国外动漫形象开始在消费者心中形成“认知疲劳”之时,国产原创动漫形象更易与消费者产生精神共鸣,从而拥有更好的群众基础,更容易为中国消费者所接受。利用这种“情感差异”,星猫宝宝系列“好运魔力吸水杯垫”既引发了消费者的收集热,也带来了麦当劳早餐销售的增长。“中国式动漫营销”效果显著。

【知识要点】

市场营销,就是根据消费者的需求和购买力状况,进行相应的产品设计、生产安排,并制定相应的价格策略和营销计划,实施一体化的分销促销、售后服务以及信息反馈收集等一系列经营和管理过程。其目的就是使企业和消费者之间的联系达到最优化,并使他们能够最大程度地满足。文化市场营销战略大致可分为产品战略和销售战略两大部分,而实施这两大战略的前提则是消费者的需求和购买力条件。在营销学上,我们把这一套市场分析技术称之为市场细分。

一、文化市场细分

所谓市场细分,就是将市场中消费者的不同需求分离出来,根据其需求特点、购买能

① http://www.china.com.cn/economic/txt/2009-12/11/content_19050676.htm

力和购买习惯等不同特征，将一个统一的大市场划分为若干子市场，其中每一个子市场都是由具有一定共同特征的消费者组成。比如，我们可以根据消费者对不同文化产品的需求兴趣把文化市场划分为旅游市场、演艺市场、图书市场等，我们还可以按照消费者的能力将旅游市场划分为观光旅游、度假旅游等。市场细分的意义在于，企业能够根据选定的市场进行产品研发和生产安排，以免造成物质资源的浪费和损失；也可以根据选定的市场需求特点采取合适的价格策略和宣传诉求策略，使市场竞争计划有的放矢。根据目标市场特点而确定的产品设计原则就称之为产品定位，而根据目标市场特点而确定的企业战略目标设计就称之为企业定位。在目标市场分析和产品、企业定位完成后，即可制定具体的价格策略、促销策略。

(一)文化市场细分原则

文化市场细分的原则主要有三条：

(1)依据消费者需求。可以把消费者的需求强度作为一个参考变量，通常它表现为需要和不需要的两极化描述。发现需要，企业可以开发新产品；反之，可以重新制定新计划。

(2)依据购买力状况。购买量和购买率两个变量相互关联，市场开发前景与两个变量一般成正比。对于购买量大而购买率低的产品，比如电视机，其市场容易饱和；对于购买率高而购买量有限的产品，比如某些地区的电影票房，我们就必须考虑时间因素对整个营销成本的影响。

(3)依据消费者购买习惯。可以把产品或品牌的忠诚度、消费者的满意度和消费者对产品或品牌的偏爱度作为描述市场的变量。根据这些变量，我们可以具体分析竞争对手的状况，发现自身产品的市场基础，甚至培育消费者对一个产品的感情或依赖。

(二)文化市场细分方法

文化市场细分的方法主要有四种：

(1)按地理环境细分。文化市场需求变量通常会随着地域的不同而变化。北京、天津的人喜爱京剧，上海、江浙一带的人对越剧更为偏爱，河南人喜欢豫剧，安徽人则喜欢黄梅戏。可见，区域性亚文化以及自然地理条件都对文化产品的销售产生影响。

(2)按人口环境细分。人口总量、密度、年龄、性别、教育程度、收入、民族、语言、宗教、居住条件和职业状况等变量，都对人口环境的质量和特征产生影响。如年轻人偏爱流行音乐，老年人更重视保健，女性偏爱美容，都市人需要休闲等。这些变量决定不同人群的文化消费习惯和消费偏好。

(3)按心理因素细分。个性、生活方式、价值观等心理因素，都将决定消费者对不同文化产品的选择。如活泼好动的人喜欢酒吧狂欢，而文静的人更愿意选择咖啡厅；传统保守的人对古典作品有偏好，而追逐时髦的人可能更爱好时尚杂志和现代大片。

(4)按获利因素细分。按照某一产品对不同消费者利益相关程度来划分市场，从而凸显消费者真正履行购买的原因。加拿大研究人员认为对于一般艺术品而言，大致存在八种利益细分情况：献身者、确信者、实践者、热心者、游离者、未陷入者、不关心者和置身事外者。这些不同的利益关联将产生对不同文化产品的追逐热情。

(三)文化市场细分的特殊性

文化需求的特殊性决定了文化市场细分的特殊性。主要需注意以下三点:

(1)闲暇时间与文化市场细分。文化需求很大一部分发生在人们的闲暇时间中,文化需求的满足是以消耗这种时间为代价的。无限的文化需求总是被局限在有限的闲暇时间之中,因而对文化市场的细分往往变成了对闲暇时间的细分,对文化消费者的争夺实际上等于对消费者闲暇时间的争夺。

(2)注意力与文化市场细分。文化产品属于"注意力经济"。消费者对文化产品的消费驱动主要不是受其中的物质诱惑而产生的消费需求,而是来源于文化产品的象征符展示而产生的精神刺激。一个消费者肚子饿了,他一定会主动寻求食物类消费品;但是,一部电影如果不是主动告之观众作品内容,人们不会想到去主动寻求它。一般产品总是需求在先,选择在后;而文化产品总是通过提醒受众的注意力来唤起需求,其选择已经预先设定在注意力中了。因此,文化产品的营销目标就是要获得足够或尽可能多的注意力,并通过吸引注意力来培育文化市场。

(3)需求主体与文化市场细分。在文化市场上,个人需求、组织需求和社会需求是同时并存、相互影响的,我们必须根据这些需求的不同特点进行市场细分,确定不同的诉求策略。如果说对个人消费主体使用劝服策略,那么对组织消费主体就要使用协商策略,而对社会消费主体(需求)来说更多的是服从策略。

(4)个性特征与文化市场细分。由于文化产品消费主要是一种象征性或符号化消费,因此对文化产品的价值的判断往往渗透着消费者的个体经验认知,个人喜好、评价和人们普遍存在的从众心理,都会对文化市场细分产生影响。

二、文化目标市场选择

(一)文化目标市场概念

文化目标市场就是通过市场细分后,企业准备以相应的产品和服务满足其需要的一个或几个文化子市场。如某一知名照相设备企业通过社会调查得知:33%的消费者需要物美价廉的普通相机,52%的消费者需要使用质量可靠、价格适中的中档相机,16%的消费者需要美观、轻巧、耐用、高档的全自动或多镜头相机。现国内大多数照相机生产厂家生产中档、普通相机,市场已供大于求;而各大中型商场的高档相机多为高价进口货。因此,该企业决定生产、营销新型高档相机。这个满足16%消费者需要的市场,就是该企业的目标市场。

(二)文化目标市场定位

文化目标市场定位是企业及产品确定在文化目标市场上所处的位置。这种定位并不仅仅是对文化产品本身做些什么,而且包括在预定消费者的心目中做些什么,从而使本企业及产品与其他企业及产品明显区分开来,并使消费者明显感知和认同这种差别,从而在特定的顾客群心目中占有特殊的位置。

文化目标市场定位必须做到:(1)产品差别化,从产品质量、产品技术、产品款式等方面,具备与其他文化产品有所不同的特征;(2)服务差别化,向文化目标市场提供与其他竞争者有所不同的优质服务;(3)人员差别化,通过聘用和培训比其他竞争者更为优秀的人员以获取市场行为主体方面的优势;(4)形象差异化,塑造与众不同的、得到认可的产品形象以占领文化目标市场。

企业能够生产的文化产品是有限的,而消费者的需求是无限的;市场上的产品是相对固定的,而消费者的文化口味是不断变化的;一种商品一般只能满足社会中一部分人的需求,而社会中总有一部分人的文化需求暂时得不到满足。这些都是文化目标市场定位中需要关注的问题。

(三)文化目标市场选择

任何企业或产品都无法满足整个市场需求,也不是所有的文化目标市场都对本企业或产品有吸引力。因此,要扬长避短,选择目标市场,明确服务对象。选择文化目标市场一般运用以下三种方法。

1. **无差别性市场法** 无差别性市场策略,就是企业把整个市场作为自己的目标市场,只考虑市场需求的共性,而不考虑其差异,运用一种产品、一种价格、一种推销方法,吸引尽可能多的消费者。中国惠普有限公司在打印机销售上,针对个人用户激光打印个性化的发展趋势,以"满足每一个人"为目标;推动网络激光打印机在企业中的普及应用,实现打印应用方式的全面突破;全面满足用户对彩色商务办公的需求。

2. **差别性市场法** 差别性市场策略,就是把整个文化市场细分为若干子市场,针对不同的子市场,设计不同的产品,制定不同的营销策略,满足不同的消费需求。如美国有的服装企业,按生活方式把妇女分成三种类型:时髦型、男子气型、朴素型。时髦型妇女喜欢把自己打扮得华贵艳丽,引人注目;男子气型妇女喜欢打扮的超凡脱俗,卓尔不群;朴素型妇女购买服装讲求经济实惠,价格适中。公司根据不同类型妇女的不同偏好,有针对性地设计出不同风格的服装,使产品对各类消费者更具有吸引力。

3. **集中性市场法** 集中性市场策略,就是在细分后的文化市场上,选择一部分作为目标市场,实行专业化生产和销售,集中力量在少数市场上发挥优势,提高市场占有率。采用这种策略的企业不是追求在一个大市场角逐,而是力求在一个或几个子市场占有较大份额。这类往往对目标市场有较深的了解。集中性市场策略也是大部分中小型企业应当采用的策略。

三、文化市场营销组合

文化市场营销组合,是指企业针对文化目标市场需求,在产品计划、定价、厂牌、供销路线、人员销售、广告、促销、包装、陈列、扶持、实体分配以及市场调研等诸方面进行整体设计规划并实施的方法总和。

早在20世纪60年代,麦卡锡就曾提出了影响深远的"4P组合",即产品(product),价格(price),地点(place),促销(promotion),指出了营销的基本要素,强调的是营销手段。随着市场的发展,美国营销大师劳特朋提出了"4C组合",即消费者(Consumer),成本

(Cost),便利(Convenience)和沟通(Communication),体现了以消费者为中心的思想,强调的是营销目标。

文化市场营销组合的主要策略有以下五种。

(一)产品策略

所谓产品,是指为顾客在交换中所获得的任何东西。包括有形的物品,如电视机;也可以是某项服务,如心理咨询;甚至也可以是一种思想,比如某些广告的创意。对文化产品而言,更多是上述三者的结合。

一个企业一般不会只生产和销售一种产品,而是同时生产和销售几种不同的产品。我们把一种区别于其他产品的特定存在形式称之为产品项目(productitem)。许多文化企业往往把它们提供的服务称之为项目而不称之为产品。比如某旅游公司开发的“张家界三日游”与“凤凰——张家界五日游”称之为两个不同的旅游项目。

一组紧密相关的产品就构成了产品线(product line)。比如一家旅游公司开发的所有关于张家界的旅游线路构成一个产品线,某影视公司发行的根据四大名著改编的连续剧也构成一个产品线。一般而言,一个公司至少要拥有一个产品线。

一个企业的全部产品构成它所推销的产品组合(product mix)。产品组合中包含的产品线数量称之为产品组合的宽度(product mix width),一个产品线上所包含的产品项目的数量称之为产品组合的深度(product mix depth)。增加产品组合的宽度可以分散产品风险。比如现在国内的报业集团大多经营纸质传媒、广告业、房地产业等多个产品线,其中一个产品线出现了困难,别的产品线仍然能够继续维持企业的发展。另一方面,增加产品组合的深度可以降低成本、增加销售利润,尤其可以吸引不同偏好的消费者。比如一个报业集团属下可以拥有日报、晚报、都市报、财经类报纸和体育类报纸,通过不断延伸纸质传媒产品线上产品的数量,可以满足不同细分市场上消费者的不同需求,同时也争取了不同口味的广告主的支持。

一个企业的产品策略,就是指企业对其产品项目、产品线以及产品组合的开发、设计、管理和改进等诸环节的实施策略。在经过严密的市场分析之后,企业应当决策开发哪些产品项目投放市场,对既有的产品项目进行改进或淘汰;还应当权衡一个产品线上由哪些产品组成,应该增加哪些产品项目、取消哪些产品项目,产品线应当扩张还是缩减;同时,企业还应该考虑决定整个产品组合的包装配合、品牌设计以及宣传策略等。一个产品线上的产品项目应当具有固定的包装标志、较为统一的品牌,不同产品线上的产品尽管应该用不同的外在标志加以区分,但也要考虑相互之间的配合,尤其要统一在企业目标市场定位的基础上。总之,一个完整的文化产品策略,应当充分分割某一细分市场的不同需求,并给予产品功能以相互关联的配置。

(二)价格策略

所谓价格,是指消费者在一次交易中获取一件商品或服务的条件。这个条件一般是指货币,不过也经常包含别的因素,如消费者付出的时间、尊严以及其他物质损失等。实际上,消费者心目中的价格往往是一种“合理价格”,如果你让消费者跑很远的路去购买一件打折商品,他宁可就近去买价格较高的商品。特别是对文化消费者而言,花5元钱去看一场街头录像当然不会比花50元看一场电影更觉得有“尊严”。这就提醒我们在给自己的产品定价时,千万不要忘记诸种条件的综合作用。因为最好的定价并不是最低的,而是让消费者觉得“合理的”。

(三)分销策略

所谓分销,是指文化商品自生产者经中间商业媒介达到消费者手中的整个市场营销流通结构。对于文化产品分销渠道的选择,大致要考虑以下因素:

首先是产品因素。一般来说,单位产品价值很高的文化产品,如电影拷贝,销售渠道的层次应当少些;相反,像DVD、VCD影碟这样的低价产品,就应该让中间商多参与;市场上对于那些式样和时尚要求很高或变化很大的产品,应当尽量缩短销售途径;而对于一些标准性制品,一般可通过中间商按样本或产品目录出售;对于产品技术服务要求高的产品,文化企业就应当和文化消费者加强直接接触。

其次是市场因素。在文化产品营销过程中,如果市场范围大,就要多依赖中间商;如果市场销售的季节性明显,也需要大量的中间商在短时间内完成销售任务。再有,如果和竞争者的关系良好,应当尽量利用同样的销售渠道;反之,就要考虑开辟新的销售渠道。

最后,还要考虑企业本身的管理水平、销售经验,以及国家政策法规的因素。有许多文化产品,国家往往限定了销售渠道,规定了不同企业的销售资格等。

(四)促销策略

所谓促销,是指营销人员以沟通的形式告之、说服和提醒潜在消费者某种文化产品的存在,以影响一种观念或引出反响,包含广告、公共关系、营销推广和个人销售等多方面内容。而促销策略,就是文化企业根据市场状况将上述诸方面进行组合的策略。

广告是厂商支付费用为某种产品或企业本身进行无人员参与的、单向的大众宣传。它主要利用大众传媒来发布信息,因此具有同时向群体受众进行宣传的能力。它的单位成本很低,但总的费用很高。因此,文化企业在进行广告策划时,一定要注意选择那些符合自己目标市场受众的媒介。比如,一场流行歌曲音乐会的广告最好在受年轻人欢迎的传播媒介投放。

公共关系是一项有效的营销手段,目的是评价公众意向,判断公众对企业感兴趣的领域,执行一项活动计划以获取公众的理解和支持。一个良好的公众关系方案可以创造令人满意的宣传效果。

销售宣传是指个人推销、广告和公众关系以外的营销活动,意在刺激消费者的购买欲和营运商的积极性。它通常表现为刺激即时需求的短期行为,如免费试用、有奖销售、优惠券等。就文化企业而言,明星与观众的见面会、旅游景点光盘的免费发放、名作家的签名售书等,都是常用的销售宣传方式。一般而言,销售宣传并不单独使用,而是配合促销组合的其他因素运用。研究显示,销售宣传对广告有促进作用,它能使消费者加快对销售活动的反应。

个人推销是指某一推销者在某一特定场合面对面地对消费者施加一定影响而引发销

售行为的过程,是为实现销售而面对一个或数个潜在消费者进行有计划的产品介绍。在文化企业的促销中,个人推销占有重要地位。有的广告商往往就是运用个人推销的方法来和固定的客户进行沟通。一些重大演出活动入场券的销售,也多用个人推销方式。当然,个人推销的效果取决于企业的信誉度和推销者与客户的关系,这种关系更重视买卖双方的双赢,即通过良好的售前咨询和售后服务来维持关系的良好发展。

总而言之,促销组合是一系列相互配合的计划,任何一种促销行为都是为文化产品的整体营销服务的。

【思考与练习】

1. 文化市场细分的内涵是什么?
2. 文化目标市场的选择策略有哪些?
3. 文化市场营销组合策略的主要内容是什么?
4. 联系实际,谈谈如何运用促销组合策略。

第七部分 文化产业的经营与管理

【学习目标】

1. 了解什么是"文化产业的成本";
2. 理解文化产业成本控制的方法;
3. 掌握文化产业价格策略;
4. 了解非营利组织文化市场的经营与管理。

【内容描述】

文化产业具有双重的价值。与一般的产业相比较,文化产业需要科学管理,以达到投入与产出的经济性目标;同时,达到不断推进文化建设和文明建设,提高人们道德觉悟和才能智慧的社会性目的。

第一单元 文化产业的成本

【案例导入】

现在制作一台晚会动辄数千万元,有的电影甚至数亿元,然而观众最后还不买账。"我们为什么要用钱堆出一些中看不中用的花架子,而不在内容创新上下工夫呢?"全国政协委员、中外名人文化产业集团董事长陈建国叫板大制作,呼吁文化产业低成本创新。受美国好莱坞大片的影响,目前国内也刮起一股豪华制片风,一些影视剧动辄投入数千万元乃至数亿元,但一些作品却被观众指为徒有华丽的视觉效果,缺乏震撼人心的内在力量。陈建国委员指出,当前中国文化产业更适合走低成本创新经营发展之路。中国的人均资源占有量远低于世界平均水平,我国要发展成为强国不能单纯依靠物产,我国的国情不足以支撑文化产业走向奢华。只有坚持打造民族独有的、不可复制的、在价格及品质上具有绝对竞争优势的文化产品,才能让中华文化产品走向世界。过去我们曾经产出过一批高性价比的文化产品。以电影为例,谢晋执导的《牧马人》只有100万元投入,《芙蓉镇》仅有400万元的投资,在票价只有几角钱的时期,票房却过亿元。而今更有小成本商业片典范,《疯狂的石头》仅用400万元的制作成本,赢得了2 300万元的票房收入。陈建国委员认为,大制作、小制作在成本投入上差别很大,但对观众产生的影响却相差很小,真正的区别在内容上。他建议文化产品应在内容创新上下工夫,以更低的价格立足大众、服务大众,而无须通过劳民伤财大动干戈去迎合个别"小众"的口味。①

【案例分析】

文化商品及服务是一种复杂的产品和服务,它包含了审美观念、主观感受以及与品位和教养有关的无法量化的因素,包括了有形物品和主观的个人经验等不同性质的内容。文化商品的消费者不会强迫自己接受不喜欢的文化商品,却愿意为喜欢的文化商品付出高昂的价格,这就为文化商品及服务的成本控制提出了新的课题。

地球村的形成,提高了文化产业对全球资源的开发和市场开拓的能力,从而产生了新的文化生产成本控制理念。而这种新的成本控制能力,会对一个国家或一个地区的文化产业的发展产生深远的影响。

【知识要点】

文化产业成本包括成本核算与成本管理。而成本管理又包括固定成本战略管理和变动成本战略管理,文化企业要保证盈利,还要注重文化产业的成本控制,合理制定文化商品的价格。

一、文化产业中的成本

成本(cost)是生产某一产品所耗费的全部费用。在文化产业的管理中,总是要考虑生产文化产品时形成的所有成本的总和。传统的观念把产量视作唯一的自变量,而不计其他动因因素。按照成本动因思想,任何一种产品的总成本是由两个成本类型构成:固定成本和可变成本。固定成本是指在一定的范围内不受产量和商品流转量变动影响的那部分成本。固定成本大部分是间接成本,它包括:企业管理人员的薪金、固定资产折旧和维护费、办公费等任何和产量水平相关的成本。当产品产量和商品流转量的变动超过了一定范围时,固定费用就会有所增减。可变成本按比例与生产的产品数量或产品单位直接相关,它包括:原材料和运输费用。降低固定成本有两个途径:一是减少一定时期的固定成本费用支持,二是在一定范围内增加产品产量。文化产业是一种创意产业,许多创新活动的成本都是固定而且是隐没的。固定成本不会因产品生产数量的变化而变化,如果某项固定成本保持不变,那么随着生产数量的增加,该生产活动中的平均总体单位成本将下降。隐没成本也称为沉入成本或已支付成本,是指那些对一项生产活动必要且不会随着生产活动停止而被收回或撤销的成本。隐没成本不是固定不变的,可能会随着生产规模的变动而变化。

文化产业成本核算是成本管理工作的重要组成部分。文化产业的成本核算是指在文

---

① 王小波.政协委员呼吁文化产业低成本创新摈弃奢华.燕赵都市报.2009年03月12日

化产品生产和文化项目服务过程中，对所发生的费用进行归集和分配并按规定的方法计算成本的过程。成本核算的正确与否，直接影响文化企业的成本预测、分析、考核和改进等控制工作，同时也对文化项目的成本决策和经营决策的正确与否产生重大影响。通过成本核算，可以坚持、监督和考核预算及成本计划的执行情况，反映成本水平，对成本控制的绩效以及成本管理水平进行检查和测量，评价成本管理体系的有效性，研究在何处可以降低成本，进行持续改进。

传统产业的成本管理主要是通过减少各种服务项目或内容、降低原材料的采购价格、减少各项显性支出等短期行为来达到节约开支、控制成本的目的。这种为降低成本而降低成本的方法，并没有把成本管理和竞争优势结合起来。而文化产业的成本管理主要是通过挖掘文化商品的隐没成本，将成本信息的分析和利用贯穿于战略管理，为每一个关键步骤提供战略性成本信息，自始至终取得成本优势，从而形成文化产品和服务的竞争优势，提高核心竞争力，并领先于对手。

二、文化产业中的固定成本

文化产业的成本管理包括固定成本战略管理和变动成本战略管理。前者普遍被理解为固定的、没有管理的余地，不被重视。但事实上，从减少固定资产投资到充分利用供应商，从降低间接费用的不合理摊销到作业成本法的使用，从扩大产量、提高设备利用率、超产到增加固定费用的摊销、降低单位成本等，都是管理出效益的项目，而且是提高文化产业的成本优势和核心竞争力的行之有效的方法。所以文化产业的固定成本战略管理具有新价值。

所有的文化生产活动都有固定成本。固定成本管理对于任何一个经济组织来说都是一个重要问题。一部拍摄完成的电影或电视剧，无论播放时观众人数是几千人还是亿万人，其成本都保持不变；一场现场表演的话剧或歌舞的固定成本也是不变的。然而，每一部全新的文化作品（包括每一场表演）都需要创造性，需要灵感的创作，这就会发生另一种成本——可变成本。作家、音乐家、歌唱家和舞蹈家们在成名的过程中投入的巨大成本（训练的时间和费用、其他获利机会的丧失等）是固定的也是隐没的。下面以一部电视剧的营销为例，说明如何制定价格来收回其所投入的单位平均成本，即固定成本和可变成本。

假设一部电视连续剧每集的可变运行成本是5000元，如以此定价，会有很多的电视台购买，那发行量甚是可观。然而，它的定价还要同时承担固定费用。如果每集的价格涨到8 000元时，每向一家电视台售出会有更多的固定成本收回，但也会有更多的电视台由于购买价格原因选择放弃。对文化产品而言，确定既能承担总的固定成本又能承担可变成本的售价是一个难题，当固定成本高于其对应的消费人群的支付意愿时，成本问题就会变得更为尖锐。

文化产品也可以通过价格技巧获得额外的收益，例如制定针对有支付能力的消费者的方案。一部电视连续剧也可如此操作，在剧本拍摄期间就以天价卖给最有实力的一家电视台，在第一轮播出以后，作为第二轮，该剧再以略低的价格卖给其他电视台，甚至还可以作为第三轮，该剧卖给某些电视台在非黄金时段的剧场播出。又例如，一部炒热的电影，承诺在某时某刻全球同步上映，那第一场的票价可以100元/张的价格卖给有最高支付意愿的观众，支付意愿略差的观众只能在第二天以60元/张的价格购买观看，而不愿支付费用的观众或许可以在一年以后，在电视台的电影频道中收看该片，他们需要支付的只是承受不断插入的广告。价格技巧可以提高一项文化产品的总利润，所以这种形式为文化产品的利润追求者广泛推崇，而不再顾虑能否承担固定成本或现实绝对净利润。

固定成本对文化产品市场的机构有着深刻的影响。当市场规模扩大到一定数量程度时，任何一种价格技巧都不再会带来足够的利润以收回固定成本。因此，只有扩展市场规模到一定数量级，特别是形成垄断时，才会有丰厚的利润，而且不会有竞争者进入市场形成威胁。如果市场被几家大公司分割形成垄断态势，垄断的公司都同时有利可图，而这时新进入的市场竞争者，会对原有市场的垄断者形成挑战，双方以尽相降低价格争取客户的形式对垒，直至双方都无利可图。

三、文化产业的成本控制

文化产业是一个高投入、高风险的产业，成本控制是保证文化企业盈利的重要环节。在有效地发挥文化生产力要素潜力的情况下，尽量降低成本，是文化企业生存和健康发展的必要条件。一般生产型企业最大的支出可能是大型的厂房和设备，是大量使用的原材料，但对于文化产业而言，尽管也有昂贵的技术设备投入，但在生产场地面积和原材料消耗方面的问题却相对不是最主要的。对于文化产业这样的一个知识密集型产业来讲，人才的因素是第一位的，因此成本和效益控制的重点在于人。对于市场发育尚不充分，产业链还不十分健全，市场环境还有待优化的中国文化产业而言，除了需要大量的专业技术人员而外，还迫切需要高级策划和市场营销人才。而雇用这类人才的薪金报酬，占总成本的比例，明显大于普通产业中的相应比例。

四、文化商品的价格

文化商品的价格是购买文化产品和服务的费用总和。因为文化产业结合了文化内容的核心价值和文化创意的增值价值，所以文化商品和服务既具有商业价值，同时具有思想价值、艺术价值、娱乐价值和审美价值。文化产品或服务的商业价值是客观存在的，可以用数额表明其经济价格，但内容产业和创意产业生产的精神价值要由消费者主体凭主观感受进行评价，无法统一量化。特别是某些创意性文化产品珍贵的稀有资源，无法用货币精确计算标示价格，一些高雅的文化产品的最终购买价格只能由消费者主观确定（例如拍卖的文物）。因此，文化商品的价值往往取决于消费者的判定，是由消费者的文化消费感受决定的。对文化公司而言，制定价格既是向消费者传递文化商品和服务的信息，也是向市场宣布文化公司及其生产的文化商品和提供的文化服务的定位。定价决定着企业的利润率，更决定着企业的自身定位。所以，定价成为文化企业经营中最为重要的一环。文化商品的定价方式：(1)消费定价方式。根据传统的营销理论，最适宜的价格是消费者愿意支付的价格。消费者是价格的最终裁判。价格制定过高,超出消费者期望,则意味着失去销售市场;而把价格制定在消费者愿意支付的底线之下,则意味着失去潜在的利润。因此,应该充分了解消费者能承受的心理价位。而了解消费者价格临界值的最可靠方法就是自寻和试销。(2)竞争定价方式。文化企业根据竞争对手的价格制定自己的价格,由于不需要市场研究,所以这种定价方式比较简单,而且成本较低。但这种定价方式等于是让别人来决定消费者愿意支付的价格。换句话说,企业产品所具备的不同特点也许会被忽视,任何通过价格取得有利地位的可能性都会丧失。不过,如果某种产品是同质的,竞争定位就成为最适当的方法,意味着购买者对价格的变化十分敏感。采用竞争定价监视市场价格变化以便迅速作出反应是十分重要的。(3)成本定价方式。成本定价方式很简单,所制定的文化产品价格是在制作成本的基础上,再加上足以使企业按目标回报率获得的利润。这种定价方式的最大优点是简单易行,也有利于价格的稳定。

【知识链接】

央视为《乡村爱情2》召开了一次研讨会。会上白岩松报告说:"这部电视剧的平均收视率为8.46%,最高收视为11.62%,超过了新闻联播,破了十几年来央视的收视纪录。"赵本山过去执导的《刘老根》《马大帅》都有很漂亮的收视率,这似乎也印证了他从未失过手的说法。以农村小人物为背景的群戏《乡村爱情》,被认为是小品的集合,剧情散漫,为的是让所有演员都有表现的机会。去年才从"中戏"毕业的吴一迪在剧中扮演女大学生陈艳南,现在上街要戴着帽子遮挡以免被观众认出。她说:"别人100元能买的衣服,摊主都要卖给我200元。"她去年6月份来到本山传媒,9月份参加演出,今年初就成为沈阳名人,而她的同学演了四五部戏的"女1号",到现在一部也没有播出。"小沈阳"很坦率地告诉记者:"上这儿来不是为了挣钱。"赵本山很有危机感,他要主宰自己的命运。他认识到,只做一名小品演员会被央视控制,如果有了自己的影视产品,即使央视不播,还可以在各省台播出。他在一分钱贷款没有的情况下,办公司、拍影视剧,1998年就投资拍摄了电影《男妇女主任》。因为是农民的儿子,赵本山在成本控制上非常有一套。首先,他每次选景都只在一个地方——家乡铁岭地区的开原市,政府为他一路绿灯,从不收取场租。《刘老根》中的外景"龙泉山庄""凤舞山庄"就是当地投资建设的,现在已成为旅游景点。其次,他所用的演员基本上都是自己的徒弟和员工。过去还有宁静、范伟等外人加盟,据张小飞说,以后"师傅要全用自己人"。自己人意味着片酬几乎为零。孙辉告诉记者:"电视剧的演员全是唱二人转的,白天拍戏,晚上演出,开一份工资就得。"开原距沈阳只有一个多小时车程,演员们两头跑,白天黑夜都不耽误干活。不仅演员,每个职员也绝不能只做一份工作。像吴一迪这样既演戏又当总裁助理的不止一人,赵本山本人的助理阿豪就在《马大帅》中扮演一个也叫阿豪的混混儿。演出总监秦浩,既要监督舞台效果,又要担任钢琴伴奏、音响指导,白天他又是工会宣传。就连员工公寓的服务员,晚上还要到剧场检票,一个萝卜好几个坑。刘双平说:"人员的'物尽其用'是由于二人转本身的非专业化因素造成的,二人转演员在台上分饰好几个角色,同时兼任演戏、配戏、打板,甚至乐器,必须要最大化地利用人员，节约成本。”他认清了自己的优势在文化产业，尤其是文化产业结构的调整。刘双平在中央歌舞团工作过很长时间，他说，国家级院团每年演出 100 场左右，收入 2 000 万元，他们要承载宣传任务，当然要完全自负盈亏也不合理。但相较之下，本山传媒和中央歌舞团人员相当，都是 300 多人，去年演出了 1 990 场，收入 5 800 万元，超过了任何国家级院团，每年起码拍两部影视剧，今年提上日程的有 100 集的情景剧《老北市场》和《乡村爱情 3》。赵本山提出的口号是“打造中国文艺界最多的明星，打造中国最大的笑产业”。他和马力讲过他的“经济链”：二人转弟子们通过电视剧提高知名度，再回到舞台，名演员只要站在台上观众就会大把往外掏钱。今年初，他的企业被文化部授予除事业单位以外的“中国文化经济实体 30 强”。记者看到一份“本山传媒集团影视剧本和故事征集启事”，征集范围是：当代乡村情感生活的故事，农民创业类故事，乡村文化生活类故事，农民工工作生活类故事，留守妇女、儿童类故事，这些都紧靠 9 亿农民。刘双平说：“《乡村爱情 2》的收视率没有统计农村，要是算上农村的，肯定高得吓人。”

【思考与练习】

1. 文化产业成本的含义是什么？
2. 文化产业中的成本有哪些？
3. 如何进行文化产业的成本控制？

第二单元　非营利组织与文化市场

【案例导入】

当代文化艺术事业的保护问题日益成为世界各国特别是欧洲及部分发展中国家关注的重要问题，多数国家都遇到了文化机构与艺术活动经费入不敷出，民族文化举步维艰，艺术发展裹足不前的窘迫局面。文化机构与艺术活动的成本日益增加，而先前由政府财政预算完全包纳经费的方式已成为历史。欧洲及日本、韩国等发达和较发达国家纷纷效法美国发展本国的文化产业，形成了高速发展的当代文化产业潮。随之也产生了市场条件下文化艺术的保护问题。当前文化产业发展的一个重要任务是建立文化产业的对位性机制：市场条件下的文化艺术保护。对文化产业怀有疑虑的人主要是怀疑文化产业的发展会严重打击甚至摧毁传统的经典艺术和探索性的先锋艺术等精英文化艺术，那些不能或无法进行市场化经营的艺术种类和非盈利的文化艺术活动将会遭到灭顶之灾。

【案例分析】

上述案例中对文化产业持怀疑态度的人其实是在杞人忧天，是站在原有的计划经济的基础上思考问题。这里的关键是，文化产业是在市场条件下建立起来的，与之相应的艺术保护也必须以与市场适应的方式来建构。所以,新的文化产业的发展必须将文化艺术分为经营性(以盈利为目标)和非经营性(以非盈利的文化艺术建设为目标)两大部类,在建立市场性经营性的文化产业的同时,还必须建立与之相匹配的对位性互补的文化艺术的保护方式,二者相辅相成,形成当代文化发展的合理架构。解决了这一问题,就解决了文化产业发展中的一个重要的观念问题,对今后文化产业的健康发展具有重要意义。

【知识要点】

在文化市场中,存在着非营利组织,有的是文化艺术企事业机构,有的是民间组织,它们都接受来自政府的财政支持和其他赞助,在文化市场中具有不可或缺的生态调节作用,对社会的文化传承起到重要作用。

一、文化市场中的非营利组织

在大多数西方国家,各级政府占据着各文化机构的支配地位,政府有时成为文化的消费者,有时会介入到文化活动中。这种介入身份有时是简单的文化活动合作者,有时是掌握和控制国家文化资源和发展的赞助者。政府不仅仅是文化产品和服务的经营许可授权者,有时还是直接的投资者。在文化经营领域内,各个文化公司和企业都在努力争取政府的政策支持和直接的财政资助。与政府取得合作关系意味着将会占有更大的市场空间,也能得到政府文化预算资金的倾斜。

政府在文化产品的价格制定方面发挥着重要作用。通过吸引更多的文化消费者从而增加市场的需求份额,促使文化商品和服务的价格全面下调,是政府参与文化产业运作切实可行的手段之一。

在市场经济发达的社会中,政府投资文化产业的形式主要是法律法规资源和产业政策资源。产业政策包括:税收、关税、许可证和各种管制措施。虽然在政企分开、建立服务性政府的改革背景下,政府直接投资文化产业的可能性已经非常小,但政府通过扶持性的法律法规和产业政策的制定,间接投入到文化产业的资本仍然占有一定数量。通常的投入方式包括专门用于鼓励文化产业发展的公共平台建设费用投资、政府对文化产业的补贴、税收优惠和文化产业园区在租金等方面的各种优惠。

大多数作为非营利性组织的文化艺术企事业机构都接受来自政府的财政支持和其他赞助。政府资助和赞助商资助,目的是为了鼓励对价格极其敏感的消费者尝试他们感兴趣的文化产品或服务。一些消费者只愿意支付文化产品或服务真实成本的一部分,这就造成了文化产品或服务在市场运作中的价格交换落差。通过授权或补贴,政府和赞助商填补了应由消费者支付的因价格额度的减少而形成的空缺,由此吸引更多的消费者,促成所提倡的文化产品或服务的发展。

非营利组织在文化市场中普遍存在,其主要原因是:在现代社会中,由政府推行的服务,是使符合必要条件的人皆能获得,但是无可避免的是,因为排除的成本过高,使得一些额外的人也能受惠,反而使得应该受惠的人被排除在外。另外,政府服务讲求普遍性,但是民众因收入、宗教、种族背景、教育程度等的差异性，产生不同的需求，所以服务势必无法满足每一个人，因而成就了非营利组织的出现以满足空挡。以自然垄断的价格管理为例，理论上应该使管理价格等于边际成本，然后对边际成本与总平均成本的差额给予补贴，但政府几乎不大可能确定边际成本究竟是多少。又例如调节社会的贫富差距问题，政府的补贴目标是给最需要帮助的人，但是要筛选出最需要的人成本高，结果往往是那些不是最需要帮助的人得到帮助，而要想改进就需要把更多的用于补贴的钱用于调查和核实。而非营利组织的客观性、志愿性和非营利性的特点，使从事这些工作的成本更低，更客观中立，因此非营利组织具有了巨大的存在空间。

政府活动必须严格遵守一定的程序，而非营利组织作为一种民间组织，在行为上具有更大的灵活性，从而提高办事效率，能够满足不同的公益需求。政府将责任授予非营利组织，在相同的支出下将有更多人受惠，总成本也可降低。在人员配置上，非营利组织的成本亦较政府的人事支出成本节省。总之，当政府部门所提供的集体性消费财政受到限制，而市场供应的产品亦不能满足需求者时，非营利组织的介入无疑是一种较好的解决办法。

二、非营利文化组织与文化传承

文化产业的一个重要功能是社会的文化传承，这与企业谋取利润的本质有时一致，有时不一致甚至完全冲突。营利型的文化机构总会从利益出发进行权衡选择，而大量成本无法回收的文化事业又总是需要有人来进行的。那么，应该由谁来进行呢？是政府吗？政府当然有义务承担相当的文化公益事业，以传承和发扬文化传统和文明成果。在中国，随着社会主义市场经济体制的建立和运行机制的逐步完善，政府不可能也不必要管理纷繁复杂的诸多事务，因而有条件把更多的注意力和社会资源用于公益性的文化事业。作为纳税人委托机构的政府，有能力提供社会所需要的公共产品，也有义务负责起文化传承的任务。

但是，由政府完全承担文化传承的功能也存在诸多弊端，这就给非营利组织的发展提供了契机。因为由政府提供的公共文化产品来源于政治性的决策，倾向于反映代表社会大多数人的意愿。而由政府组织之外的非营利组织来承担部分职能，具有政府机构不可替代的优越性。

非营利组织的发展是社会组织程度逐步提高、社会自律能力不断增强的客观反映，更是公民社会走向成熟的重要标志，它的产生和繁荣是社会历史发展的必然趋势。

文化产品是创新产品，需要艺术家多少有一些“为艺术而艺术”的态度，投身到创造性劳动中。要将艺术的成本考虑下降到非重点的地位，只有非营利机构的经营方式才能完成。持“为艺术而艺术”态度的艺术家的基本工资往往很低，而他们愿意与某一文化机构合作的热情依赖于以下几个因素：所面临任务的性质，这些任务能在何种程度上挑战和发展自己的技能，自身的价值观与该机构中这一审美性项目决策协调者的价值观之间的吻合度。

在追求利润的艺术企业中，管理者常常迷失在利益当中。艺术家在与这类管理者签订合同时就会遭遇以下的难题:该项目的协调者不可能明确制定并承诺一套能够落实在合同中的条款;而且,艺术创新活动中所必需的内在灵感和动力使他们在原则上更不可能提前作出承诺。对于艺术家来说,最幸运的是莫过于遇到这样一位管理者:他的价值观与艺术家的创新目标不谋而合,并且他不会因利益而放弃自身的价值观。因此,相对于利润追求者来说,非营利管理者有望以更加有利的预算吸引更具才华和野心的人才,而不会有损害审美标准之疑。艺术家与某一表演机构合作的时间越长,他们对机构的审美活动所起的作用就越大,而且双方的这种关系就越显重要。当然,表演艺术家的这种创新激情是与贡献者的利他主义思想分不开的。这一点对非营利组织非常有利,因为当人们意识到了自己的贡献可以改变那些为事业而献身的艺术家的贫困状况时,其对演出的贡献热情就会越加高涨。

三、非营利文化组织的经营管理

非营利文化组织在文化市场中具有不可或缺的生态调节作用。然而,非营利组织也需要一定的经济收入,以维持其事业。其中,文化赞助常常是非营利组织重要的经济来源。但是,获得文化赞助也不是一件容易的事,它需要非营利组织切实有效的规划策略。非营利组织的一些通用规划策略概括为如下三个方面:

1. **募款** 文化产业中非营利组织的一个重要规划策略是募款。

2. **游说** 非营利组织在文化市场中的另一个重要策略是游说。游说是一种综合了政府部门和社会民意的建设性工作。非营利组织通过工作人员和志愿者的游说活动,倡导组织的公共目的,促成共识和共同利益的实现。

3. **使命** 非营利机构经营管理的关键词是“使命”。非营利组织的目标就是要改变社会大众,这是与生俱来的使命。非营利组织首先要确定自身的使命,并依此制定具体可行的目标,做到使命为先。非营利机构的管理职责就是要将使命中的承诺转换成更精确的目标,策划成具体的实施方案,而这是从心满意足的顾客倒推回来。策略规划的精华所在就是从消费者的角度倒推回来。

【知识链接】

美国的非营利组织及其在文化经营管理中的作用

作为一个典型市场化的国家,美国的文化产业非常发达,既有像迪斯尼和好莱坞这样商业运作非常成功的典型,也有大量非营利组织的成熟经验。一般来说,营利和非营利的区别是:能够形成商业规模并构成产业链的文化机构一定是营利性的。例如,除了迪斯尼和好莱坞以外,还有 NBA,甚至包括集旅游、购物、休闲、娱乐一体化的文化商业“托拉斯”。而为国民提供文化教育、必需的文化消费服务的,以及扶植传统文化和民族特色文化的,一般都是非营利的。例如,图书馆、社区文化中心、城市节日文化活动组织机构、博物馆、宗教文化场所,等等。据统计,美国有 140 万个非营利组织,分布在全国各行各业和各个地区,与政府、企业等量齐观,已成为美国社会肌体的主要组成部分。

(一)非营利组织传统经营模式的变革

近年来,由于市场驱动,非营利组织介入营利领域,以商业收入来支持公益事业的做法日益普遍,商业运作的形式日趋多样。在美国,非营利组织的商业活动是合法的。但是,它有着区别于营利组织——企业等市场主体的根本特征。美国政府在加强立法及监管的基础上,主要通过税收限制和规范其商业经营活动,给予非营利组织更大的发展空间。

非营利组织的资金来源大体可分为四部分:财政补贴,包括来自联邦政府和地方政府的拨款和项目经费;社会捐赠,包括个人捐赠,以及企业、基金会及国际组织提供的资助;服务收费,包括会员缴费、服务取酬;经营性收入,包括经营实体收入、投资收入、产品销售收入等。在市场竞争日益激烈的今天,单靠以接受捐赠为主的传统资助模式已不足以维持非营利组织的生存和发展,它们必须自谋生路,全力寻求资金来源上的自给自足。

非营利领域的知名学者莱斯特·塞拉蒙教授就非营利组织的"非营利性"作出了明确界定。他指出,非营利组织区别于商业组织的基本特征——"非营利",应体现在以下三方面:一是不以营利为目的,即非营利组织不以获取利润为组织的根本宗旨;二是不能进行利润分配,即允许非营利组织从事一定形式的经营活动赚取利润,只是盈余收入不能在成员间进行分红或利润分配;三是不得将组织资产转为私人资产,即非营利组织的资产在一定意义上是"公益或互益资产",属于社会,不归组织经营者所有。从理论上说,非营利组织不能通过以营利为目的经营活动来获得利润,并维持自身的存续与发展。但只要不违反非营利原则,就完全可以开展一定形式的商业经营性活动并产生利润。非营利组织的经费主要来自民间志愿捐赠的传统观念已经成为"过去时"。在现实中,没有一个国家的非营利组织是主要依靠私人慈善捐赠生存。即使在美国这个私人捐赠最为盛行的国家,私人捐赠占非营利组织资金结构的比重也仅为12.9%,而多达56.6%经费来自服务收费和经营性收入(1995年)。由此看,将市场运作引入非营利领域,已成为新时期非营利组织壮大规模和推广其社会使命的重要手段。尤其是在经济危机肆虐,社会捐赠和政府投资得不到保障的今天,非营利组织介入营利领域的经济活动将成为发展的必然趋势,未来发展公益事业所需的资金将更多地依赖服务收费和商业运作资金。目前,迫于经济危机的压力,美国的各个非营利组织都投入了比往年更大的精力积极寻求通过商业化的渠道筹款,以维持组织的运作和提供服务,保证完成组织的社会使命。

(二)非营利组织的管理制度

经过上百年的历史,美国的非营利事业已经成功地发展成为包括多个层次的相互依赖的网络结构。从捐款人、私人基金会、公众基金会、草根社区组织、非营利慈善执行机构、倡导机构、能力培训和支持机构,直到学术研究机构,形成了一个社会生态系统,其中包括很多产业。而维系它们的就是健全的相关社会法律监管体系。美国对于非营利组织的管理,总的来说是"宽进严出"。也就是说,创建一个非营利组织的门槛相对很低,但对于非营利组织的监管是全方位的和严格的。首先,由于政府拨给非营利组织的费用出自纳税人的上缴税款,所以,政府代表社会从拨款的申请到拨款的使用,再到最后的回报和验收,一直全程实施严格监督,并定期向全社会公布。非营利组织的财务要接受联邦税务局的监督并且向社会公开,类似于证券上市公司的报表。它不单包括机构的基本财务信息(如各类收入、开销和资产负债),还包括关于开销的详细分类信息,并且要注明项目开销的用途。其次,非营利组织达到一定规模,必须接受包括律师在内的独立第三方的审计。再次,非营利组织要接受行业自律。在一些产业媒体(如《慈善新闻》)和主流慈善机构的倡导下,同时在国会监督之下,非营利组织提出和默认了一些行业的基本原则和共识。例如,对于政治性资金的限制,对于向海外传递资金的监管,以及机构日常行政办公费用的比例,等等。在美国这种社会化分工比较成熟的国家,非营利组织的发展目标、专业划分都很明确,不同组织相互之间的合作也非常充实而默契。而所有这些,都是建立在行业自律的基础上的。美国对非营利组织的相关收入实行严格的税法监督和管理。一方面,通过不同的税收优惠政策规范、引导非营利组织的商业活动。另一方面,对非营利组织商业收入的使用加以限制。如果超越了有关限制,则不仅非营利组织的减免税资格会受到威胁,而且还可能受到直至被撤销的不同程度的处罚。美国税法规定,允许非营利组织开展商业经营,但原则上对与非营利目的无关的商业收入要和其他营利组织一样,依据相同的税收规定缴纳所得税。税法将非营利组织的收入分为三类:免税收入、与免税目的无关而免税的收入(包括红利、利息、租金和使用费这类"投资收入")以及与免税目的无关而征税的收入。对于前两部分收入,不论数额多少均可免税。而对于免税目的无关的商业收入,除非它属于所规定的"投资收入",否则以营利机构从事商业活动同样的方式征税。这种税收政策有效避免了非营利组织因免税待遇和"光环效应"(即因组织的非营利宗旨使其在某种程度上比营利部门更容易被信赖,更容易得到顾客)造成的不公平竞争及国家税收的流失。另一方面,它使非营利组织的活动范围受到限制,导致其在营利领域的创收很少。

(三)非营利组织在文化经营管理中的作用

尽管美国非营利组织的社会目标与功能始终处于不断变化之中,但它们在文化经营管理中的作用却日益显现。

第一,不断推进文化产业技术创新和制度创新。由于非营利组织是非政府组织,在组织体制和运行方式上具有很大的弹性和适应性,能够对所涉足的领域进行长远规划、深入研究,及时发现新的社会问题,提出具体的切合实际的解决办法,可以直接影响政府政策的制定和执行。

第二,支持特定群体或特定地区的利益。美国的非营利组织在一定程度上是以社会弱势群体或边缘性群体为服务对象,擅长从事小型发展项目,对社会基层事务尤为敏感。

第三,提供宪法禁止政府从事的服务。非营利组织政治性不强,官僚化程度低,便于去做政府不便做的事情。如开展宗教文化活动就是鲜明的例子。

第四,监督政府与市场。非营利组织以服务于公共利益为目标,通过唤起民众的公共意识,影响政府的决策,满足社会需求。由于它的非营利性,远离了强大的商业利益集团,能够相对冷静、客观地注意社会的变化,发挥文化对社会的特殊作用。

第五,充当政府与商业部门的中间人。由于非营利组织既不寻求商业利益,也没有官方地位,最适合做政府与商业部门的中间人,以实现公共目标。

第六,支持国际交流项目。由于非营利组织是民间机构,不代表政府,因此它更便于扮演美国与不同社会制度国家进行文化交流特使的角色。

第七,满足社会文化多元化的需求,激发人们的公共意识。在利益多元化的现代社会,市场和政府不可能提供所有公共物品,只有非营利组织作为"第三部门"的介入和参与才能满足人们多元化的社会需求。

(四)有关学习借鉴美国非营利组织经验的政策思考

中美两国的国情差异极大,我们的文化经营管理绝不可能照搬美国的模式。但是,"他山之石,可以攻玉"。学习借鉴美国非营利组织的经验,尤其是发挥社会文化机构的社会功能,对于在进一步完善社会主义市场经济体制的条件下,深化文化经营管理体制的改革,促进社会主义文化大发展大繁荣,保障人民群众的基本文化权益,加强和提高我国的文化经营管理工作是大有益处的。

我国目前的文化组织机构,按照属性和承担的任务,分为公益性的文化事业和经营性的文化产业。其中,公益性的文化事业承担着社会文化公共服务,如公共博物馆、纪念馆、图书馆、文化馆以及基层文化活动中心等。公益性的文化事业所需费用,主要由政府承担。经营性的文化产业承担着文化商品的市场开发和运作。如文化创意、影视制作、出版发行、印刷复制、广告、演艺、娱乐、文化会展、数字内容和动漫等。长期以来,制约文化发展的一个重要原因,就是把公益性文化事业与经营性文化产业相混淆,政府统包统揽,应该由政府主导的公益性文化事业长期投入不足,应该由市场主导的经营性文化产业长期依赖政府,因而束缚了文化事业和文化产业的发展。

我国的文化经营管理体制目前是"两头大,中间小":即一头是政府掌握大量的资源,另一头是企业进行市场运作,而处于政府管理和企业经营之间的社会文化服务体系,显得格外脆弱,导致政企不分、政社不分、管办难离。当大批的文化事业单位转变为企业后,由于利益的牵引,客观上增加了文化公益性的保障难度。这是在文化体制改革中需要解决的难题之一。文化建设与社会建设紧密相连。因此,要加快创新公共文化服务体制的步伐,发挥政府及公益性文化事业提供公共服务的重要作用,调动经营性文化企业参与公共服务的积极性,实现社会文化服务资源的有效整合,尽快形成政府、市场、社会互联互动新体制、新格局。完善社会文化服务体系,是保障人民群众基本文化权益的根本措施。当前,要按照党的十七大提出的"党委领导、政府负责、社会协同、公众参与"的要求,加快"枢纽型"社会文化组织的建设(具体组织形式可为协会、学会、基金会等),把可不由政府承担的文化经营管理职能转移出去。美国的各个文化中心、文化艺术基金会、旅游事业管理局、电影管理办公室等非营利性组织,都是"枢纽型"社会文化组织。他们虽为政府"派生",但不是沿袭政府的行政管理方式,而是通过项目推介、资金支持、购买服务、法律维护等方式开展工作。发展方式决定发展效果。在美国,文化产品及服务基本按照市场规律运作,并分为营利性和非营利性。在我国,文化包括事业和产业。两者在政策层面的区别标志,主要是政府拨款的比例和方式:完全公益性的是100%,部分公益性的或部分经营性的是差额拨款,完全经营性的(自收自支的事业单位,实行企业化管理),政府原则上不拨款。显然,美国以机构营利方式作为分水岭,而我国以政府拨款方式界定乾坤。这还不是简单的经营管理方式的差异,而是涉及到体制机制及运行的定位。美国的文化产业可以"赢利"而不"营利",从一个侧面反映了美国十分注重发挥市场在文化资源配置方面的基础作用,相应的法律监管和人文素质都较为成熟。相比较,我国的差距还很大。要正确区分公益性文化事业和经营性文化产业中"两个效益"的不同要求:公益性文化事业就是要追求社会效益的最大化;而经营性文化产业,在保证社会公德的条件下,也要追求经济效益最大化。经营性文化产业如何处理好"两个效益"的关系,可以学习借鉴美国非营利组织的经验和做法。尤其是在文化事业单位转制为文化企业的改革中,不宜片面强调搞单一的市场化运作模式;而应既遵循市场价值规律,又尊重文化价值规律,实事求是,因"事"制宜,允许创新多种模式。事实上,有些经营性的文化单位在转企改制后,仍需要承担部分公益性的文化任务。如京剧、交响乐等传统的、民族的、高雅的文化艺术团体。如果对这些文化单位实行"非营利"政策,可能更有利于"两个效益"的落实。

【思考与练习】

1. 非营利组织的含义是什么?
2. 联系实际,谈谈非营利文化组织的经营管理的措施有哪些。
3. 非营利文化组织与文化传承的关系是什么?

第八部分　广播影视产业

【学习目标】

1. 了解我国广播影视的产业化历程和发展现状；

2. 掌握我国广播影视业的经营管理模式；

3. 理解我国深入进行广播影视产业改革的必要性。

【内容描述】

中国的广播影视产业是在中国改革开放的大背景下孕育和发展起来的。作为中国社会主义建设事业的重要组成部分，中国的广播影视在这场伟大变革中不仅推进了广播影视事业自身的持续、快速发展，而且确立了广播影视产业的理念，把发展广播影视产业纳入了国家文化建设的轨道。经过多年的发展，中国广播影视产业已经迅速崛起，初步形成了包括广播电视广告、有线电视、电影、电视剧、广播电视节目、影视动画、广播影视会展等各门类产业蓬勃发展的态势。有的门类已成为广播影视的支柱产业。中国广播影视产业作为中国文化产业的重要组成部分，正日益成为中国国民经济的新兴产业和新的经济增长点。

第一单元　广播影视产业发展概况

【案例导入】

中央人民广播电台，前身是于1940年12月30日在中国革命圣地延安诞生的第一座人民广播电台——延安新华广播电台，1949年3月25日开始在北平播音，1949年12月5日，正式定名为中央人民广播电台，自2002年以来，中央人民广播电台在原有基础上进行频道调整，以更好地适应新世纪广播。2004年1月1日，第一套节目以“中国之声”全新呼号登场。中国之声实现全天滚动播音，分八大节目板块，由频率总主持人和栏目分主持人合作全程直播。改版后的新频率新闻性、贴近性、权威性、可听性等核心指标取得长足进步，品位和影响力大幅提升，进而确保了中国广播界国家旗舰和中国新闻广播第一品牌的至高地位。2007年底中国之声又进行了全频率的改版。改版之后，中国之声实现了24小时播出,成为了中国首个全国性全天候播出的广播频率。

【案例分析】

中国中央人民广播电台的发展历程就是整个中国广播业的发展缩影。中央人民广播电台是为革命需要诞生的,在为人民服务中成长的。她创立的两大老牌旗舰节目——“全国新闻联播”和“新闻和报纸摘要”影响巨大。但在市场经济改革浪潮中间,中央人民广播电台也作了产业化发展的转型。

【知识要点】

我国广播影视的产业化历程。广播影视产业发展现状:社会效益和经济效益同步提高;数字化进程提速,广播影视科技进步再上新台阶。广播影视产业发展趋势:深入进行广播影视产业改革,进一步扩大我国广播影视国际影响,进一步加强节目监管。

一、我国广播影视的产业化历程

1940 年 12 月 30 日,延安新华广播电台开始播音,这一天成为中国人民广播事业的诞生日。1958 年 5 月 1 日,中国内地上第一座电视台——北京电视台(中央电视台前身)开始播出黑白电视图像,从此开始了我国电视业发展的新篇章。电台电视台属国有国营,禁播广告,行业自身没有任何营业收入,所有开支都由国家和各级政府财政预算拨付。其性质是非赢利性的事业单位。这时期的广电行业也就无法与产业挂上钩。

我国广播影视产业是伴随着改革开放、特别是经济体制改革的大潮而产生和发展起来的。中国的广电业在改革开放的大背景下,由原来片面强调政治喉舌功能发展到集政治、经济、文化、信息、娱乐等多种功能的复合型产业系统,实现了广电业的功能转型。

上海电视台于 1979 年 1 月 28 日(农历正月初一)宣告:即日起受理广告业务,并播出了中国大陆第一条电视商业广告,也是我国第一条外商电视广告——上海药材公司的“参桂补酒”广告。这条广告只有 1 分 30 秒,收入不到 300 元。但其巨大的示范效应和轰动效应不言自明,中外媒体评论认为这是中国“开放的信号”。同年 3 月 5 日,上海人民广播电台恢复播出广播广告。同年 4 月,广东电视台、中央电视台相继播出广告。同年 11 月,中宣部批准新闻单位承办广告。1979 年 12 月,中央电视台开办《商业信息》节目,开始集中播送国内外商业广告。1980 年 1 月 1 日,中央人民广播电台播出了该台有史以来的第一条广告。1983 年“第十一次全国广播电视工作会议”提出了“四级办广播、四级办电视、四级混合覆盖”的方针,会议还号召要“广开财源、提高效益”,在全国范围内提出了广电经营的重要性。1984 年出现了“广播电视经济”概念。

在此情况下,我国广播电视基础建设迅速发展,各类电台电视台的数量猛增。与此同时,广告在经济建设中越来越受到市场的欢迎,越来越多的企业开始重视在广电媒体投入大量资金做广告,以期通过广告在短时间内迅速提升知名度和影响力。

1985 年,国家在统计分类上,第一次把广播电视和电影列入第三产业。1988 年 10 月,第二届上海电视节第一次把电视节目作为商品进行交易，1992年国务院在《关于加快第三产业发展的若干规定》中将广播电视电影明确为第三产业。这表明政府开始承认了广播影视的产业属性，使我国的广电产业化有了切合实际的政策依据。1994年5月，上海东方明珠股份有限公司挂牌上市，资本与广电产业正式联姻。

从1979年全国电视广告营业额只有325万元，至1996年达到90.79亿元，广电媒体不断扩张，频道不断增加，广告竞争也日趋白热化。

1996年12月，中共中央、国务院发布《关于加强新闻出版广播电视业的通知》。《通知》指出，广播电视业由于数量增长过快，重复建设，人员素质和管理跟不上，不仅造成资源的浪费，而且影响了精神产品的生产，并据此提出了"控制数量，调整结构"的方针。通过这次调整，电视台数量得以控制，截至1999年底，全国县级以上电视台数量被削减为3 000座左右。

1998年是我国广播电视产业化、集团化道路的起步期。所谓集团化主要是指广播、电影、电视三位一体，有线、无线、教育三台合并，省、地、县三级贯通。这年10月，由中央电视台等单位发起，在北京召开了面向二十一世纪的广播电视研讨会。11月，中国新闻文化促进会等单位还召开了媒介经营与产业化高级研讨会。1999年6月9日，全国首家广电集团在无锡正式成立。集团化带来了局部的产权放大效应，促进了资源的有效化重组和配置。1999年11月，国务院办公厅转发了信息产业部和国家广播电影电视总局《关于加强广播电视有线网络建设管理的意见》，主要内容是：(1)网台分离；(2)电视与广播、有线与无线合作；(3)停止四级电台；(4)避免网络重复建设，保持广播电视网的相对完整性和专用性；(5)在有关规定出台前，广播电视网络传输公司暂不上市，广播电视(包括广告经营)和经营单位不得上市；(6)保持电信和广电部门的分工，彼此业务不得交叉。这些管理方针的出台，有效规范了广播电视业的经营职权范围。

2000年，上海广电集团和湖南广播影视媒体集团挂牌。2001年12月6日，由中央电视台、中央人民广播电台、中国国际广播电台、中国电影集团公司、中国广播电视传输网、中国广播电视互联网等强势媒体组成的我国规模最大的新闻传媒集团——中国广播影视集团正式成立，它是拥有广播、电视、电影、传输网络、互联网站、报刊出版、影视艺术创作、节目制作销售、广告经营的大型国家级综合性传媒集团。重组后的集团固定总资产达到214亿元，年总收入110亿。中国广播影视集团的成立，标志着我国广播影视朝向产业化的路子迈出了坚定的一步。随之，许多省市都相继组建了广播影视集团，其中影响较大的有湖南广播影视集团、北京广播影视集团、浙江广播电视集团、南京广播电视集团等。体制改革、机制转型、产业化做大做强成为全国广播影视行业的共识。到2002年底已有"电广传媒""东方明珠""中视传媒"等三家广播影视公司在上海和深圳证券交易所上市。

集团化克服了无序的恶性竞争，解决了产业结构的小型分散，是我国广电产业发展的客观要求，也是产业发展的主流方向。一些专业人士分析了从1979年我国媒介恢复广告经营活动开始的媒介产业化历程，认为媒介产业化大致要经过靠国家输血的"生存阶段"，脱离国家拨款、开始事业与产业剥离的"发展阶段",开始向产业集团过渡并逐步向国际化标准靠拢的"成长阶段"等,在此之后,才能最终达到媒介事业部分与产业部分彻底剥离,媒介产业形成规模,积极参与国内外市场竞争的"成熟阶段"。

二、广播影视产业发展现状

(一)社会效益和经济效益同步提高

1. 电影产业进入稳定发展期

(1)电影产量和票房再创新高。2007 年我国共生产电影 582 部,其中故事片 402 部,科教、纪录、动画、特种、电影电视等其他影片 180 部。故事片生产比 2006 年增加了 72 部,增长 21.8%。全年全国电影市场综合收入达 67.26 亿元,其中国内电影票房 33.27 亿元,全国电影频道播放电影收入 13.79 亿元,海外电影收入 20.2 亿元,这三项指标均创历史新高。

(2)电影市场持续健康发展。通过深化院线制改革,国有资本(省市电影公司及影院)焕发出新的活力。全国现有 34 个城市首轮电影院线公司,其中跨省院线 19 条,省内院线 15 条,院线内影院 1 427 家,银幕 3 527 块。较五年前院线制改革之初增加了 550 家影院、1 818 块银幕。34 条院线中,除北京万达电影院线由大连万达集团(民营)控股外,其余院线均由国有资本控股,国有控股院线创造的票房已占全国票房总值的 90% 以上。

(3)票房结构趋向合理。《集结号》《投名状》等国产大片票房均超过 2 亿元,国产商业大片虽然依旧引领城市电影市场,但在全国总票房的比重已不到 25%;《门徒》《不能说的秘密》《男儿本色》等中等投资规模的商业影片成绩斐然,2007 年票房超过千万的中等投资国产影片近 20 部,改变了过去主要靠几部影片支撑票房的局面;《公仆》《天地告白》《夜袭》《村支书郑九万》《隐形的翅膀》等一批小成本制作主旋律影片表现突出,实现了社会效益和经济效益双丰收。

2. 电视节目制作稳步发展

(1)广播影视节目制作机构数量增加,实力增强。2007 年全国各类广播电视节目制作经营机构达 2 422 家,其中混合所有制(包括国有资本参股或其他所有制形式)公司 1 900 余家,全国制作机构注册资金超过 304 亿元,固定资产接近 230 亿,分别比上年增加 1 倍和 3 倍。全年制作电视节目 720 万分钟,比上年增加 1 倍。

(2)电视剧数量稳定增长,质量大幅提高。电视剧产量超过 14 000 集,现实题材电视剧在总量中的比例上升到 60%,成为电视剧的主流,彻底扭转了戏说剧、言情剧等充斥荧屏的状况,电视剧整体质量和水平显著提高,涌现出《恰同学少年》《士兵突击》《喜耕田的故事》等一大批优秀电视剧,实现了主旋律和收视率的统一。

(3)理论文献片取得良好效果。大型纪录片《复兴之路》《香港十年》在海内外引起强烈反响。

3. 动画产业强劲增长 国产动画产量质量同步提升。2007 年国产动画产量超过 10 万分钟,比 2006 年增长 3 万分钟。国产动画片创作水平、艺术质量也不断提高,一些优秀国产动画片收视率已经超过境外动画片。动画播出平台健康发展。目前,全国共有 34 个少儿频道和 4 个动画频道,每天播出国产动画片约 8 000 分钟,成为推动国产动画产业健康发展的主力平台。一些少儿频道扭亏为盈,实现良性循环。2007 年中央电视台少儿频道收入超过 2 亿元人民币,上海炫动卡通频道均超过 8 000 万元,北京卡酷动画频道、湖南金鹰卡通频道均超过 5 000 万元。动画产业基地呈现出良好的发展态势。2007 年国家动画产业基地自主制作完成国产动画片 120 多部 7 万多分钟,占全国动画产量的 77%,成为发展国产动画的主力。动画交易市场日益红火。中国国际动漫节已成功举办三届。2007 年第三届中国国际动漫节参展机构 280 余家,参观人数 43 万人次,成交额 6 亿元。动画衍生产品开发取得良好效果。《虹猫蓝兔七侠传》播出之后,其图书销量达 1 654 万册 1.5 亿元,音像收入和品牌授权收入达 9 000 万元,同时开发衍生产品 470 多种,刷新了少儿图书销售的最高记录。一些优秀的国产动画片开始走出国门。中国风格合拍动画系列片《中华小子》未开拍就通过全球预售签订 4 000 万元的合同。《蓝猫淘气三千问》系列节目分别输出到 36 个国家与地区,成交额为 1 136 万美元。《天眼》已进入 20 多个国家和地区的电视播映系统,合同销售额超过 1 500 万元人民币。

(二)数字化进程提速,广播影视科技进步再上新台阶

1. 有线电视数字化以加速度向前发展　2007 年有线电视数字化进入新阶段,整体转换速度大大加快,全国有 30 个城市完成数字化整体转换,有线数字电视用户超过 2 600 万。全国广电系统结合数字化整体转换,积极推进网络整合,加快推进城市有线电视网络由小容量单向传输向大容量双向交互转变。广西、陕西、江西、吉林等完成全省区网络整合,中国有线完成海南重组。

2. 无线广播电视数字化扎实推进　颁布了移动广播电视广播信道、复用、电子业务指南、紧急广播等四项行业标准,初步形成具有自主知识产权的移动广播电视技术标准体系;完成 37 个大中城市频率规划并在 8 个城市试验播出,用户管理、计费结算、客户服务等产业化运营技术和系统保障正在加快建设。“移动广播电视系统研究开发与规模技术试验”等被列为国家“十一五”科技支撑计划重点项目。

3. 电影数字化取得重要进展　国家电影数字制作基地建设即将告竣,档案影片数字化修复工程全面展开,目前已完成 500 多部故事片的数字化转换。数字电影技术平台发挥作用,通过平台发行的影片超过 560 部,累计定购场次超过 87 万场。数字化放映设备实现小型化、轻型化、一体化,实现了公益放映平台的对接。城市数字电影银幕达 200 块,多层次的数字化放映市场正在形成。影院设施设备基本由国产品牌主导。数字放映机等高端关键设备也开始国产化。

4. 新媒体阵地建设不断扩大　全国广播电视机构在壮大传统媒体的同时,充分发挥在内容、品牌、人才等方面的优势,把新媒体建设纳入发展规划,积极主动地发展新媒体、抢占新阵地。2007 年,4 家广电机构获批在全国、7 家广电机构获批在本省建设手机电视集成平台,117 家广电机构获批开展互联网传播视听节目业务,7 家中央、11 家地方重点新闻网站获批开展网络电视业务。目前,全国电台电视台大都开办了互联网站。手机电视、车载电视、IP电视等也都得到了重视和发展。北京、上海、南京、杭州、合肥等城市先后开展了车载电视业务。目前央视国际网络已成为国内最大规模的网络电视服务运营商，2007年经营收入突破1亿元。

三、广播影视产业发展趋势

(一)深入广播影视产业改革

1. 稳步推进制播分离改革 稳妥推进电台电视台的部分文艺、科技、体育节目制作机制改革，实施制播分离，引入市场机制，提高了节目生产力。中央电视台将所属的网络宣传部、青少中心动画部和体育频道部分节目实行制播分离，转企改制，分别注册成立央视国际网络有限公司、央视动画有限公司、中视(北京)体育推广有限公司。

2. 不断深化劳动、人事、收入分配制度改革 目前一些电台电视台比较普遍的做法是，推行聘用制和岗位管理制度，实行干部上岗考评和竞争上岗，对编外人员实行企业化管理；强化预算管理和监督，制定建立预算执行情况通报制度及预警机制、规范节目预算调整、重大财务事项备案办法等管理规定。

3. 积极推进经营性单位事转企改革 按照"创新体制、转换机制、面向市场、壮大实力"的方针，积极推进经营性单位转企改制。中影、长影、上影和广西电影制片厂等国有电影制片单位基本完成事转企。

4. 稳妥推进企业单位股份制改造和重组上市 目前，中影集团通过股份制改造，积极吸纳业内外资本及境外资本，改制成立了五个制片公司，并参股成立北京华柯电影洗印有限公司，以控股、参股和联合等方式，参与组建了7条电影院线。长影集团通过吸纳社会资金，成立了长影影视科技股份有限公司，并以"长影世纪城"项目形成的资产和负债重新组建了集团控股的长影世纪城有限公司。

5. 积极推进电影产业体制改革 大力整合产业资源，加快发展各类影视产业基地。积极推进电影发行放映的院线制改革，大力培育跨区域规模院线、特色院线、数字院线，逐步激活了整个电影市场，城市影院建设蓬勃发展，现代化的多厅影院不断涌现，全国银幕数不断上升。

(二)进一步扩大我国广播影视国际影响

1. 大力推动广播电视节目海外落地 中国电视长城平台已形成系列平台架构，影响不断增强。中央电视台中文国际频道实现亚洲、欧洲和美洲分版播出，西法语频道实现法语和西班牙语分频独立播出，英语国际频道分亚、欧、美三版播出准备工作已就绪。国际广播本土化落地成绩显著，至2007年，境外整频率电台11个，加上其他租时段合作台，目前每天累计播出节目556.5小时，共有英语、法语、西班牙语、俄语、德语等30种外语，汉语普通话和4种汉语方言实现境外落地。

2. 积极扩大影视产品和服务出口 大力实施"中国电影全球推广战略"，不断加大海外推广力度，积极开拓海外市场。2007年共有78部国产影片销售到47个国家和地区，海外发行收入总计达20.2亿元人民币。坚持政府推动和企业运作相结合，不断完善促进文化产品出口的政策和机制，努力培育文化产品出口骨干企业，着力推进国产影视剧和动画出口。

3. **切实加强国际交流合作**　仅 2007 年，我国有关部门就先后在 49 个国家和地区举办了中国电影展，展出国产影片 728 部次。同时，积极参加国际电影节展，扩大中国电影的国际影响。2007 年共有 209 部次影片参加 98 个国际电影节，其中有 29 部影片在 19 个国际电影节上获得 49 个奖项。

【思考与练习】

1. 说出中国广播电台诞生的背景。
2. 理清我国广播影视的产业化历程。
3. 了解我国广播影视产业发展现状。
4. 说出我国广播影视科技进步事业的发展趋势。

第二单元　广播影视产业的经营与管理

【案例导入】

上海模式

上海广播电视局在 2000 年与上海市文化局合并，成立上海文化广播影视管理局。新成立的文广集团将上海文化广播影视管理局的政府部门部分职能剥离出来，行使“办文化”的职能，而作为政府主管部门的上海文化广播影视管理局则由“办文化”转到“管文化”。新的文广集团的资产主要构成包括：上海电视台（包括上海卫视）、东方电视台、上海有线电视台、上海每周广播电视周报、上海有线电视报、上海电视周刊、新闻午报、东方网、上海东方明珠股份有限公司、上海国际会议中心、上海国际文化影视有限公司、广电影视制作有限公司、上海电影集团、永乐电影集团及 16 家文化演出团体。上海文广集团，是以广播、电影、电视、传输网络、网站和报刊宣传为主业，兼营其他相关产业的新闻文化集团。集团属于事业性质，是以事业单位为主体、企业公司参加的产业集团，实行企业化管理，强调了行业行政管理职能与媒体产业经营职能的严格区分，从而也可避免市场准入过程中因身份不明的资产上市而遭遇尴尬，解决了集团法人治理结构的问题。集团的发展目标，是要形成多媒体、多品种、多功能和跨行业、跨国界的综合性大型传媒集团。

这是一种以广播、电影、电视、传输网络、网站和报幕宣传为主业，兼营其他相关产业的综合性的新闻文化集团，这一改革的特点是把最主要的新闻媒介——影视、报刊和网络集合在一起，形成强大的新闻“航空母舰”，同时兼营其他相关产业，实现多种跨行业聚合，使产业链和产业集群之间相互渗透。这种模式也许是未来广播影视产业发展的方向。

【案例分析】

上海先从媒体的内部结构优化、运行机制调整做起,先打破媒体的“小而全”,再到实体资产的有效运营和重组,并通过经营实体的合法上市,扩大融资渠道,赢得社会资金注入,促进资金补偿渠道的多元化。同时以产权为纽带,集中系统内部有限资金全力上项目。上海广播电视的整合成功,构成了广播电视发展的“上海模式”。

从中我们可以看到,“上海模式”的成功包括新闻工作观念的改变,企业化运作,业务结构的调整,集团化经营等等,其实都是为了产业化。而产业化又促进了广播影视业的发展。

【知识要点】

广播影视节目的经营与管理:节目经营、广告经营、网络经营、服务及衍生产品经营等内容。广播影视广告的经营与管理。电视网络业的经营与管理。广播影视产业服务化经营与管理。广播影视业的经营管理模式。

一、我国广播影视的经营与管理

就广播影视产业经营的内容而言,主要包括节目经营、广告经营、网络经营、服务及衍生产品经营等内容。

(一)广播影视节目的经营与管理

节目作为广播影视传媒的终极产品,它的管理及经营在广播影视经营管理中拥有重要的地位与巨大的发展空间。对节目的经营包括:媒体面向受众的节目内容有偿收视(听);媒体与媒体之间,或媒体与节目供应商以及节目制作单位之间的各种节目交换、交易活动;对播出的节目产品进行销售或租赁经营。

随着广播影视产业化进程的加快,节目经营显得日益重要,也成为广播影视业获利的重要方式,特别是电影、动漫和音像产品等本身以内容为赢利方式的广播影视产品就更是这样。

电视节目市场营销管理,即电视产业实体为了实现预期的经营目标,必须以电视节目的目标观众为中心,对电视节目的策划、拍摄、制作、销售(或播出)、信息反馈等全过程进行控制和管理。加强电视节目市场营销管理,具有十分重要的实践意义:(1)有利于了解受众,按市场需求生产电视节目;(2)可以进一步按市场规律开拓市场份额,提高市场的节目占有率;(3)有利于提高电视台的知名度,扩大电视台的影响。

根据我国电视节目市场的现状,其营销管理应注意以下几个问题:(1)牢固树立以受众为中心的观念;(2)提高电视节目的制作水平;(3)以本地电视收视市场为中心,积极开拓外地市场;(4)充分利用频道特色,吸引目标受众群体;(5)开发非黄金时段,充分利用电视资源;(6)以各种灵活多样的方式开展电视节目的促销工作,如加强电视节目的日常宣传,组织召开电视节目论坛会,举办各种形式的观众参与性的电视晚会,组织观众对电视节目进行评奖活动,组织有奖收看电视节目的活动,赠送纪念品,价格折扣,积极参加各种社会活动,提高电视产业实体的社会声誉等。

加强广播影视节目管理。我国广播影视节目的质量管理主要是指广播影视产业经营与管理者根据广播影视产业的基本性质和中国广播影视产业的根本任务,确定广播电视节目的质量方针、目标和职责,并通过对广播影视节目的宏观调控和微观计划、编辑与审查使其得以实施的全部管理职能的所有活动。广播影视节目质量管理的作用主要表现在以下几个方面:(1)正确的舆论导向;(2)提高艺术和技术质量;(3)促进多生产名牌和精品节目;(4)增强影视产业实体综合实力。广播影视节目质量必须从政治性、艺术性和技术性三个方面加强管理。

(二)广播影视广告的经营与管理

中国影视广告是解放思想的产物。从1979年1月28日上海电视台播出第一条电视广告“参桂补酒”、1980年1月1日中央人民广播电台播出第一条电台广告开始,广告经营即成为我国广播影视产业经营中的一个非常重要的组成部分,成为播放媒体的主要经济来源,国内绝大多数广播电视媒体90%以上的经营性收入是广告收入。

1.广播电视媒介广告管理

(1)建立节目价值评估体系。广播电视节目价值评价指标包括:节目视听率、节目视听占有率、节目满意率、生活性、个性、知识性、娱乐性、创新性、参与性等。广播电视节目价值评估结果对广播电视节目的命运有着决定性的作用。

(2)广播电视广告价格管理。广告价格的确定受四个因素影响:时段,节目的商业价值,媒体地位,媒体所占有的目标受众。①时间与时段。广播电视广告经营中的时间价值主要体现在:时间的长度——相对而言,在同一时段内,广告所占用的时间越长,费用就越贵,时间的经济价值就越大。广播电视广告经营中的时段极其重要,一般分为黄金时段(19:00—21:00)、次黄金时段(18:00—19:00)、一般时段。在同一家电视台或者频道里,黄金时段的广告受众最高,次黄金时段的广告次之,一般时段又次之。②节目的商业价值。在同一媒体的同一时间段内,节目的商业价值在广告收入上起着决定性的作用。例如,中央电视台2004年广告收入全年突破80亿大关,实现了连续44个月持续增长。专家分析认为,这主要归功于从2004年9月1日起一套节目的“革命性”改版:《东方时空》调整到晚间播出,与《新闻联播》《焦点访谈》一起构筑起近两小时的大新闻板块;《实话实说》《新闻调查》《曲苑杂谈》《幸运52》《开心辞典》《同一首歌》和《艺术人生》七大精品栏目全部在一套晚间首播;再加上晚间黄金电视剧,央视一套的时段成了新闻、电视剧与综艺三类节目的集成平台。据央视市场研究中心的调查数据,改版之后,2004年第四季度,央视整体收视份额再创新高,达到33.6%,超过中国电视媒体总体收视的三分之一。③媒体地位。包括媒体的级别、媒体所在的区域和媒体已有的声望。在我国,中央电视台无疑是绝对的“大哥大”,各省级台次之;东南部电视台地位又高出中西部(仅就广告营销而言);做出名气的电视台的地位又高出普通台,如湖南电视台。如上所述,央视整体收视份额和广告收入的爆热,主要是因为其媒体的地位。也就是说,央视的广告价格能上涨,主要是由其垄断的地位决定的。虽然企业可以在地方卫视做广告,但要想在全国打品牌,不可能不在央视做广告,这是央视的特殊地位决定的。④媒体所占有的目标受众。电视媒体作为大众传播的重要载体,不同的频道定位具有不同的收视人群,不同的节目定位的观众构成又具有较大差异性。收视率数据为广告主投放广告、电视台频道定位提供了强有力的支持,这已被应用到媒体投放计划、广告效果评估等多个方面。媒体的目标受众,即核心群体的收视习惯,是企业和广告商所看重的。

广告定价应慎重而合理,要依据节目制作成本来确定广告的基本价格,还要据视听率确定广告价格。广播电视广告经营者应将黄金时间段与非黄金时段搭配起来,整体推向市场,有利于激活广告时段,扩大广告受众范围。

(3)销售网络与客户管理。客户是广告经营的基础,也是广告市场竞争的焦点。在广播电视广告的买方市场中,如何维持和发展与客户的合作关系,是广播电视广告营销人员应特别重视的问题,同时还应注意开发新客户。在客户管理的过程中,应充分注意与客户沟通;用合同的方式规定双方的行为;及时而准确地为客户提供影视资讯,包括适合其投放广告的节目和有关行业信息;要定期召开客户经验交流会、联谊会,共商广告经营大计。

广告营销过程中要加强对广播电视广告营销中形成的销售网络管理。只有主动出击市场,在媒介销售中形成销售网络才能有满意的收益。具体做法是:组织专门的营销队伍,并分布于全国各地;建立广告代理网络;采取灵活多样的营销方式。

(4)广告播出管理。我国广告法对于广播电视广告内容、广告形式、广告量都有明确的规定。比如广告内容要健康,没有黄色、迷信、暴力等不文明的广告;严禁虚假广告;禁播烟草广告;科学限制药品、化妆品、食品类广告播出;广告播出量必须适度,不能泛滥;对黄金时间广告的特殊规定等。

2. 广播电视媒介广告营销运作

(1)广告时段和版面的开发。我国广播电视媒介已开发了很多新的频率、频道,播出时间不断增加,但相对于发达国家的广播电视媒介产业对自身广告资源的开发还相差较远,有待于进一步努力。广播电视广告媒介资源的开发,核心是要寻找更多更好的广告时间和广告版面,同时又将广告时间和广告版面以各种广告形式销售出去。

时段和版面是广播电视媒介的广告资源。广播电视媒介应根据视听率的高低和广告客户对时段的重视程度区分为不同层次的时段,并根据时段确定广告播出价格。为了更好地利用广播电视媒介的播出时段资源,应该把黄金时段与非黄金时段搭配销售,形成整体广告效应。

(2)广播电视广告的发布形式。开发广播电视版面,要解放思想,充分挖掘广播电视广告资源,对广播电视版面进行立体式开发,拓宽广告营销市场。为实现广告资源的有效开发,可采用普通广告、专版广告、贴片广告、信息节目、直销广告、产品镜头安插、联合促销、视频点播广告、专业化频率、频道广告、广告歌、广告语、冠名权、植入式广告等发布形式,全方位提高广告效益。

(三)电视网络业的经营与管理

电视网络及技术经营有两层含义,即网络技术和网络电视。网络电视是指通过宽带,将文字、图片、声音、动画及图像融为一体的数字化、全方位、互动性的立体传播方式。网络电视能够为用户提供多种形式、多种层次的服务，其收入来源主要包括节目点播、网络广告、增值业务等。网络广告是一项很有发展前景的收费项目。网络电视的广告有两种形式：其一是页面广告，其二是视频广告。通过流媒体技术，可以根据特定的规则，选择特定客户，并可选择是否投放广告、投放广告内容、广告播出次数、广告播出时段等，做到有的放矢。增值服务也是网络电视的一个利润增长点。增值服务包括网络游戏、远程教育、手机游戏等。精彩的视频画面，震撼精美的音效，高灵敏度的，丰富的任务系统，多样化的频道设计，充满趣味的场景，以及突破性的网络交流，使得网络游戏成为互联网的“宠儿”。网络电视还可以利用现有条件，开办网上大学，开展远程教育，通过实时播出、在线交流等实现互动教学、双向交流、教学相长。网络电视的发展也离不开手机短信业务。网络可以通过手机短信向受众提供最新的节目信息，可以让用户通过手机短信参与节目的制作、播放与探讨，突出了网络电视的互动性，同时也增加网络电视的收入。

我国有线电视网络发展迅速，数字电视正在进入寻常百姓家。据统计，到2008年底中央级广播电台、电视台的采、编、播数字化率为90.03%和96.5%，地方33个省级广播电台、电视台的数字化率为81.77%和89.96%。广播电视节目传输业已基本实现数字化，这极大地提升了广播电视技术装备现代化水平，提高了其技术手段和能力，也极大地推动了其信息化的进程，改变着广播电视行业的业务形态和分工。数字电视节目内容的广播传送采用数字信息传输网络，数字节目的接收是提供端到端的数字电视内容的一个过程。因此，数字电视的信息提供端和传输网络都将面临全面的建设和设备更新，信息网络建设的需求将稳定增加，这是一项涉及万户千家的数字信息化系统工程。数字电视与因特网结合，将各家各户与因特网连接到一起，大大加快了社会信息化进程。

（四）广播影视产业服务化经营与管理

广播电视产业本身就是一种服务性产业。在我国，广播电视产业虽然承担着舆论监督的功能，但它最直接的目的还是为大众提供最佳服务。如何最好地实现广播电视产业的服务功能呢？这是广播电视产业经营与管理者必须弄清楚的一个重大课题。广播电视产业服务化，就是要从较深层次上思考广播电视产业发展的地位、职能及其与受众关系的定位问题，促进受众主体地位的实现和广播电视产业内的行政机制向服务机制的转化问题。广播电视产业服务化经营的过程，是增强广播电视节目服务性功能的过程，是最大限度地满足受众各种合理需求的过程，其思想核心是以人为本，体现对人的深层关怀。

从总体上讲，所谓服务是指通过劳动来满足他人的需求。向他人和社会提供服务的人是服务者，享受他人服务的人是被服务者。由于社会分工不同，作为社会个体往往同时充当服务者和被服务者的双重角色。作为社会文化信息产业的广播电视产业，其服务者是指广播电视产业内部从事以广播电视节目生产为中心的各类广播电视产品生产的劳动者，被服务者一般指广播电视受众或使用广播电视产品的其他人员或组织。广播电视产业的服务性功能是由服务双方的关系体现的。

在广播电视产业的发展过程中有许多事实证明了同百姓生活息息相关的服务性广播

电视节目具有强大的生命力。许多对收听、收视情况的调查表明:吸引受众的广播电视节目的核心是“内容实用、贴近生活”,这是广播电视节目走向市场的第一“卖点”;第二是能反映群众的呼声和意见;第三是广播电视节目的内容重要、接触现实;第四是报道及时,时效性强;第五是播出时间方便收看。这种按照受众对广播电视节目选择的顺序,符合实际情况。

【知识链接】

广播影视业的经营管理模式

1996 年 6 月 9 日,无锡广电集团正式成立,拉开了广电系统经营改革的序幕。1999 年 9 月 17 日,国务院办公厅转发了信息产业部和国家广播电视总局 1999 年第 82 号文《关于加强广播电视有线网络建设管理意见的通知》,决定“在省、自治区、直辖市组建包括广播电台和电视台在内的广播电视集团。”2000 年 8 月全国广播电视局长座谈会进一步明确了广播电视业的发展思路,无线台和有线台的合并以及省级以上广播电视集团的组建工作展开。

一、无锡模式

无锡广播电视集团成立于 1999 年 6 月 9 日,是全国首家城市广电集团。2004 年被国家广电总局确定为集团化改革试点单位,2006 年被列为江苏省文化体制改革试点单位。2007 年底组建成立无锡广播电视台,与广电集团“一个机构、两块牌子”,集团既是广播电视宣传单位,也是市政府主管广播电视宣传和事业建设的管理机构,局领导就是集团领导。2008 年,针对原先内部机构林立,“大而全”“小而全”以及部门、频道、节目重复设置等问题,集团实行节目制作专业化、频道设置专业化,逐步实施宣传与经营分离、制作与播出分离。将经营性资源重组,组建无锡广播电视发展有限公司。

集团依托 6 个广播频率、7 个电视频道、一种发行 20 万份的《无锡新周刊》以及“太湖明珠”网站来把握正确导向,做强宣传实体。无锡电视台被评为“全国区域创新电视媒体十强”。4 个广播频率、2 个电视频道入围全国“广电地标”综合影响力城市台第一阵营。新闻综合频道入围“2008 中国区域电视频道十强”。《无锡新周刊》被中国广播电视报刊协会评为“全国知名品牌改革创新示范单位”。太湖明珠网站日点击率超 200 万人次,为地区第一门户网站,成为唯一荣获“金媒奖 · 2008 最具成长性新媒体”大奖的地方性门户网站。目前,集团广播总市场份额超过 85%,电视黄金时段收视市场份额保持在 40%以上。

集团现为无锡市文化产业主体投融资平台,实施广告经营、内容产业、新媒体业务经营等相关产业综合发展战略。近年来摄制影视剧达 20 多部 1 000 余集,大型文化演艺产业年营业额超过 1 200 万元,数字移动电视、手机电视、网络电视等新媒体业务均在省内或全国同类城市中率先开发运作。集团牵头创建的无锡国家动画产业基地 2008 年原创动画生产达 8 108 分钟,位列全国第四。2008 年集团经营创收总额超 10 亿元。

二、广东有线网模式

广东省有线网络公司模式，其具体做法是：省有线网络公司由广东省有线广播电视台从总值10亿元的网络资产中拿出7亿入股、各地市有线电视台以20万~50万元现金入股组建而成。但入股各方仍分组经营、开发和管理各自的网络资源，只是统一使用广东宽带网品牌。因此实际进入广东省有线网络公司的网络资产就只包括全省干线网和广州市一个超过60万用户的接入网。

广东省各地有线广电网络公司重组后形成的省级有线电视网将在2010年6月前挂牌成立，年底前完成重组。各地有线电视网络以资产入股成立新的省级有线电视网络公司。此次重组采取“行政推进、市场运作”方式。其步骤为：除深圳、广州外，对全省其他地市有线网络资产进行评估，作为入股依据；将广州有线网络资产并入，以珠江数码为主体成为新成立省级有线网络公司的广州分公司；最后深圳有线网络再以适当的方式进入省级公司。

广东省有线网络公司希望通过直接上市的方式来弥补收购省内有线网络资产所需的巨额资金缺口，真正实现对全省网络的控制。

这是一种省级有线网络公司收购下属各市县网络资产的模式，其特点是：资金入股，统一品牌，统一管理。

三、湖南广电集团模式

湖南电广传媒股份有限公司成立于1999年11月，是湖南省广电厅下属广播电视产业中心控股的上市企业。1998年，经湖南省人民政府湘政函(1998)91号文批准，在全面改组湖南广播电视发展中心的基础上，联合湖南星光实业发展公司、湖南省金帆经济发展公司、湖南省金环进出口总公司、湖南金海林建设装饰有限公司四家企业共同发起成立湖南电文实业股份有限公司。1999年3月25日，湖南广播电视产业中心旗下的电广传媒股份有限公司(代码:0917)在深圳证交易所上市，这是我国第一只涵盖广告、节目、传输业务的典型传媒类股票，被誉为“中国传媒第一股”，成功募集资金4.46亿元，在全国树立了广电事业产业化运作的典范。这是我国电视体制改革和广电传媒产业的重要里程碑，具有体制创新的意义。“电广传媒”的业务还包括电视广告经营、电视节目制作等。

“电广传媒模式”的特点在于：把网络传输和内容制作、媒体经营(广告)的产业化运作尽可能地放到上市公司平台上进行，具有一定独创性。这种模式的特别之处是通过公司上市取得巨额资金，以完全市场化运作的方式实现广播影视产业的经营和管理。

2000年12月27日，我国第一家省级广播影视媒体集团——湖南广播影视集团成立。集团为独立核算的国有独资事业集团，具有独立的企业法人地位。湖南各省级电视台和频道、广播电台、电影制作单位等都被划归集团旗下，湖南有线电视台、经济电视台与湖南台(卫星台)合并为统一的湖南电视台。湖南广电集团成立后打破原电视频道之间的封闭实行合理化设置，从各频道中遴选优秀节目播放，鼓励各电视频道开展电视节目制作的内部竞争,以刺激广告业务收入的增长。上市公司“电广传媒”通过投资与湖南各电视频道合办“快乐大本营”等名牌节(栏)目,成效显著。

除媒体播出环节外,“电广传媒”已经初步形成了网络传输、内容制作、广告经营的较完整产业价值链,探索了一套在现行媒体政策体制下比较可行的电视媒体借助资本市场发展的办法。他们在广告运作上采用代理制,湖南卫视、湖南经济电视台等湖南省广电厅下属的七家媒体广告统一由电广传媒代理,收入由电广传媒和各台之间四六分帐。集团先后将7个频道进行整合,组建新的湖南电视台,除湖南卫视作为综合性新闻频道之外,其他频道都办成专业化频道。经过资源整合后,集团的内容质量与广告收入都上了新台阶。

【思考与练习】

1. 广播影视节目的经营与管理的内容有哪些?

2. 怎样进行广播电视的节目经营?

3. 了解广播影视产业服务化经营的内容。

4. 了解我国目前广播影视业经营的主要几种管理模式。

第九部分 网络文化产业

【学习目标】

1. 了解网络文化的内涵、特征和网络精神；
2. 掌握网络技术对文化消费的支持和影响；
3. 掌握网络文化产业的主要赢利模式；
4. 掌握网络广告的特点和种类；
5. 掌握电子商务的各种模式。

【内容描述】

网络文化产业是信息产业和文化产业的集合，体现了信息技术与文化内容的互相推动，成为满足人们物质生活和精神需求的新手段。网络文化生产与消费具有新的特点和模式。

第一单元 网络文化概念

【案例导入】

开心网(kaixin001.com)推出"偷菜"游戏以来，在某广告公司就职的张圆就一发不可收拾，作息时间表都根据"农作物"生长规律而变化。以前，张圆每天8点后才起床。自从偷菜后，她经常7点不到就爬起来，开机，登录开心网，光顾好友的"农场"，将成熟"果实"一网打尽，"因为早上人少，更容易偷到'值钱货'。"紧接着，张圆匆匆洗漱完毕，妆都懒得化就直奔公交车站——赶早是为了在公交车上占个座位，便于用手机上网偷菜。"早餐吃不吃无所谓，但菜一定要记到偷。"到单位后，张圆自然迅速"入侵"他人农场，来一次"大扫荡"。当然，她也不忘帮几个爱睡懒觉的"闺蜜"收拾收拾"菜园子"，增加魅力值。上班期间，她更是将空余时间精打细算，力争抽更多时间进出"菜园"，"甚至有时上班也不能安心"。

为何如此热衷偷菜？张圆坦言，以前下班后经常无所事事，对工作和生活的激情都在慢慢减退，而偷菜不仅充实了她的生活，还重燃起了她的生活激情。

【案例分析】

2008年2月,程炳皓成立"北京开心人信息技术有限公司",正式创办开心网。截至2009年12月初,开心网注册用户已经接近7 000万,页面浏览量超过20亿,每天登录用户超过2 000万。开心网已经发展成为中国最大的、最受欢迎的社交网站,并以良好的发展势头继续保持中国社交网站的领先地位。这正是彰显了网络文化产业的消费特点。

【知识要点】

第一,网络文化内涵丰富;第二,网络文化具有独特性、丰富性、便捷性、广域性、交互性、多媒体性特征;第三,网络具有开放、平等、协作、分享精神。

一、网络文化内涵

网络文化是指网络上的具有网络社会特征的文化活动及文化产品,是以网络物质的创造发展为基础的网络精神创造。①

网络社会是现代社会的新形态,网络改变着现实社会结构。首先,网络产生虚拟社会、虚拟国家。网络虚拟社会是与现实社会并存的人类社会存在的一种新形式,是现实社会主体以虚拟存在方式在计算机网络中开展活动、相互作用构成的社会关系体系。网络虚拟社会其本身不受地界和国界的限制。同时,现代通讯技术打破了现实社会互动对地域的要求,使得跨地域的人们瞬间实现互动,拓展、延伸了人们社会交往的范围和空间。虚拟社会不是虚无社会,而是现实社会的一种网络化延伸和网络社会的实体化存在。虚拟社会不仅是进行思想文化交流创造的精神家园,还是物质创造活动的公共生活空间。网络生活成为现实生活的重要补充和延伸,虚拟社会具有了实体社会的功能。网络虚拟社会里人们往往依据自身兴趣、爱好等价值取向交换信息、宣泄情感,并结成相对稳定的虚拟群落。正是具有这种超越空间、超越现实社会等级身份交换信息的功能,网络虚拟社会结构上表现为成员之间没有明显核心。其次,网络改变了社会阶层形态。由于网络虚拟社会的出现,人们依据各自在网络社会所扮演的角色和对信息占有的程度,重新划分社会阶层,信息穷人和信息富人阶层成为网络时代新的阶层形态,它直接影响到人们在网络时代的财富积累和政治话语权。其三,网络改变了人与社会的关系。网络催生了相对独立意义的数字公民和网民,网民成为人们在社会上生存、发展的新身份。网民较之现实社会公民身份具有更大的自由表达权、更大的发展空间、更多的自我表现机会。其四,网络改变了人们之间的交往方式和人际关系。网络社群成为新的社会群体,网缘成为继血缘、业缘、地缘之后的又一新的人际关系。通过计算机和网络,人们可以拥有一个新的公共或私人的生活领域,人们的生活方式出现了崭新的形式。网络使人与人之间的沟通更加方便,使人与人之间的关系更为多样化,使世界的距离变得越来越小。

---

① 百度百科网 http://baike.baidu.com/view/41061.htm? fr = ala0_1

二、网络文化特征

网络文化是现代文化中崭新的文化形态。互联网加剧了各种思想文化的相互激荡，成为信息传播和知识扩散广泛快捷的新载体，催生了网络文化这一新的文化形态。网络文化的诞生是人类文化的进步，它具有独特性、丰富性、便捷性、广域性、交互性、多媒体性，这些特性都是其他任何文化形式难以比拟的。网络作为重要的文化生产、消费、服务和交流场所，精英文化与草根文化并存发展，这使得人民群众的文化创造积极性在网络时代得到极大迸发，文化权益将得到有效实现、发展和维护；网络改变了传统信息的传播模式，为政府发展公益性文化事业、提供公共文化服务创造了新的空间；网络文化产业作为重要的产业形态，为我们发展社会主义文化产业、增强文化产业的国际竞争力和综合实力，提供了巨大机遇和有利条件。随着网络在人们生活中影响越来越大，"网上书店"和"电子图书"出现在人们面前，黑客与闪客相继登场，"虚拟主持人"走上荧屏，网络影音揭开面纱，在线游戏火爆了，电子邮件渐渐取代传统书信，网上广告赢利局势大好，网上论坛人气骤升，在线聊天备受青睐，网络动画、互动影视等多媒体的艺术形式不断涌现……网络文化还衍生了许多泛文化现象，如网恋、网婚等。不仅如此，网络对科技、教育、卫生、体育等大文化的影响也是十分明显的，比如远程教育、远程医疗将真正成为可能，网络加速科技的进步，为人类带来福祉，为我们发展各项社会事业提供了条件。

网络文化是时代的产物，具有鲜明的时代特征。网络成为普通大众的另一个活动空间，成为重要的信息来源之一，其作用和渗透力还将不断扩大。把握了网络文化的时代特征，才能掌握蕴藏在其背后的经济本质、政治本质以及它在人类文化发展史上的定位。网络文化的基本特征表现为网络文化具有补偿性、极端性和大众性。

三、网络精神

网络的开放精神。开放性是因特网最根本的特性，整个因特网就是建立在自由开放的基础之上的。最初，美国军方在建立因特网的前身 arpanet 时，为了能使其经受住苏联的攻击，没有采用传统的中央控制式网络体系，而建成了分布式的网络体系。分布式使得因特网上的各个计算机之间没有从属关系，每台计算机都只是网络的一个节点，它们之间都是平等的。1991 年，伯纳斯・李发明了超文本标识语言，将网上的信息以全新的方式联系起来，使得任何一个文件在任何操作系统、任何浏览器上都具有可读性。互联网的开放性不仅仅是技术层面上的，它还有更深的底蕴。开放性延伸出的网络精神在于开放精神随之出现：任何人都能够看到发表在网络上的任何事物，任何个人、任何组织包括国家和政府，都不能完全控制互联网。这实质上意味着个体权利和能力的扩张及其对传统的金字塔模式的社会政治经济结构和体制的消解。任何一个国家都是一个封闭程度不一的实体，它垄断着信息，孤立的个人在强大的垄断组织面前是弱小无依的，根本没有力量同国家对抗。开放精神的出现在很大程度上削弱了国家对信息的控制，为个体对国家和社会的基于实力平等的挑战提供了可能。

网络的平等精神。在网络面前没有人知道你是谁。互联网的水平存在方式决定了网络是一个平等的世界，在网上人们的交流、交往和交易，剥去了权力、财富、身份、地位、容貌标签，在网络组织中成员之间彼此平等相待。互联网的平等是"网络面前人人平等"，相互间即便互不相识、远隔万里，但在互联网的世界里都是网友，不管你有什么需要，不管你遇到什么困难，在这里都会找到属于你自己的一片空间。比尔盖茨曾经说过一句话："在网络里没人知道你是一条狗！"当然，相对的另一句话是："你也不知道在网络对面坐的是不是一头猪！"这两句略带讽刺和玩笑的话，让大家在网络面前放弃自己现实中的属性和标签，以平等的精神融入互联网的世界。

网络的协作精神。在网络世界中，你既是信息的接收者，也是信息的传播者。每个人都是互联网中的一个神经元，互联网世界就是一个兴趣激发、协作互动的世界。传统媒体广播电视更多的是采用单向传播方式，电报电话网虽然有了双向互动功能，但仍然是由汇接中心控制的"树状网络"结构。互联网的实时互动和异步传输技术结构彻底改变了信息传播者和接受者的关系。任何网络用户既是信息的接收者，同时也可以成为信息的传播者，可以实现在线信息交流的实时互动和协作。互联网的协作精神决定了我们要共同维护好网络家园，共同编织起这张网。

网络的分享精神。互联网的分享精神是互联网发展的原动力。只有当技术开放并为大多数人分享时，那些没有被技术思维限制的非专业人士才有可能创造出新的应用模式，并不断改进网民的使用体验。

【思考与练习】

1. 虚拟的网络世界毕竟不等于现实。网络是一种能增强人类改造自然能力的工具，我们在肯定网络文化给青少年社会化带来积极影响的同时，对其消极影响也应该有清醒的认识。请用实例谈谈网络文化对青少年的负面影响。

2. 人肉搜索导致肇事人的姓名、身份、家庭地址等个人资料被广泛公布，你如何看待人肉搜索事件？

第二单元　网络文化建设

【案例导入】

2009 年 9 月 15 日，由激动网、优朋普乐和搜狐等 3 家国内新媒体版权拥有和发行方代表共同发起，联合全国 110 家互联网视频版权各权利方共同创建的"中国网络视频反盗版联盟"在京启动。联盟旨在共同抵制网络侵权盗版行为，维护网络视频市场的正常秩序，推进网络视频正版化进程。国家广电总局、北京市版权局、中国版权协会、互联网视频版权方、影视制作机构、广告主、法律界专家等数百名联盟代表出席了启动仪式。这是迄今为止国内网络视频行业最广泛的反盗版统一战线，是对视频盗版网站的集体“亮剑”，酝酿着中国网络视频产业链史无前例的自我革命。

【案例分析】

进入2009年，“版权”成为网络视频行业发展的关键，中国网络视频版权保护已经迫在眉睫。政府部门为加大力度打击网络侵权盗版，净化网络文化环境而采取了大量行之有效的措施。“中国网络视频反盗版联盟”的行动，将让这场打击侵权盗版的风暴来得更猛烈，更好地保护视频版权并清洁市场环境，让盗版网站、伪正版网站都无所遁形。

【知识要点】

网络技术的发展推进了文化生产和文化商品形态的革命性变化，同时网络技术也为人们的文化消费提供了新的消费手段和途径。网络技术在改变了传统的文化消费模式的同时，最大限度地突破了人们文化消费的时空限制；新的文化消费品的出现在带来了新的消费形态的同时，也带来了新的文化风险。

一、网络技术对文化消费的支持和影响

网络文化是有代表性的新兴文化和社会文化产业。随着社会的发展变化，特别是社会经济生活与国际接轨，网络文化越来越受到人们的欢迎，参与者日趋增多，成为新的经济亮点和增长点。随着网络技术的日臻完善，网络已经渗透到人们的生活领域，网络文化正对人们生活产生着越来越大的影响。如今，网络文化消费方式越来越多，比如可以网上购物，省去了很多时间；可以从网上下载电子书和电影，随时随地看自己想看的文章和小说，不用到电影院就可以享受视觉大餐等。网络技术在人的精神生活中的巨大影响实在不可思议，它普及的范围之广之神速远远超出人们的想象。网络的各种游戏使人们在娱乐的同时具有了精神交流的可能性，给现代人提供了精神生活的巨大空间。

网络对于传统媒体的冲击日益加剧，加上网络侵权盗版现象严重，免费的新闻资讯威胁到传统媒体的生存。自从网络技术不断发展以来，传统媒体加快了与网络的结合，许多国家纷纷开展卫星电视事业，使电视的管理和消费发生一系列的变革。一是“电视台”概念的变化。传统的电视台为设备和节目、硬件管理和软件制作一体化的机构，而网络技术带来的是数字化多频道电视将两者分割开来。如日本将有卫星转发器或有线设施的经营者定为“受托广播事业人”，制作和提供节目的企业定为“广播事业人”，他们的法定职责和义务均有不同。二是频道节目编排的变化。网络媒体技术使数字化多频道电视一改传统的综合频道的形式，不再面向未分化的大众，而是改设各类专门频道，将目标定位于有特定需求、兴趣和爱好的受众群，使“广播”变成“窄播”，大众传播“小众”化，并使收视活动变被动为主动。传统的电视节目受众完全是被动地适应电视节目时间表，而网络技术使多频道电视保证受众在任何时间都能完整地自由收视，从而使消费个性化成为新趋势。三是经营观念的转变。传统广播电视的经营主要依靠收视率，收视率上去了，才能有较好

的广告效益。而网络技术使多频道电视的经营观念发生完全的改变,其经营理念是全新的,将传统的视听率经营转变为规模经营。因为只要签约用户达到一定人数,就可以取得相应的经济效益。

二、网络消费及其文化风险

"传统消费是有边界的,不仅购物场所有边界,而且消费空间也是有边界的。在网络经济中,由于网络技术在消费过程中的成功运用,这种有形的边界已经被打破,成为一种无边界消费。"具体表现在以下三个方面。

首先,网络消费在购物的选择上是无边界的。有资料表明,美国在线商店的绝对数目远远超过美国人口最稠密地区的商店数目,消费者的购物行为不再受距离或邮购目录所限制。通过在线方式,美国消费者可以在其他州、其他国家甚至传统意义上不存在的商店进行购物。可见,网络所提供的超越地域边界的强大功能,使消费成为一种没有边界的购物行为。

其次,网络消费可以在一个无边界的时空内进行。在线可以超边界购物,也可以超边界享受。比如读书、下棋、娱乐,我们不必像传统消费方式那样去寻找身边的读物、棋友和玩伴,只需要"在线"即可。此时,传统消费方式中的时空概念不存在,无边界的网络时空则为人们提供了更为广大、更为自由的消费空间。

最后,网络消费中的消费信息来源是无边界的。随着网络技术的日新月异,网络本身也逐渐完成着在全球的延伸和铺设。数量巨大的、多样化的信息如潮水般涌进人们的感情世界,消费信息的收集、发布和传播不再受到边界的限制。网络根据消费者的需求迅速搜集相关数据和信息,及时提供的数据和信息比传统商贸形式提供的更及时、更完整。这不仅可以让消费者了解到企业提供的信息,而且还可以让消费者主动地去获取自己想要知道的信息。这样,消费的供求信息时刻可以得到满足。

在网络这一虚拟世界里,消费者也必须面临网络风险。所谓网络风险,是指人们在进行网络消费时,消费者权益可能受到的侵害或者威胁。它的滋生对传统法律和道德提出了严峻挑战。

首先,网络犯罪使网络消费者权益受到严重侵害。网络犯罪,是指行为人运用计算机技术,借助于网络对其他系统或信息进行攻击、破坏,或利用网络进行其他犯罪的总称。既包括行为人运用其编程、加密、解码技术或工具在网络上实施的犯罪,也包括行为人利用软件指令、网络系统或产品加密等技术及法律规定上的漏洞在网络内外交互实施的犯罪,还包括行为人借助于其居于网络服务提供者的特定地位或其他方法在网络系统实施的犯罪。网络犯罪主要有:网上盗窃、网上诈骗、网上色情、网上赌博、网上洗钱、网上教唆或传播犯罪方法、网上侵犯知识产权、网上侵犯隐私权、网上恐怖、网上报复、网上盯梢等多种形式,对知识产权、个人隐私、国家主权和安全带来巨大威胁。

其次,网络污染增加了消费者的搜寻成本,降低了消费效用。据美国 IBM 公司测算,目前许多企业花费昂贵代价建立的数据库,因信息垃圾的干扰,只有 7% 真正派上用场。

在英国,由于信息过剩导致每年浪费 3 000 万个工作日,经济损失折算相当于 30 亿美元。信息污染大大增加了网络消费者的信息处理成本,减缓了信息资源的有效配置速度,不仅降低网络消费者的消费效用,而且降低经济效益。“网络恶搞”是网络文化被污染的一种表现。恶搞是人们以调侃、幽默或讽刺的心态,运用游戏、flash 电影短片等形式,对事物(图片、文字、影视作品等)进行具有幽默、讽喻意味的颠覆性解构行为及其创作风格。网络恶搞则是指以网络为载体对图片、文字、影视作品等进行的颠覆性解构行为。从 2006 年初胡戈恶搞电影《无极》的“馒头血案”开始,越来越多的恶搞在网络上大行其道,愈演愈烈,越来越离谱。从视频到文本,从人物到事件,从流行歌曲到诗词歌赋,甚至公众英雄人物等等,都难逃被恶搞的命运。大部分恶搞视频短片涉及到的事件和人物与社会热点事件、热点问题、公众人物有着千丝万缕的关系。所以对当前网络方面的立法规范是迫在眉睫的,只有对侵权的网络恶搞依法惩处,才能警示他人并维护公众的权益。

再次,网络综合症深刻地影响消费者的生态发展。网络综合症是指消费者由于过度依赖电脑及网络,会产生诸如健忘、头昏脑胀、胸闷气短、烦躁不安、精神分散、工作效率低下等一系列不健康症状。这种症状深刻地影响了消费者的精神生活和心理状态。电脑的辐射对人体会造成危害。人们在操作电脑过程中往往注意力高度集中,眼和手指快速频繁运动,使得人的生理、心理都不堪重负。有的青少年患上“网瘾”后,大大减少了与父母及朋友的情感交流和其他有益的活动,整天沉迷于不健康的音乐、动画片、影像等,有的甚至下载暴力游戏进行赌博。长此以往,将导致日常行为反常和心理变态,其危害不亚于吸毒上瘾或酗酒成性。

三、网络文化建设

网络文化的健康发展需要我们尊重个性,给个性以充分的发展空间;需要我们尊重人和人的需求。面对形形色色的网络文化现象,公众有惊喜、赞叹,也有隐忧、困惑,关注网络文化的健康发展,成为大家关注的焦点。如何营造有利于创新的、健康的网络文化氛围,是建设创新文化面临的一个新问题。2008 年 5 月 12 日四川汶川大地震震惊了世界,在党中央、国务院的坚强领导下,全国迅速展开了抗震救灾斗争。网络充分发挥了媒体平台、技术支撑平台、快速支付平台的作用,新闻网站和频道及时传递消息,网络平台和业务平台支撑了捐款支付,互联网让世界及时了解震情,认识了中国人民抗震救灾的决心和行动,深深感动了世界。很多信息都是通过网络传播出去的。

(一)大力发展网络文化技术

大力发展网络文化技术,要求我们要做到:首先,要瞄准世界文化科技发展的战略前沿,加强数字技术、数字内容等核心技术的研发和应用,掌握自主知识产权,提高文化装备制造技术水平;其次,进一步加大新一代网络、防火墙、“电脑密码”等重点领域的技术攻关和研究开发力度,着力构筑政治、经济、文化等领域的过滤网站,抵御破坏性信息侵袭,同时保证网络文化的优秀成果能更快地传输到各个相关领域;再次,加快建设中文域名服务器,开发集思想性、知识性、教育性、艺术性、娱乐性和易操作性于一体的宣传教育软件,占领网络文化前沿阵地,改进传播民族优秀文化的手段;第四,大力发展互联网接入基础设施,在继续推进东部地区建设的同时,以西部地区和农村地区为重点,以卫星网、移动网、电视网等宽带业务为方向,通过多元化投资打破垄断,不断降低上网费用,提高上网速度;最后,积极开展与各国政府及相关国际组织在互联网技术、标准规范、资源分配、网络接入、互联网治理等方面的交流与合作,建立有效的沟通协商机制,促进互联网快速健康发展。

(二)用优秀文化占领网络阵地

面对世界范围内不同文化的相互激荡,我们只有大力弘扬中华民族优秀传统文化,建设中国特色社会主义文化,加强高校的德育工作,才能为国家造就一大批德才兼备的"四有"公民。一方面吸取西方文化中的合理内容,另一方面又要抵制与拒绝西方"强势"文化中的腐朽内容。坚持"越是民族的就越是世界的,越是世界的就越是民族的"思想观念,以中华文化为重点,创新文化服务方式,大力加强数字图书馆、博物馆、文化馆、艺术馆建设,努力形成一批具有中国气派、体现时代精神、品位高雅的网络文化品牌。加强战略研究,制定产业发展中长期规划,建立网络文化产业协调机制,优化网络文化产业企业发展的基础环境,指导规范网络文化产业健康发展。建立网络文化产业高端交流平台,展示、交流网络文化产业新进展新成就,提高网上公共文化服务水平,引领网络文化产业良性运行。

(三)建设网络文化队伍

网络文化队伍包括网络文化的建设人才和管理人才。要培养网络文化人才,首先应该着力培育网络文化创意、技术、管理、营销等专业人才,努力形成一支与市场相适应、与品牌相适应、与经济规模相适应的网络文化队伍;其次,优化人才成长的体制机制,从政策、环境等方面,为网络文化产业人才创业发展提供良好条件;再次,建设互联网信息服务从业人员的准入机制,积极引进在国内外文化产业运作方面有经验、有水平的高端人才,投身我国网络文化建设。同时,我们应该立足中国国情,坚持重在建设,围绕满足人民群众精神文化需求,加强网络文化产品的创作生产,提供更多更好的网络文化产品和服务,加强网络阵地建设,打造具有广泛影响的网上文化平台。

(四)加强网络文化管理

我国网络文化的管理体制相对于网络的快速发展而言比较滞后。网络文化管理是为了促进网络文化健康有序的发展,不仅是我们的社会、政府所要完成的任务,也是服务提供商的重要任务。完成这一任务的首要前提是遵守党和国家的相关法律政策,其次是要承担相应的社会良知、社会道德和社会责任。根据统计,24 岁以下年轻人占全体网民数量的 53.5% ,存在网民平均文化水平偏低、网民平均年龄偏低、法律意识较差等问题。目前的网络文化建设和管理当中,还存在诸多侵害网民权利的现象。因此,要建立繁荣的网络文化,充分尊重网民的权利与自由,确保网民个体的言论自由是不可或缺的条件之一。

【思考与练习】

1. 你觉得哪些症状是网络综合症的表现?请结合实例谈谈如何解决网络综合症的出现。

2. 网络恶搞能够风靡的原因是什么？你是否赞成恶搞，为什么？

3. 请分析网络盗版现象存在的社会根源，并提出解决盗版的一些建议和措施。

4. 在发展网络文化产业、用优秀文化占领网络阵地方面，如何理解“越是世界的就越是民族的，越是民族的就越是世界的”？

第三单元　中国网络文化产业发展类型

【案例导入】

2008 年 12 月 10 日，别克新一代——君威植入开心网“争车位”游戏的“车市”之中，成为开心网的第一个广告。在之后六天的时间内，该车在游戏中销量达 40 多万辆。对于广告车型，用户点击进去以后，可以了解到车型的基本情况，如有兴趣，还可点击“详细”，直接链接到该车型的官方网站上。很快，从君威到荣威再到斯柯达晶锐，一拨又一拨推出的新车型都开始在开心网上亮相。如果说之前拼命停车赚钱买宝马、奔驰、劳斯莱斯是为了满足绝大多数人现实中不可能实现的虚荣，那么这些广告车型则是极有可能转化成现实购买标的的。

【案例分析】

虚拟与现实之间的对接就在鼠标点击的一瞬间。正因如此，索爱、必胜客、摩托罗拉、蒙牛、雅诗兰黛、联想、宝马……各种广告合同接踵而来。在买卖好友成为“奴隶”之后，可以通过安抚奴隶赚取虚拟钱币，而安抚奴隶的选项先后出现过“送他一款卡西欧相机”“送他一个 MOTO 手机”“带他免费飞往新加坡”“给他使用雅诗兰黛眼部精华”等带有广告色彩的安抚手段。这仅是网络文化产业发展类型之一种。

【知识要点】

互联网时代网站赢利主要有网络广告、网络游戏、电子商务、SP 服务、网络媒体信息收费等五种类型。

一、网络广告

网络广告就是企业在互联网上发布的一切信息。包括企业的互联网域名、网站、网页等。具体而言，网络广告是建立一个含广告内容的 WWW 节点，目前多为标题广告，用户通过点击这一含超联接的标题，将被带至广告主的 WWW 节点。网络广告目前是许多网站尤其是门户网站的主要收入来源。

网络广告的形式多样，大体可以分为以下几种类型：

(1) 网幅广告（包含 Banner、Button、通栏、竖边、巨幅等）。网幅广告是以 GIF、JPG、

Flash 等格式建立的图像文件，定位在网页中大多用来表现广告内容，同时还可使用 Java 等语言使其产生交互性，用 Shockwave 等插件工具增强表现力。

(2)文本链接广告。文本链接广告是以一排文字作为一个广告，点击可以进入相应的广告页面。这是一种对浏览者干扰最少，但却较为有效果的网络广告形式。

(3)电子邮件广告。电子邮件广告是利用网络服务商根据用户的许可所收集的电子邮件地址，向用户发送广告。其优势是针对性比较强，到达率比较高，广告效果比较好。缺点是阅读率不高，直接转换为消费行为的还不理想，而且涉及到网络隐私权的保护问题。

(4)弹出式广告。分为弹跳广告(也称插页式广告)和隐性弹出式广告。弹跳广告指当用户打开网页，广告以窗口的形式自动弹出，如用户感兴趣可点击该广告查看详情，如不感兴趣则可关闭该窗口。隐性弹出式广告通常隐藏在浏览网页背后，只有用户离开所浏览的网站时才会弹出该广告的窗口。此类广告具有创意空间大、信息传递完整等特点。

(5)赞助式广告。包括内容赞助、节目赞助等。广告主根据自己所感兴趣的网站内容或网站节目进行赞助。

(6)竞赛式广告。指广告主与网站一起联合举办网上竞赛或网上推广活动，一般以文字为主，有时也配以相应的画面。

(7)在线分类广告。与传统媒体的分类广告相比，网络分类广告容量大，表现形式多样化、立体化，更大的优势体现在互联网的搜索功能和交互性上。

(8)EDM 直投。通过 EDMSOFT、EDMSYS 向目标客户定向投放对方感兴趣或者是需要的广告及促销内容，以及派发礼品、调查问卷，并及时获得目标客户的反馈信息。

(9)多种形式的组合广告。指网络服务商根据广告主的要求，为实现商品服务的促销目的，将上述多种广告形式融合于一个广告战略中，通过形式多变的广告组合，最大限度地提升广告的冲击力，达到理想的广告宣传效果。

二、电子商务

电子商务是指在全球各地广泛的商业贸易活动中，在因特网开放的网络环境下，基于浏览器/服务器应用方式，买卖双方不谋面地进行各种商贸活动，实现消费者的网上购物、商户之间的网上交易和在线电子支付以及各种商务活动、交易活动、金融活动和相关的综合服务活动的一种新型的商业运营模式。从 1998 年我国第一笔互联网交易取得成功开始算起，电子商务在我国已经越来越成熟。我国电子商务发展模式按照交易对象分为四类：B2B(商业机构对商业机构的电子商务)，C2C(消费者对消费者的电子商务)，B2C(商业机构对消费者的电子商务)，C2B(消费者对商业机构的电子商务)。

B2B 是企业与企业之间通过互联网进行产品、服务及信息的交换。传统的企业间的交易往往要耗费企业的大量资源和时间，无论是销售和分销还是采购都要占用产品成本。通过 B2B 的交易方式买卖双方能够在网上完成整个业务流程，从建立最初印象，到货比三家，再到讨价还价、签单和交货，最后到客户服务。B2B 使企业之间的交易减少许多事务性的工作流程和管理费用,降低了企业经营成本。网络的便利及延伸性使企业扩大了活动范围,企业发展跨地区跨国界更方便,成本更低廉。目前企业采用的B2B可以分为以下两种模式:一种模式是面向制造业或面向商业的垂直B2B。垂直B2B可以分为两个方向,即上游和下游。生产商或商业零售商可以与上游的供应商之间形成供货关系,比如Dell电脑公司与上游的芯片和主板制造商就是通过这种方式进行合作。生产商与下游的经销商可以形成供销关系,比如Cisco与其分销商之间进行的交易。另一种模式是面向中间交易市场的B2B。这种交易模式是水平B2B,它是将各个行业中相近的交易过程集中到一个场所,为企业的采购方和供应方提供了一个交易的机会,比如Alibaba、环球资源网等。B2B只是企业实现电子商务的一个开始,它的应用将会得到不断发展和完善,并适应所有行业的企业需要。

C2C是消费者对消费者的电子商务。其最大的特点就是利用专业网站提供的大型电子商务平台,以免费或比较少的费用在网络平台上为个体消费者销售的商品,给网络用户带来便宜的商品。无论是外企白领、大学生还是下岗女工都可以在家"营业",网上开店不需要店铺租金,不受地域、时间的限制,却可以面对来自全国甚至全世界的客户。目前在中国,每天大约有几十万甚至上百万人在互联网上进行着交易。这些不见面的卖家和买家,在网上看货、砍价、成交。他们所创造的销售流水并不亚于国内诸多有名的大商场。以国内大型个人电子商务平台易趣网为例,该网站目前已拥有近500万的注册用户,累计登陆商品数605万件,线上成功交易量总计近14.8亿元人民币。

B2C即企业通过互联网为消费者提供一个新型的购物环境——网上商店(如卓越亚马逊、京东商城、当当网等),消费者通过网络在网上购物、在网上支付。由于这种模式节省了客户和企业的时间和空间,大大提高了交易效率,特别对于工作忙碌的上班族,这种模式可以为其节省宝贵的时间。在网上出售的商品特征比较明显,例如图书、音像制品、数码类产品、玩具等对购买者视、听、触、嗅等感觉体验要求较低。B2C电子商务的付款方式是货到付款与网上支付相结合,大多数企业的配送选择物流外包方式以节约运营成本。随着用户消费习惯的改变以及优秀企业示范效应的促进,网上购物用户不断增长。

C2B是消费者对商业机构的电子商务,也就是所谓的"倒转式的拍卖"。这种电子商务模式最先流行于美国。C2B模式的核心是通过聚合为数庞大的用户形成一个强大的采购集团,以此来改变B2C模式中用户一对一出价的弱势地位,使之享受到以大批发商的价格买单件商品的利益。例如淘宝、易趣、拍拍等网站上的团购业务都属于C2B这样一个基本范畴。这种模式非常创新,如果解决初期的用户聚合问题,是更能成功的。

三、网络游戏

网络游戏是利用Tcp/ip协议,以Internet为依托,可以多人同时参与的游戏项目。游戏运营商主要通过虚拟装备和道具买卖实现盈利。国内比较著名的游戏网站有盛大、联众、腾讯、网易等等。2006年我国网络游戏市场规模已达到65.4亿元人民币。小小的网络游戏已经成为网络发展不可忽视的收入之一。

2005年自盛大宣布实行网络游戏免费服务以来，各个网络游戏厂商都全力跟进，一时间免费网络游戏风起云涌，成为了市场主旋律。网络游戏通过虚拟装备和道具的买卖实现各商家的赢利目的。在游戏产业发达的国家，游戏业是一个非常重要的支柱产业，除了通过直接的虚拟装备和道具的买卖外，开发该游戏的衍生产品也是一个非常重要的收入来源。网络游戏衍生产品主要是通过游戏版权所有者开发的或者通过相关授权开发的与游戏内容有关的实物形式表现出来。游戏衍生品的形式多样，通常包括游戏角色形象的玩具模型、与游戏内容相关的书籍、带有游戏LOGO或图案的服装、生活用品以及在游戏中的音乐专集等等。

网络游戏是一门综合视觉艺术，它的触角几乎伸向传统艺术的各个领域，游戏周边的市场容量相当惊人。按照国际通行的判断标准，一个成熟网络游戏周边市场的产值，是网络游戏业直接产值的2~9倍，如果算上网络游戏周边市场的大众影响力，更是网络游戏业本身难以达到的。以日本为例，日本游戏厂商推出的游戏产品，至少三分之一的利润来源自游戏衍生品，整个日本游戏业的市场空间，将近一半都是游戏衍生品的天地。随着中国网络游戏市场的日益成熟，游戏衍生产品的地位一定会有提升的空间，加上现在大部分游戏采取免费运营的方式，这也导致游戏开发商们将赢利的希望寄托到利润丰厚的游戏衍生产品上。盛大集团在衍生产品的开发上有出版和出版以外的游戏衍生产品两大类。出版物包括游戏攻略、动漫、社科类图书，以每月大概20本的速度进行。特别是游戏攻略的图书，是其推广的重点。

四、SP服务

互联网与电行行业相结合，提供短信、彩铃下载等服务，已经成为中国互联网最主要的盈利方式之一。门户网站、娱乐性网站以及专门为短信提供内容服务的SP(Service Pack提供信息服务的服务商)是主要的受益者，几乎每个进入全球排名前10万位的商业性网站都在通过SP来获取经济效益①。

无线增值服务提供商如空中网、灵通、华友世纪等。中国移动增值业务市场从2002年开始，经过5年的快速发展，2007年市场总体规模达到415亿元。一类是直接提供娱乐服务，如交友、彩信、彩铃、游戏、来电铃声、语音交互等等；另一类是提供资讯服务，比如广告、专科医学常识介绍、天气预报等等。传统SP业务包括短信、语音、彩铃，基于3G的SP业务包括WAP、网络游戏、彩信、JAVA应用等。

五、网络媒体信息收费②

2002年底至2003年初，一些媒体陆续报道了同一新闻：美国研究机构进行的调查显示，北美地区(美国、加拿大)的118个新闻网站，亏损的有36%，赢利的有38%，持平的有26%，将赢利与持平加总，显示已有64%的业者不但不亏钱，甚至已经获利。预计亏损的

① 林丽丽.宽带互联网时代网站盈利实现方式探讨[M].《科学教育前沿》.

② 数据参考来源：《中国网络媒体经营模式探析》，钟心，2004

部分业者2003年下半年或2004年上半年可望达到收支持平。转亏为盈的一个很重要的因素是网络媒体经营者和上网用户已逐渐接受信息内容有价的观念。

综合目前中外网络媒体信息内容营收模式看,大体有以下三种:(1)新闻和信息内容打包向其他网站或媒体销售;(2)用户付费方能浏览网站;(3)用户付费进行数据库查询。

内容收费的成功并非一蹴而就,必须信息质量高,内容独特性高(即替代性要低),付款机制方便完善,消费者付费观念健全,上网费率要低、速度要快,明确的市场区隔,内容不易被仿冒及复制等因素。

【思考与练习】

1. 请分析网络媒体广告与传统媒体广告有哪些异同。

2. 试分析网络游戏的衍生产品开发需要注意的问题。

第十部分　休闲文化产业

【学习目标】

1. 了解休闲文化产业的产生缘由和产业的类型；
2. 认识影响休闲文化产业发展的多种因素；
3. 了解我国休闲文化产业在我国经济发展中的地位及目前可能存在的问题；
4. 了解休闲文化产业具有社会功能的原因。

【内容描述】

休闲经济是近年来国际社会对人类自身活动与经济现象的一个定义，休闲文化产业作为一个新的经济增长点正快速地向我们走来，并成为我国目前经济发展面临的新课题和拉动内需的新机遇。休闲文化产业不仅可以直接给交通运输、金融保险、宾馆餐饮、商业网点、旅游景点景区、文化娱乐等带来客源和市场，而且间接带动和影响了农业、工业、建筑业、房地产业等发展。休闲产业不仅包括物质产品的生产，而且也为人的文化精神生活的追求提供保障①。

第一单元　休闲文化产业定义

【案例导入】

留坝县旅游发展纪事

旅游产业是休闲产业中最为重要的组成部分。地处陕西省汉中市的留坝县为我们提供了将旅游休闲同本地经济发展相结合的典型案例。留坝县生态资源优越，该县制定经济发展规划时充分发掘旅游休闲资源的潜力，最终改变了一个贫困县的经济命运。在2008年底召开的县十二届二次党代会上，县委制定了"三年打基础，五年变面貌，十年见成效"的阶段性目标，规划了"一个中心、三大片区"的旅游空间布局，即把全县当作旅游景区，把县城当作旅游景点，打造商务休闲中心。目前以旅游业为龙头的第三产业增加值占

---

① 休闲产业将是我国新的经济增长点[N]. 北京:《科技日报》,2000年07月14日.

全县 GDP 的一半以上。仅 2009 年上半年,全县共接待游客 29.5 万人次,提前半年完成全年计划任务,同比增长 391%;旅游直接收入 560 万元、综合收入 3 850 万元,同比分别增长 148%和 474%。火爆的旅游业不光带动了农家乐、宾馆等服务行业,还使山里的农副产品有了广阔的前景。围绕香菇、木耳、西洋参、土蜂蜜,全县涌现出了 10 家绿色农产品加工龙头企业,以旅游为主的三产从业人员达到 3 000 人以上。

【案例分析】

留坝县旅游业迅速发展对应的一个现实是人民物质生活水平提高的同时,越来越追求精神层面的享受。休闲文化则是休闲生活方式概念化的称法,是各种进入大众生活领域休闲方式的统称。其发展受到地理位置、历史发展、经济水平和传统文化的影响和制约。留坝县旅游业的发展一是基于较好的历史机遇,亦即改革开放和经济建设取得良好发展的大背景下,另外也得益于其深厚的历史文化和丰富的自然景观资源,这两者缺一不可。

【知识要点】

所谓休闲产业就是满足人们多样化安排的需要并提供最佳配置的供给体系。文化休闲则是突出休闲的文化性,普通的休闲主要表现为其娱乐性的特征。文化休闲是现代社会的产物,其表现出来的文化意义和社会意义在我们未来的社会发展中具有举足轻重的地位。休闲不仅标志着人已经从繁重的体力劳动中解放出来,而且标志着人从满足现实的基本生活需要转向对精神生活的向往,标志着计划经济体制向市场经济体制转变的过程中,已由传统的生产—消费模式逐渐转变为消费—生产的模式,标志着人们开始从有限的发展转向全面发展自己。

一、休闲文化产业定义和内容界定

当前,休闲文化已经成为社会文化经济生活的重要内容。休闲产业是一个跨部门、跨行业、关联度很高的综合产业,对相关产业具有强有力的联结、凝聚功能。为了深入研究这一现象,非常有必要弄清楚休闲文化产业的基本内涵。然而休闲文化产业是一个综合产业,其定义界定存在着较大争议。一般的定义可以概括如下:(1)休闲文化产业是与人们休闲行为密切相关的产业领域;(2)休闲文化产业是近代工业文明的产物,是现代社会和科学技术发展的结果;(3)举凡提供人们从事休闲时所需之相关产品或服务之企业,皆可谓之为休闲产业;(4)为满足人们休闲需要而组织起来的产业就是休闲产业;(5)广义经济学认为休闲消费便是人们在“快乐驱动”的作用下发生的消费欲望及具体的消费行为等。

以上定义尽管各不相同,但是作为休闲文化产业的共同点,其定义可以综合概括为:休闲产业是指与人的休闲生活、休闲行为、休闲需求密切相关的,提供各种休闲产品和休闲服务,以便满足人们的休闲消费目的的产业。它属于服务业大范畴,同时也涵盖工业、农业等产业,特别是以旅游业、体育业和文化产业为主业而构成的产业集群或产业链,是一种包容性很强的产业[①]。

休闲文化产业属于一类概念的统称，其涵盖各种各样的产业类型，学界对其具体范围界定较为模糊。本文收集提炼了现有资料，根据社会上一般的理解，对休闲文化产业做了较为详细的列举，如下表所示[②]。

休闲产业类型	具体内容细分
旅游休闲	历史文化遗产、自然风光、主题公园、动植物园、城市风光等
乡村休闲	农家乐、渔家乐、牧场乐、民俗村、乡村古镇等
购物休闲	商场、会展、批发市场、步行街、专卖店及拍卖、典当等
娱乐休闲	歌舞厅、迪厅、音乐厅、棋牌馆、影剧院、演艺中心、卡拉OK、KTV等
体育休闲	高尔夫、保龄球等球类运动，游泳、漂流、潜水、冲浪等水上运动，武术、攀岩、狩猎、赛马、射击、跳伞、航模、蹦极、野营、垂钓等
教育休闲	图书馆、博物馆、纪念馆、展览馆、科技馆、天文馆、地质馆、艺术馆、烈士陵园、大学校园、工业旅游、老年大学、书店、文化站及各类非职业性培训中心等
饮食休闲	饭店、酒楼、茶馆、咖啡馆、风味小吃店、美食广场等
保健休闲	温泉疗养、森林疗养、花卉疗养、水疗、泥疗、盐疗、洗浴、阳光浴、美容、美发、推拿、按摩、氧吧等
情趣休闲	宠物豢养、形象设计、美容、美发、种花、种草、集邮、收藏雕刻、书法、绘画、编织、插花、陶吧、话吧、清吧等
社会休闲	慈善、福利、志愿者行动及各种节庆、会餐、交友、会所经营等
休闲物品生产	休闲饮食、休闲服饰、休闲保健、休闲读物、休闲器材及设备的提供

二、休闲消费的特征

(1)人们增加对文化精神的消费与追求，将更多的时间和金钱用于休闲，以期获得精神享受的提升。例如阅读、健身美容、旅游和各种欣赏活动等。

(2)传统的工作和休闲的概念变得模糊。因为休闲在现代经济中的作用和传统生产对经济的推动作用类似，也是一种资源分配和价值创造的模式。

(3)随着“过剩经济”的到来，休闲消费逐步成为一种文化符号，推动休闲消费成为经济维持健康和可持续发展的重要手段之一。

(4)休闲文化的发展和当地福利水平呈正相关关系，国家越富有，休闲时间就越多。而休闲将会成为提高百姓生活水准和推动经济发展的重要力量。当前的假日消费对经济增长的贡献正是这一论断的重要支撑。

三、影响文化休闲产业发展的几个因素

(一)宏观环境因素

经济因素是影响休闲文化产业发展最重要的因素。只有社会经济发展到一定程度休

① 徐晓飞.论我国休闲产业的发展[D].东北财经大学2006届硕士学位论文.

② 陈喜红.休闲产业与经济发展[J].经济研究.中国高新技术企业.

闲文化产业才会出现。

按照需求层次理论，只有在满足物质条件的基础上，人们才会开始考虑精神方面的享受，比如文化休闲等。一般而言，物质资料生产越发达，大众对精神文化产品的追求越强烈。从个人收入角度分析，个人的收入水平是制约休闲消费的最主要因素。消费者只有在能够获得足够的物质消费需求保障之后才会考虑休闲文化产品的消费。从宏观经济学角度分析，休闲文化产品相关设施的建设需要考虑到投资和收益回报率，只有市场收益预期达到一定程度的时候，休闲文化产业才有发展的可能性。

（二）文化因素

休闲文化产业本身就是一种文化表现形式，所以整体上休闲的文化背景和消费者自身的文化对休闲消费有着重大的影响。

文化是人类社会在长期发展过程中沉淀的精神财富，对个人的行为有巨大的调节和规范作用。不同地区、不同年龄、不同文化层次的消费者对休闲文化的需求不一样。如北京人爱看京戏，浙江人喜欢越剧，老年人喜欢早些年的革命文化，年轻人则喜欢流行文化。地方的不同历史文化积淀，不同性别和年龄阶层的文化品味，甚至个人之间的不同文化偏好都是影响休闲文化发展重要的因素。此外，受教育层次的高低也是文化因素之一，个人受教育的层次在某种程度上决定着休闲文化产业档次和具体内容。

（三）法律制度因素

法律制度也是影响休闲文化产业发展的重要因素之一。通常情况下，法律制度或者会成为休闲文化产业发展的基础，或者会成为休闲文化产业发展的障碍。在计划经济体制下，休闲文化产业带有资本主义市场色彩的产业发展受到了严格的法律管制。一直到了改革开放以后，特别是20世纪90年代，随着对外文化交流的展开和文化管制的放松，港澳文化、日韩文化纷纷进入大陆市场，形成一阵阵外来文化热潮。但是基于我国的国情，我国的休闲文化产业发展在现阶段毕竟有限，比如博彩行业的发展始终难以受到法律的支持。

（四）消费者个人因素

（1）消费者的个人社会因素，具体包括消费者的财产状况、文化素质、生活方式和价值观念等。

（2）相关群体因素。相关群体是指能够直接或间接相互影响的人的集合。休闲文化产业中很多项目都是一种群体行为，如球类、棋类、歌舞类等。

（3）消费者的人口统计因素，包括年龄、性别、职业、健康状况等方面。

【思考与练习】

1. 举例说明休闲产业主要分为哪些类型。

2. 休闲产业的主要特征是什么？

3. 影响休闲产业发展的主要因素是什么？

第二单元 休闲文化产业经济功能

【案例导入】

米老鼠的反危机经济学①

经济危机并非意味着所有企业的破产和衰败，一些企业恰恰是在别人处于困境期间成长起来的。沃尔特·迪斯尼动画公司就是其中一个。

和罗斯福新政起到类似的作用，米老鼠在大萧条时期扮演了极其重要的角色，将美国经济从疲惫中拉了出来。在美国，从一开始电影就定位于大众消费，价格低廉，电影票价受经济危机影响的"弹性变化"很小。在危机期间，电影业不仅没有萧条，反倒更加繁荣起来，迪斯尼产业就是在这个时期得到了迅速发展的产业之一。

米老鼠产业的繁荣为美国经济复苏作出了贡献，米老鼠标志的流行促进了制造业的发展，印有米奇标志产品的畅销为许多工人提供了就业岗位和机会，解决了他们的生存问题，减轻了经济危机的影响。因此1936年的华尔街日报将米老鼠称为拯救危机的"经济学家"。

【案例分析】

米老鼠的反危机案例只是休闲文化产业的一个缩影。不同于实物消费经济，休闲文化产业更多体现的是人的精神生活层面。其在现实社会中正发挥着越来越重要的经济功能。在我国，从温饱到小康的社会转型中，正是休闲经济可以迅猛发展的时期。另外，休闲经济也可以看作是一种产业结构，对于我国经济增长转型起到重要的推动作用。

【知识要点】

休闲文化产业是各种休闲活动市场化的表现形式，是当代经济发展的重要组成部分和促进经济繁荣的重要因素。休闲文化产业之所以能够对经济增长起到推动作用，从根本上看是因为休闲文化产业可以从大众不断释放的精神需求出发，不断强化休闲产品质量和提升休闲服务水平，从而带动和刺激市场的持续需求，创造巨大的产值。休闲产业很多属于劳动密集型产业，对于均衡收入分配民、减少收入差异都有很好的效果。从休闲消费角度分析，休闲消费将成为国内消费经济的重要推动力量。

一、休闲文化产业与经济增长

在启动内需、鼓励消费、增加公共假日的背景下，人们休闲支出占总收入中的比例不断提高，休闲消费对国民经济的促进作用越来越显著。据统计，1990年全美国用于休闲的花费已达1万亿美元，占全美消费支出的1/3。据我国国家统计局1999年所作的《中国城市居民消费形势报告》显示，和居民家庭食品及日常用品消费相比，文化教育及休闲娱乐比重上升，其中平均每月用于休闲的支出为113元。据英国《经济学家报》预测，21世纪，

① （摘自：董晓，商报.生意讲堂，2009.2.20）

休闲产业将取代信息产业成为推动全球经济增长的最大动力。

经济危机中的“休闲娱乐经济”①

与其他实物消费品的供给需求不一致的是，经济萧条阶段休闲娱乐消费可能出现与整体经济预期不一致的走势。1993年美国经济萧条时，全国有1.5万家电影院，票房收入7亿美元，平均每个家庭花在电影上的钱是25美元，每年观看150～250场电影。

这也仅是一个缩影。纵观近现代经济发展史，休闲娱乐从经济衰退中获利已经成为一个普遍的现象。来自美国影业联合会的数据显示，在过去七次经济萧条中，五次票房大幅上升。另外，一些有名的影视公司如，20世纪福克斯、米高梅、华纳兄弟、环球、哥伦比亚都成长于经济萧条期。

日本的娱乐业在日本经济处于顶峰的上世纪80年代发展得依然不温不火，但到了90年代后，日本进入衰退以来，日本影视、娱乐等行业迅速发展并开始进入海外市场。非常巧合的是，韩国的影视文化、服装文化、健康饮食等产业也正是在1997年东南亚金融海啸后开始风靡全球的。

二、休闲文化产业与就业促进

休闲产业是主要提供劳务产品的产业，可容纳较多劳动力，与其他行业相比，能提供更多劳动就业机会。以旅游业为例，一般情况旅游系统一人就业能带动社会上四五人就业。目前全球旅游从业人员为2.5亿，而相关从业人员达12.5亿人。估计到2010年旅游业还将创造1亿个就业机会。旅游业每增加100万元固定资产，可为250个人提供就业机会；而资金密集型企业每100万元固定资产仅提供15人就业。如何像旅游业这样在低成本的基础上创造就业机会，正是中国亟待解决的问题。按照我国近年的0.2左右的就业弹性系数计算，若旅游业今后保持10%的增长速度，其吸纳的就业数量每年至少增加13%。由于旅游业的就业弹性系数一般大于平均水平，其实际增长潜力巨大。总而言之，休闲业在创造社会财富的同时缓解了社会矛盾，推动了社会生产力的发展，对社会经济发展具有“蓄水池”的作用。

三、休闲文化产业与产业结构完善

休闲经济的形成及其发展对社会产业结构发展变化的影响主要表现在如下几个方面：其一，休闲经济的形成与发展，使以互联网和信息技术为主导的信息化浪潮所引发的产业革命进入新的发展阶段，导致社会产业结构的非物质化趋势进一步增强。其二，休闲经济的形成与发展使社会各产业之间的划分进一步趋于模糊化，使产业结构中各个产业之间呈现的交叉发展趋势进一步增强，它包括了旅游业、娱乐业、服务业和文化、体育、影视传播等行业，甚至渗透到工业和农业中。其三，休闲经济的形成与发展，使开始于技术密集型经济的产业结构软化趋势进一步增强。其四，休闲经济的形成与发展调整了决定

---

① 主要数据参考《郎咸平说：谁来拯救中国经济》，中信出版社，2009.

产业结构变化的因素,使最终需求对产业结构的影响作用明显上升,而中间需求的影响作用进一步下降。

四、休闲文化产业与我国未来的经济发展

我国文化休闲产业发展中存在的问题:

首先,我国城乡差别、区域差别、行业差别仍然很大。休闲产业受到经济发展水平的影响较大,因此产业的地域分布存在严重不平衡现象。迪斯尼乐园进驻上海的同时,在其他地区却有着很多农村居民不知道公园是什么。

其次,从计划经济到市场经济的转变过程中,传统的产业类型被认为是经济发展的经典模式,文化休闲经济的发展方式被认为是不务正业的发展方式。因此,在当前经济环境下,传统思想观念将可能成为制约我国休闲产业发展的重要因素。

再次,休闲水准偏低,我国经济发展不平衡和恩格尔系数偏高使得大部分居民仅处于公园游览、琴棋书画甚至扑克牌的层次。这样的休闲层次离经典的文化休闲产业定义的休闲方式还有较大距离。

最后,人们对于休闲的理解十分肤浅,休闲意识淡薄,消费者缺乏健康的休闲理念(生态环保和道德文明)。休闲产品的供给也较为单一,以娱乐性为主,休闲文化性还不够突出。如文化品味、体育健康、教育学习等休闲产品还处于原生状态或睡眠状态。其他方面存在的问题还包括,政策制定的滞后性尚不能满足休闲经济发展需求。有效借鉴国外经验,实现正确的公共政策选择,是我国休闲产业发展的必由之路①。

体育文化休闲产业的经典案例——NBA

NBA(美国国家篮球协会)的成功商业经营是世界休闲文化产业成功经营的典型代表。作为一个职业篮球比赛,NBA以其独特的商业运作模式,将体育竞技与表演,拍卖著名球星的球衣、用品、纪念品,设立NBA运动服饰用品专卖店等糅合在一起,用42种语言进行赛事传播,吸引了全球212个国家和地区的关注,从而使得其在经济效益方面获得了极大的成功。利用NBA赛事的巨大影响力,门票收入和电视转播权收入就占到整个收入的60%以上。在2008年赛季,NBA门票收入达到12亿美元,是NBA最大的收入来源,占联赛36亿收入的33%。紧随其后的是全国球赛转播合约收入,达10亿美元,占总收入的28%。从2009年开始NBA与ESPN、ABC和TNT宣布续签新的价值74亿美元的8年转播合同。NBA尽管有着巨大运作体系,但是其给观众更多的是美国篮球文化的体验和休闲的愉悦。

【思考与练习】

1. 举例说明休闲文化产业对经济的促进作用。
2. 举例说明休闲文化产业对扩大就业的推动作用。
3. 举例说明休闲文化产业对优化经济结构的积极作用。
4. 我国当前发展休闲文化产业存在哪些问题?

---

① 李培祥. 试析我国休闲产业的发展[J]. 商业研究,2008.03

第三单元　休闲文化产业社会功能①

【案例导入】

随州市曾都区送文化下乡丰富群众文化生活②

近年来,湖北省随州市曾都区委、区政府高度重视农村文化建设,出台了一系列文化惠民政策,建立"以钱养事"新机制,政府买单,百姓看戏,扎实开展送文化下乡活动,丰富了农村群众精神文化生活。曾都区委、区政府高度重视文化建设,2007年提出了建设"文化曾都""发展文化生态旅游城市"的目标。近年来曾都区政府组织各种形式的文化下乡活动,由政府买单,促进当地休闲文化发展。分别推出一些列具体文化活动,如:(1)区花鼓剧团每年送戏下乡55场;电影公司每年送电影下乡6 000场;(2)送书下乡,2007年全区有55个新农村建设工作队分别为驻点村送去了价值1 800元的系列丛书;(3)乡镇演出团体创作精品;(4)以"农民讲坛"为平台,把文化活动送到农民家门口等。

【案例分析】

曾都区系列文化活动的开展,极大地丰富了农村村民文化生活,提高了民众文化素质和精神文明修养,为广大消费者提供了欣赏高雅艺术的机会,对提供较高层次的视听享受也具有促进作用。休闲文化产业对于民族团结、民族文化弘扬、社会主义精神文明建设等都有很好的促进作用,是适应时代需要、弘扬先进文化、构建和谐社会的必然要求。

【知识要点】

休闲是经济发展到一定阶段人们需求多元化发展的结果。休闲产业的发展可以促进大众身心健康发展和生存质量的提高。积极健康的引导休闲文化的发展还可以起到稳定社会、促进社会和谐发展的作用。

一、休闲产业与消费需求的多元化

众所周知,人的需求的满足促进人自身的发展,也是社会经济进步的内在驱动力量。当人的需求在市场的作用下转变为消费的能力时,就进入社会再生产的循环过程,形成各种产业,随着社会永久生存下来,因此市场经济是需求导向型经济,居民消费需求作为社会总需求的重要变量,成为驱动经济发展的导向和助推器,经济的繁荣促进了整个社会的文明进步,也反过来影响人的需求向多元化发展。

根据美国经济和心理学家马斯洛的消费需求层次理论(Maslow's hierarchy of needs),

---

① 陶萍,黄清.论休闲产业的社会功能[J].哈尔滨工业大学学报(社会科学版)

② 中国江苏网 2009.08.01,http://news.jschina.com.cn

人的需要被划分为五个层次：生理需要、安全需要、社交需要、尊重与地位需要、自我实现需要。这五种需要也分为两级，其中生理需要、安全需要和社交需要都属于低一级的基本需要，尊重的需要和自我实现的需要是高级需要，并认为在基本需要得到满足后，人们才有可能产生更高精神层面的需要。这一规律从消费需要的角度揭示了人全面发展的需要以及社会发展的一般规律，当人们在满足了衣食住行等消费需要（是人的基本需要）后，也就是当经济发展到一定程度，人们的需求向多元化发展，开始追求更高层面的精神享受、自我发展和社会认同感。

二、休闲产业与人的享受和发展

人类社会发展至今，不仅科技、经济高度发达，社会文明也在不断进步，休闲不再是贵族的专利，寻常百姓也有了更高层次的享受和精神需要，人们借助旅游、文化欣赏、体育休闲得到特殊的心理体验，不仅可以消解工作和生活压力，还能促进人际交流。

文化休闲活动可以增进个人的社会责任感和民族自豪感，坚定社会核心价值观，如参观历史博物馆和革命圣地；文化休闲活动还可以满足特殊人群的特殊精神需求（如老人、单亲儿童、残障人士等）；文化休闲活动还可以促进家庭成员之间的感情沟通以及个人与社会的交流。从个人的身心健康和综合发展角度看，文化休闲活动可以使人获得自由、独立、自信、自尊的情操，提高个人领导才能、团队意识、生活质量感知和积极乐观精神面貌等。

据统计，美国 1997 年生态旅游达到 800 万人次，2003 年增加到 4 800 万人次；西班牙林业休闲提出“不仅仅是阳光和海滩”的广告，有 50% 的游人从海滨旅游转向生态旅游；法国开展绿色旅游，全国 1.6 万个村庄参与其中，每年有数百万游客到森林进行散步等林业休闲活动；日本 1 240 万出国旅游者有 20% ~40% 从事探险和生态旅游[①]。

三、休闲产业与国民生存质量的提升

根据马斯洛和一些行为心理学家的理论，一个国家多数人的需要层次结构，是同这个国家的经济发展水平、科技发展水平、文化和人民受教育的程度直接相关的。在不发达国家，生理需要和安全需要占主导的人数比例较大，而高级需要占主导的人数比例较小；在发达国家，则刚好相反。因此不发达国家的需求层次比发达国家的需求层次要低一些，也说明了不发达国家的国民生存质量比发达国家要低，而国民生存质量是综合国力与国家竞争力的重要指标，是社会稳定和文明进步的重要前提。当前，居民在选择居住地时越来越看重周围的休闲设施，特别是所居住小区及附近的休闲设施水准。在大多数人看来，这是生活质量的重要方面。如体育健身场馆、公园绿地、儿童娱乐场所、老年健身和健康医疗场所等。房地产开发商也将小区休闲娱乐设施当作一个重要的卖点吸引购房者。

四、休闲产业与文化传承

文化是一个民族赖以生存的根基和社会发展的重要动力。一个国家的文化形象，是

---

① 张建国，余建辉. 生态林业论[M]. 北京：中国林业出版社，2002：150-151.

这个国家文化传统、文化创造和国家“软实力”的体现。美国的米老鼠、麦当劳、微软、乡村音乐、摇滚、NBA等都是美国的文化体现和美利坚民族“软实力”的象征。在文化市场化的过程中，休闲产业通过将生态文化和民族文化建设通过市场化路径，满足大众的休闲需求并创造经济产值。比如利用门票、广告、影视产品等形式作为收入来源方式。生态环境是人类生活的物质载体，因而良好的生态文化具有休闲功效，人们可以从优美的自然生态中感受身心的愉悦。目前，生态文化已经成为发达国家的主流文化，他们非常注重人与自然的和谐。近几十年来，自然保护区、森林公园、动物园、城市公园等休闲文化产业得到迅速发展。以人与自然界关系为题材的影片越来越成为生活的时尚，如《侏罗纪公园》《哥斯拉》《冰河世纪》、法国影片《熊》等。联合国教科文组织的“人与生物圈计划”也体现了生态休闲文化的理念，将人的生活和自然生态文化融合到一起。此外，休闲生态文化还具有教育的功能，意大利文化遗产保护团租借米兰市的35公顷土地，用9年时间种植了生态示范林，用于青少年的生态环境保护体验示范教育和培养儿童的生态环境意识。

除了生态文化，民族文化也构成了文化休闲产业的主要组成部分。在改革开放的今天，民族文化的流失和“濒危”情况在我国显得格外严重。我国的少数民族地区民族文化传统丰厚，是发展休闲文化产业的重要资源。将生态和民族文化结合到一起将会产生永久性的魅力，使休闲产业的市场需求空间十分广阔。

【思考与练习】

1. 从需求层次理论阐述休闲文化产业兴起的原因。
2. 休闲文化产业如何让人们在享受的同时获得自身的提高？
3. 阐述休闲文化产业与国民生活质量之间的关系。
4. 阐述休闲产业对文化传承的巨大作用。

第四单元　我国休闲产业发展概况①

【案例导入】

新兴发展的邮轮业②

国际邮轮停靠中国港口的历史有10年多，抵达中国的国际邮轮陆续增加。有数据显示，2006年挂靠我国城市港口的国际邮轮突破70艘次。另据上海市的统计资料，2001年到2004年期间，上海市共接待国际邮轮96艘次，接待国际邮轮游客11.6万人次；2006年有33艘次国际豪华邮轮停靠上海港。2006年7月全球最大的美国嘉年华邮轮集团旗下

① 黄蕾，李娟．浅谈我国休闲产业的发展[J]商业文化·社会经纬，2007年11月．

② 中国休闲产业发展概况，福建省乡村发展协会，http://www.fj5167.cn/Chinese/Bs_ProductShow.asp? ArticleID=450.

的歌诗达(Costa)邮轮公司,在中国开辟了第一条以上海作为母港的上海—日本长崎—韩国济州岛的邮轮定班航线,安排了24个班次,计划每年接待5.5万从上海港登船的游客。

据此,国内有不少城市已经提出了发展邮轮旅游的规划。上海总投资35亿元、年接待能力达100万的上海国际客运中心(邮轮母港)已经建成并投入运营,可同时停靠3艘8万吨级或4艘3万吨级的邮轮。天津对邮轮旅游已经酝酿、考察和摸索多年,邮轮经济已初现端倪。大连、厦门、三亚等城市都积极为邮轮旅游的发展创造条件。

【案例分析】

这是我国休闲产业发展的一个缩影。进入新世纪以来,我国休闲产业的发展势头迅猛,国内需求旺盛,许多城市都打出休闲的消费概念。可以预见的是未来休闲产业在我国的巨大发展潜力。

【知识要点】

我国发展休闲文化产业具有得天独厚的优势,与休闲文化有关的产品生产和服务生产,如旅游、信息产业、音像出版业、文化业、娱乐业、餐饮业、休闲住宿、酒吧、体育、广电等对我国就业市场的拉动将扮演极其重要的角色。在居民经济条件好转后,人们自然会追求尽可能多的休闲放松的机会。目前,与休闲有关的各种项目诸如野外探险、农家乐、温泉度假、娱乐购物等文化休闲产业悄然兴起。这些为我国休闲经济的进一步发展提供了良好的契机。

一、文化休闲产业在我国的发展背景及重要意义

2008我国的人均GDP已经达到3 313美元,据预测,2010年将突破4 000美元。我国社会正经历从温饱型消费转变为生活质量型的消费。节假日数不断增加,假日休闲逐步成为一种生活时尚。与此同时,国家高度重视拉动内需和人民生活水平的提高对可持续经济发展的贡献。城镇化水平和民众平均文化层次的提高为休闲产业的发展提供了客观的基础条件。可以预计的是,未来休闲生活水平在我国将会获得大幅度的增长。

休闲产业对经济的作用主要有调整产业结构、增加就业机会、增加外汇收入、调整地区间经济发展不平衡等。我国的休闲文化产业及相关产业共有从业人员1 274万人,占全部从业人员的1.7%。休闲产业大多数是劳动密集型产业,我国发展休闲文化产业具有得天独厚的优势,与休闲文化有关的产品生产和服务生产,如旅游、信息产业、音像出版业、文化业、娱乐业、餐饮业、休闲住宿、酒吧、体育、广电等对我国就业市场的拉动将扮演极其重要的角色①。

二、我国休闲文化产业发展的现状

在我国,随着人们的消费结构不断升级,休闲性支出所占比例呈增长趋势。目前,与

① 刘洪娜,等.浅议休闲产业经济价值的主要体现[J].井冈山学院学报,2007年6月.

休闲有关的各种项目诸如野外探险、农家乐、温泉度假、娱乐购物等文化休闲产业悄然兴起。近几年来,文化娱乐、体育健身、观光旅游等文化休闲产业得到迅猛发展。服务业中,其他种类独具特色的休闲服务也不断增多,如继酒吧、咖啡吧之后又出现了各种形式的聊吧、电影吧、陶吧等,通过提供多样化和个性化产品满足消费者的休闲需求。

为了扩大内需,政府出台了一系列鼓励消费的政策,刺激经济增长。假日经济便是政策举措之一,通过增加社会成员的休闲时间促进休闲经济的发展。另外,政策的制定还注重居民生活福利水平的综合提升,比如工资水平、社会保障体制建设等。我国目前每年的公共假日时间(周末和法定假日)达到 114 天,居民休闲消费意识和休闲的文化层次逐步提高,出现了“假日经济”现象,在很大程度上推动了我国消费经济的发展。

此外,从宏观经济层面,国家和地方政府还结合当前经济建设情况出台了一系列政策鼓励文化休闲经济的发展。如将休闲文化产业和新农村建设及生态农业推广、休闲商业、休闲工业等经济发展模式结合到一起。如“海尔工业游”项目,将海尔独具魅力的人文景观、整洁有序的现代化生产线、琳琅满目的产品展室展示在旅游者的眼前,形成极大的震撼力①。

从发展产业的角度,我国休闲产业可以分为旅游产业、文化产业、体育产业等三类重点行业。本文将从以上产业的发展现状来阐述我国休闲产业的发展情况。

(一)旅游产业

近年来我国旅游产业持续升温,并且带动相关宾馆、餐饮、交通运输行业的兴盛。由此,旅游产业在带来经济效应、社会效应的同时,对产业经济结构转型和就业方面都有巨大的推动作用。

(二)文化娱乐产业

它是指以满足人们获取知识、休闲、娱乐等精神需求为主的产业,包括影视业、音像制品业、报刊图书业、教育培训业、艺术表演业、艺术品经营业等等。

(三)体育休闲文化产业

根据预测,我国到 2010 年体育产业的产值至少可达到 28 112 亿元,占 GDP 的比重达到 0.3%。在经济发达国家,体育消费方面的开支通常占整个社会消遣娱乐消费的 30% ~ 40%。如美国,体育消费占消费总额的 20% 左右。由此可见,作为 13 亿人口的大国,未来体育消费的潜力巨大。

三、我国休闲产业的良好发展态势②

(一)需求个性和形式多元化

随着休闲活动在广大民众中兴起,人们已不再满足传统的、单一化的休闲活动,而是追求更多具有个性化特征的创意性休闲活动。精明的经营者也相时而动,将休闲文化产

---

① 厉守卫. 休闲产业经济发展模式探析[J]. 中国集体经济. 文化产业 2009 年 3 月.

② 刘海鸿. 我国休闲产业的特点、态势与前瞻[J]. 生产力研究, No. 18. 2007.

业朝着创意性休闲文化等多元化方向发展。比如近年来大量兴起的建设市民农园、观光农园、农业公园、教育农园、休闲农场等等。开展民俗旅游、野外登山活动,将旅游、考察、休闲、学习、疗养有机地结合起来,培育能满足人类精神和物质享受的新型休闲产业是多元化休闲产业的极好表现。

(二)消费层次化与大众化

我们所倡导的和谐社会,希望让广大民众包括大量低收入阶层也能够享受到经济发展、社会进步的成果,包括让普通民众的生活质量得以提高,让休闲—“昔日王谢堂前燕”,能够“飞入寻常百姓家”。所以在发展休闲文化产业的时候,应当探索休闲产业向着层次化方向发展,让不同层次的消费者,都能有经济能力享用休闲资源,既有登山旅游、滑雪运动,使酷爱运动、善于冒险的体育爱好者有了活动场所;也有网络博客,让知识阶层从社会名人到默默无闻的普通民众都能找到交流思想、展示才华和自我释放的自由空间,使得休闲真正大众化。

(三)行业之间的互动与整合

休闲产业是一个跨部门、跨行业、关联度很高的综合产业,对相关产业具有强有力的联结、凝聚功能,发挥着带动其他产业和经济发展的核心作用。它不仅直接给交通运输、金融保险、宾馆餐饮、商业网点、旅游景点景区、文化娱乐等带来客源和市场,而且间接带动和影响了农业、工业、建筑业、房地产业等发展。近年来逐步发展起来的环城市的休闲度假带是这种互动性和整合性的一个集中体现。小城市和农村纷纷以大城市为依托打造“卫星式城市联盟”,结合自身优势重点发展辅助休闲产业,使第一产业向第三产业延伸,形成以旅游业、娱乐业、服务业和文化产业为龙头的产业系统,如围绕“大上海”的周边城市发展的大量文化旅游小城市,苏州园林城市,嘉兴水乡文化等等。

休闲文化产业发展案例—奥运与休闲文化产业

北京作为一座具有3 000多年历史的文化古都,环境优美,人文资源丰富,为休闲文化产业发展提供了重要的文化和物质基础。2008年世界第29届奥林匹克运动会在北京举行,北京市以奥运为契机,大力发展文化休闲产业,利用背景深远的历史文化、优美的自然环境发展旅游文化休闲、运动文化休闲、乡村文化休闲、历史文化休闲等休闲项目,有力地促进了北京休闲经济的发展。旅游文化休闲是整个休闲文化产业中的大头,奥运前后每年北京旅游收入超300亿。奥运会结束后,大量的运动场馆被闲置,利用率不足50%,这些设施逐步向民众开放,已经逐步取得良好的经济收益。奥运前,北京关闭掉一大批污染型企业,重点推广运动和休闲文化产业相关的行业建设,重点图书馆、博物馆、体育馆、公共休闲场所都装饰一新。利用奥运会的推介,北京的国际形象得到了极大的提升,国际社会更新了他们对于北京甚至中国的传统认识。奥运后,越来越多的海外企业和海外人才寻求到北京发展。

【思考与练习】

1. 举例说明我国发展休闲文化产业的历史背景。

2. 分别从宏观经济和发展产业的角度阐述发展休闲文化产业的重要意义。

3. 从当前的经济社会环境分析发展休闲文化产业的良好机遇。

第五单元　我国休闲文化产业发展中存在的问题与发展策略选择①

【案例导入】

近年，随着我国经济的快速发展，居民可支配收入不断增长，百姓的休闲需求逐步释放，休闲的宏观环境已经初步具备。首先是现在已经形成了每年114天的法定假日，加上带薪休假，就意味着城市工作人口中每年有三分之一的时间处于假日状态。其次，我国老龄化趋势加强，老年人口休闲需求持续增大，尤其是老年人对于文化的需求。再次，城市化进程的加快也推动了文化休闲产业的发展。在温饱型社会，是低质量的休闲；小康型社会，自然要追求中等质量和高质量的休闲要求。因此，我国的消费市场正经历着消费模式和消费类型的变革，休闲文化产品的消费将重新配置市场资源和社会分工。经济增长模式也正发生内在性的变革。但是，从市场现状看来，我国依然是传统型的节约型社会，百姓的实物消费观念根深蒂固，现代化消费理念尚且缺乏。很多休闲消费被看成是不务正业，甚至是道德败坏的表现。

【案例分析】

随着我国人民生活质量的不断提高，休闲文化产业的需求也会进一步提高，但要想使休闲文化产业得到快速的发展，必须放弃过时的落后的消费思想。同时，也要努力提高消费者的道德修养，使我国的文化产业能够健康成长。

【知识要点】

我国休闲产业发展还存在一系列的问题，如发展理念、立法建设、休闲行业的经营水准等。这些都严重制约了休闲产业在我国的健康和可持续发展。问题的解决需要从宏观和微观层面双管齐下，建立适应我国国情的休闲文化产业发展体系。

总体而言，目前我国文化休闲产业的发展还表现得不够成熟，主要表现在以下几个方面：消费观念不成熟，国民收入人均水平偏低且不平衡，休闲供给不能满足个性化需求，社会支持系统不够完善，经营性娱乐场所多而公益性的休闲设施少，传播信息方面表现出明显的不平衡性②。

基于休闲产业发展对于社会经济发展的重要推动作用，因此有必要积极计划部署，推动文化休闲产业的发展，从而最终促进社会经济的整体发展和更新。我国具有特殊的国

---

① 周志平. 论休闲产业与社会经济发展的关系[J]. 东华理工大学学报(社会科学版)，2008.9.

② 张捷，等. 试论城市闲暇业及其持续发展[J]. 南京大学学报(哲学.人文科学.社会科学版)，1998年02期.

情背景,发展休闲文化产业需要基于国情本身,有针对性地实行相关政策改革才能达到可持续发展的目的。总结相关学者的观点,本文将具有代表性的政策措施总结如下:

一、改变发展理念,将文化休闲产业作为发展三产的重要方面

文化休闲产业,作为一种集资金密集、技术密集和劳动密集等三大特性于一体的新兴产业,对刺激消费、拉动经济发展具有巨大的推动作用。一方面,休闲产业极高的产业关联性和进入门槛的多样性,与我国从需求和供给两个角度来刺激内需,拉动国民经济发展的大战略极其匹配;另一方面,无论是我国的总体经济规模,还是城镇居民人均收入水平,都表明我国的休闲产业已经到了一个大发展时期。因此,在未来国民经济发展过程中,要将休闲产业提升到和科技产业一样重要的战略地位上。休闲产业在国民经济中不断上升的战略地位,从根本上也是我国从短缺经济生产时代转变到过剩经济消费时代的特征所决定的。有鉴于此,当前要尽快摈弃传统的、对休闲产业错误的认识,确立休闲产业在国民经济发展中的战略地位,在政策上和组织上鼓励发展休闲产业,积极营造大力发展休闲经济的社会氛围,为未来几年休闲产业超速发展奠定良好基础。

休闲文化产业的培育是一个新课题,也是一项系统工程,需要政府、企业、学界、社会和媒体共同协调进行,从学术研究、政府工作、市场培育等主要方面展开。当前尤其需要加强对策性研究,以促进实际工作的进展①。开展休闲消费基础研究。应当把休闲产业发展正式提上议事日程,开展文化休闲产业发展的基础研究。目前系统的休闲产业发展在我国仅仅处于起步阶段,其进一步发展需要建立在完善的定性、内容定义、法规管制基础上。此外,相比传统的生产行业,文化休闲产业的发展多少有些"不正经"的嫌疑,基础研究的重要任务之一就是尝试改变大众的观念,强调新型产业发展的时代性意义。通过借鉴国际研究成果,紧密结合我国的实际,促使人们树立正确的休闲观念,培养公众良好的休闲心态和休闲心理,从而指导工作实践,为从事休闲活动的人们提供更好的服务。

二、文化休闲产业与可持续发展

当今世界,人们"保护环境,崇尚自然"的意识日益加强,表现在消费上,就是要求企业生产和销售对环境负面影响最小的绿色产品。因此,提倡绿色消费,争创绿色产业,实现可持续发展,是休闲产业的发展趋势。科学技术的迅猛发展使人们的生存方式发生了意义深远的巨变,休闲观念渐入人心,倡导休闲已成为人们生活变革的标志。

中国作为一个文明古国,多民族并存的大国,发展文化休闲产业具有很大的潜力。中华民族创造了灿烂的文化,其精髓源远流长、博大精深。这些优秀文化遗产是维系民族成员的心理纽带,对于中华民族的繁衍统一、稳定和自立于世界民族之林起着巨大的作用。人文精神是整个人类所体现的最根本的精神。它以追求真、善、美等崇高价值观为核心,以人的自由和全面发展作为目的弘扬科学精神和人文精神是弘扬民族文化的具体体现。

① 魏小安.发展休闲产业论纲[J].浙江大学学报,2006.9.

但文化休闲产业不是政治教育，它要求在休闲娱乐过程中，用喜闻乐见的形式向人们潜移默化地施加科学精神和人文精神的影响，使人们在休闲中得到身体的放松和精神的升华。数千年的文字记载历史和遗迹是值得国人骄傲的，中国的民族文化对现代人有着强大的吸引力，对外国人则更是充满了神秘的东方色彩。

文化休闲产业作为一种新型的社会文化产业类型，其可持续发展意味着对人们工作和生活价值观念的正确引导，以及和自然环境的协调健康发展。首先，从文化休闲产业对社会意识的影响角度分析，文化休闲产业对消费者社会意识的影响和改造功能意味着其可能产生正面和负面的双重影响。上世纪 90 年代的港台暴力影视作品对大陆青少年的负面影响受到了社会的广泛批评。此外，来自互联网的不良信息对青少年的身心发展也造成了极大的负面影响，这也是国家加强网络监管和推行"绿坝"过滤软件的缘由。其次，从自然环境可持续发展角度讲，文化休闲产业的发展应该尽量减少其负面效应的影响。按理说，文化休闲产业跟传统生产和制造有较大的差异，不是典型的自然环境破坏性产业。然而，事实上，文化休闲产业发展对于自然环境的负面影响仍然不可忽视。目前我国公民的环保意识还很落后。休闲产业中，特别是产业过度开发，以及旅游行业在接待游客过程中都不同程度地污染和破坏了自然环境。

三、培育休闲大市场和促进休闲消费的社会均衡

引导和扩大海外休闲消费。在国际化竞争的环境中，要突出自身在历史、文化、独特自然环境等方面的优势。另外，需要大力拓展国内休闲市场，将文化休闲的领域扩展到工业、农业、林业、民族、民俗、科教、体育等方面。另将文化休闲产业的场所范围扩大到包括景区、城市建设等大的方面，小的方面则可以扩展延伸到星级饭店、公寓、度假村、写字楼、培训中心、营地、游船、旅行社、差旅公司、出境中介、商务服务公司等。

另外，社会收入水平的差异正成为制约文化休闲经济发展的重要障碍。人民网 2005 年 9 月 30 日报道说，低收入者正在逐步远离黄金周。这说明广大的农民工、工人等低收入者缺乏休闲消费的经济基础，虽然闲暇时间很多，但是无法进行真正意义上的休闲消费。目前这些人的休闲方式极其单一而且落后，例如，农民、工人的休闲方式主要为打牌、打麻将，学生更偏爱游玩、上网，老年人则是健身、下棋等。这些休闲方式并非他们所乐意的选择，而是受到消费能力的限制。因此，休闲产业的发展规划需要考虑社会均衡的因素，不仅要开发些低消费甚至是免费休闲项目，还要想方设法丰富低收入者的休闲生活。政策制定需要考虑向这些人群做适当倾斜，实现以人为本和和谐社会的要求。

四、加强法制建设和政府规划

休闲文化因为其潜在的负面的社会效应可能对社会发展产生不良影响。如某些庸俗的、不文明的休闲方式大行其道，甚至黄、赌、毒泛滥严重干扰了休闲业的健康发展。因此，文化休闲产业的发展应该特别重视法律法规的管制作用，加强社会监管。同时要发挥教育的社会改造功能，培育人们科学、健康的休闲观念，倡导健康、文明的休闲经济发展方

式。在文化休闲产业经营方面,同时要做到监管和教育相结合,提升休闲服务从业人员的素质水平,保护消费者的合法权益。另外,文化休闲理念的教育推广也是文化休闲产业发展的重要方面。美国联邦教育局早在1918年就将休闲教育列为青少年教育的重要内容。他们指出,每个人都拥有足够的时间去培养自己的兴趣,如果这些兴趣能够被合理地使用,那么,这种闲暇将会产生创造的社会力量。因此可以说,休闲教育可以提升休闲能力和扩大休闲需求,从而改善人们的生活质量。

另外,休闲产业在我国属于弱势产业,需要不断调整并实施积极稳健的经济政策,需要实施公共政策支持、加大政府投入,才能推进我国休闲产业的发展。休闲产业毕竟是在市场经济的条件下发展的,其发展需要国家产业政策和制度法规方面的大力支持。首先,国家在产业政策上大力支持休闲产业的发展;其次,从法律上给予和保护劳动者的必要假日和休闲的时间;再次,应该限制有损于公共休闲资源的习惯和行为。政府必须通过税收、教育和政策法规来鼓励那些对环境不会造成破坏的休闲活动。最后,国家必须限制与黄赌毒相关的娱乐活动,这是保证休闲产业健康发展的必要条件。

文化休闲产业的发展涉及面广,内容复杂。为了引导其健康发展,政府应当将休闲管理体系纳入其职能范围,设立专门机构加强调控。对休闲产业的资源、发展现状、发展趋势等进行深入调查研究,,制定切实可行的政策,对休闲产业进行统一规划和正确引导,合理开发,实行规范化管理。如针对休闲时间的过度集中,造成交通拥挤等状况,休闲规划要充分考虑分散化;面对地区发展的差异和旅游业的"一枝独秀",国家可制定倾斜性和鼓励性政策,加强薄弱环节的发展;在休闲产品的开发上,兼顾不同层次的消费需求,实施多元化战略,开辟新的休闲方式。

五、提升文化休闲行业的经营水准

根据产业组织原理,拥有主导地位的大公司对竞争压力有更强的抵抗力。因此集团化就成为休闲产业经营的最有效方式。随着休闲市场的发展,单个休闲企业在经营规模、管理手段、营销模式等方面的劣势将逐渐显示出来。寻求投资主体多元化,实现休闲产业的商业化经营,组建集团,将是休闲产业发展的必然趋势。同时,也应该清楚地看到,没有一个良好的品牌作为依托进行兼并、收购、控股、联盟的话,集团化发展将难以为继。因此,以品牌化经营为导向,注重休闲产业整体形象塑造,是中国休闲产业形成鲜明的产业特征,获得市场竞争优势的基础,更重要的是为休闲产业在我国加入WTO后,更好地与国际接轨铺平道路。

目前,我国休闲产业的发展存在一个很大的问题,就是无法按照休闲市场的需求变化来满足不同休闲消费者的需求,以致大家常做的休闲活动仍然高度集中于看书、逛街、购物、打麻将等有限的休闲活动。事实上随着人们收入的提高,特别是收入差距的拉开,出现一大批先富裕起来的高收入群体,休闲活动应该有所分化,呈现高、中、低梯级档次。通过休闲产业的结构调整和产业升级,不但可以满足高收入阶层高消费的休闲需求,通过消费对国民经济收入进行再调节,而且可能根本上拉动我国整体的休闲供给水平,缓解大众休闲场所节假日过于紧张的情形。

此外,文化产业行业还应加大社区建设的投资力度,从根本上改变社区管理和服务人员的知识结构,配备具有相当专业知识水平的人员从业、任职。在发达国家,社区作为一级行政组织,具有重要的管理职能,在政府的行政框架中,居于重要的位置,且任职人员都具有相当水准的管理才能和科学文化知识素养,特别是对所辖区域居民的休闲生活有重要的帮助和令人满意的服务。而在我国,提供社区服务的人员知识文化水平往往较低,服务意识也不强,人们很少能享受到社区服务给生活带来的乐趣。2002 年,北京一个博士自愿当居委会主任,一时间成为国家级新闻,这说明在国人的心目中社区服务不应是高级知识分子从事的工作。因此,政府应加大社区建设的力度,采取措施吸引高级知识分子从事社区服务工作,为人们就近休闲提供方便。

【思考与练习】

1. 举例说明目前我国休闲文化产业发展还不成熟主要表现在哪些方面。
2. 分析发展第三产业和发展休闲文化产业的关系。
3. 分析发展休闲文化产业与可持续性发展战略的关系。
4. 分析培育休闲市场的必要性。
5. 分析政府宏观政策和制定相关法规对休闲文化产业发展的保障作用。
6. 谈谈对提升休闲文化产业经营水平的建议。

第十一部分　动漫产业

【学习目标】

1. 了解动漫的内涵和外延,起源与发展;
2. 熟悉动漫产业赢利模式和营销要点;
3. 理解动漫形象授权以及衍生产品的开发;
4. 掌握动漫企划书的各要素;
5. 把握中国动漫产业的现状和发展走向。

【内容描述】

动漫产业是21世纪知识经济的核心产业之一,是继IT业后的又一个经济增长点。它是指以创意为核心,以动画、漫画为表现形式,包含动漫图书、报刊、电影、电视、音像制品、舞台剧和基于现代信息传播技术手段的动漫新品种等动漫直接产品的开发、生产、出版、播出、演出和销售,以及与动漫形象有关的服装、玩具、电子游戏等衍生产品的生产和经营的产业。在我国,由于市场和政府的双重推动,动漫产业得到了飞速发展。

第一单元　动漫概述

【案例导入】

《辛普森一家》是美国电视史上播放时间最长的动画片,自1989年12月17日的首次播出开始,《辛普森一家》已播出了20季,共441集。第21季于2009年9月27日首播。该片是美国福克斯广播公司的一部动画情景喜剧,由马特·格勒宁创作。该剧通过展现霍默、玛琦、巴特、莉萨和玛吉一家五口的生活,讽刺性地勾勒出了居住在美国心脏地带人们的生活方式。空间设定于虚构小镇春田镇的《辛普森一家》,从许多角度对美国的文化与社会、人的条件和电视本身进行了幽默的嘲讽。在4频道的节目“100个最伟大的儿童节目”(2001)及“100部最伟大的卡通片”(2005)中,《辛普森一家》都名列榜首。另外在“100位最伟大的荧屏形象”中荷马·辛普森也名列榜首。

【案例分析】

辛普森一家被许多评论家看作是有史以来最伟大的动画。时代杂志在2000年将之提名为20世纪最伟大的电视节目。它对于流行文化的影响至今无可比拟,其衍生产品包括辛普森文具、服装、7-11酒店等等,2009年美国邮局推出其题材的邮票。

【知识要点】

动画形象深入人心时，动漫产业就可以创造巨大的财富。

一、什么是动漫产业

动漫产业是以动画、漫画为表现形式的新兴朝阳产业。

（一）什么是动画①

动画（Animation）一词，源于拉丁文字 anima，是“灵魂”的意思，而 animare 则指“赋予生命”，因此 animate 用来表示“使……活动”的意思。

广义而言，把一些原先不活动的东西，经过影片的制作与放映，成为会活动的影像，即为动画。简单地说就是，动画是创造生命的手段，使得原本没有生命的形象（绘画、雕像、玩偶、物质、符号）获得生命与性格。“动画”的中文叫法源自日本。二战前后，日本称以线条描绘的漫画作品为“动画”。

定义动画的方法，不在于使用的材质或者创作方式，而是作品是否符合动画的本质。现在，动画媒体已经包含了各种形式，例如剪纸、偶、沙等，它们具有一些共同点：其影像是以电影胶片、录像带或者数字信息的方式逐格记录的；另外，影像的动作是被创造出来的幻觉，而不是原本就存在的。动画大师诺曼·麦克拉伦（Norman McLaren）曾经说过：“怎么动比什么动更为重要……这一格画面与下一格画面之间产生的效果，比每一格画面产生的效果重要。”

很多动画片塑造的形象已经成为大众文化的重要象征，例如热情善良的米老鼠和倔强暴躁的唐老鸭。作为叙事手段，动画片能够让人感动；作为审美，动画片能够创造视觉奇迹。动画的视觉符号既可以是平面的视觉构成（图 1，图 2，图 3），也可以是立体的空间造型（图 4），或者是虚拟的三维空间视觉构成（图 5）。

图 1 《白雪公主》

① 冯文，孙立军. 动画概论［M］. 北京：中国电影出版社，2006：9.

图 2 《狮子王》

图 3 《龙猫》

图4 《小鸡快跑》

图5 《玩具总动员》

(二)什么是漫画①

作为绘画艺术的一个分支,漫画发展至今已嬗变成了三种形态:讽刺幽默的传统漫画、叙事的多幅或连环卡通漫画、探索性的先锋漫画。

现代漫画是大约一个世纪前从外国引进的,一百年来,由于不同的时代和漫画本身表现形式的发展变化,先后出现了多种名称,基本上分为两大系列:一个是连环画系列,比较

① 王庸声.现代漫画概论[M].北京海洋出版社,2006:1.

常见的有连环画、连环图、连环图画、小人书等等；另一个是漫画系列，比较常见的名称有卡通、漫画、卡通漫画、连环漫画、故事漫画、新漫画、新型连环漫画等等。

英文 Cartoon，中文译为卡通。原意为绘画、挂毯、镶嵌工艺等原尺寸的底图，19 世纪 40 年代成为独立的滑稽画，用意为讽刺时事、民俗、政治或者社会潮流。后来逐渐扩大，成为各种漫画和动画的总称。Caricature，中文译为漫画，指单幅的幽默讽刺漫画，特别是指肖像漫画，也用作抽象名词漫画艺术或漫画手法。Comics 中文译为漫画、连环画或者故事漫画。

漫画一词本来源于中国。据何韦先生和李阐先生的考证，北宋学者、画家晁以道在其著作《景迁生集》中提到："黄河多淘河之属，有曰漫画者，常以嘴画水求鱼。"这里所说的"漫画"是一种水鸟的名称，因为它捕鱼时潇洒自如，像在水上作画而得名。清代画家"扬州八怪"之一的金农在《冬心先生杂画题记》中，把自己有感而发的漫笔称作漫画。日本学者铃木焕乡把他 1771 年出版的读书笔记取名为《漫画随笔》。中日两位学者在前后间隔不长的时间里都把漫画一词应用到文学中。此后，不到半世纪，日本浮世绘大师葛饰北斋的《北斋漫画》出版，收入浮世绘作品 4 000 件，被称为"江户时代的百科全书"，漫画一词正式被应用到绘画中。20 世纪初，日本出现了完全现代含义的漫画。随后被中国漫画家采用。1904 年，上海《警钟日报》在"时事漫画"的标题下，连载了四幅以讽刺清廷为主的漫画，漫画一词开始见诸报章。1925 年，我国早期漫画家丰子恺的《子恺漫画》(图 6)出版，从此，漫画之词被普遍确认。

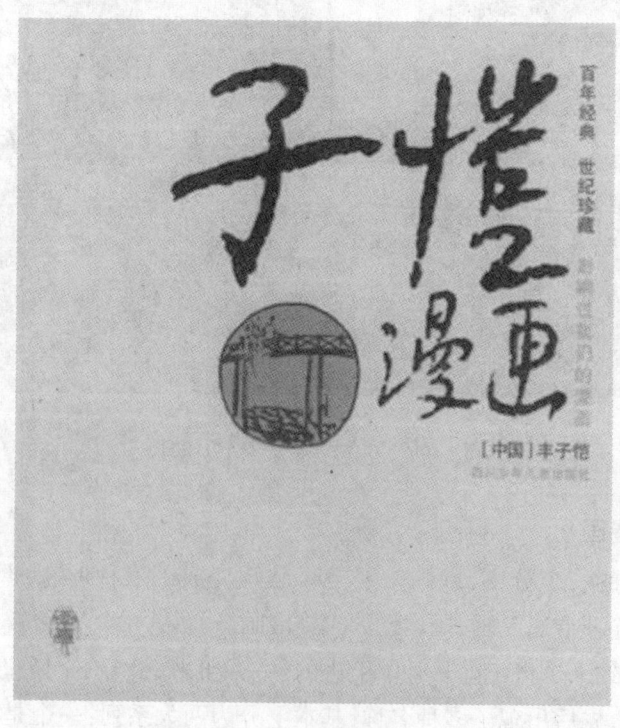

图 6 《子恺漫画》

漫画中的“漫”,有随意、无约束之意,反映了这种画快长、变形、无拘无束的特征。其次,该字还有广博、无边无际,从内容、形式到技法都可以无所不包之意。漫画的新含义已经把这两重意思都包含进去了。

(三)什么是动漫产业

依据《国务院办公厅转发财政部等部门〈关于推动我国动漫产业发展的若干意见〉的通知》(国办发〔2006〕32号文件)的界定,动漫产业是指以创意为核心,以动画、漫画为表现形式,包含图书、报刊、影视音像制品、舞台剧等产品开发、生产、发行以及与动漫形象有关的服装、玩具、电子游戏等衍生产品生产和经营的产业。

按照包含内容要素和非内容要素的多寡,动漫产业可以划分为三级市场。初级市场只包含部分内容要素,可能存在部分非内容要素,具体产品形态主要包括动漫形象和漫画作品等;中级市场强调八个内容要素俱全,包括电视动画、动画电影、动画特技和FLASH动画等;高级市场则强调非内容要素的存在,又可进一步细分为低端和高端衍生品,主要包括游戏、玩具、服装、收藏工艺品、舞台剧和主题乐园等。

动漫产业经历了长期的发展过程。1910年之后,很多国家相继出现了动画的开拓者,纽约是当时动漫生产的中心地带,聚集着最兴旺的动画工作室。1923年,年仅22岁的沃特·迪斯尼在好莱坞成立了动画制片厂。1928年,迪斯尼公司制作出了第一部有声动画片《蒸汽船威利号》(SteamboatWillie),这部短片让米老鼠(MickeyMouse)成为最广为人知的动画角色,也成就了迪斯尼的动画帝国。1937年12月21日,由迪斯尼公司历时3年,花费近200万美元全力打造的全球首部动画长片(剧场动画)《白雪公主与七个小矮人》在美国洛杉矶哥特圆环戏院上映,首轮发行总共获得800万美元的收入。而当时每张影院门票的价格仅为0.27美元,儿童票仅售10美分。1940年沃特推出第二部长篇动画电影《木偶奇遇记》。同年11月13日推出世界上第一部使用立体音响的电影《幻想曲》。1941年,迪斯尼制片厂在十月推出第四部长篇动画《小飞象》。此后,由于美国参加第二次世界大战,沃特制片厂的大部分厂房被美国军方作为军用。在随后的战争期间,由于沃特制片厂的不少员工都被征去参军了,除了发行了《小鹿斑比》,沃特无法继续拍摄长篇动画,因此开始拍摄中短篇幅的动画电影并制成合辑发行,如《致侯吾友》《三骑士》《为我谱上乐章》《旋律时光》和《米奇与魔豆》等。1946年,沃特推出了制片厂第一部真人与动画结合的电影《南方之歌》。第二次世界大战结束后,很多参军的员工回到片场,帮助沃特制作影片。1950年2月,迪斯尼再次推出了一部长篇动画《仙履奇缘》,从这开始,沃特的动画制作进入黄金时期。在接下来的十多年里,沃特推出了《小飞侠》《小姐与流浪汉》《睡美人》《101忠狗》《森林王子》等多部脍炙人口的影片。1950年7月,沃特推出了迪斯尼第一部真人电影《金银岛》。在1964年8月,沃特推出了真人与动画结合,由朱丽叶、安德鲁斯主演的电影《欢乐满人间》,这也是电影史上迪斯尼成就最高的电影。另外,沃特也开始在电视上播出《迪斯尼奇妙世界》。

在影院市场上取得非凡成就的沃特·迪斯尼开始将动漫真正进行产业经营,以动漫为表现形式,拓展其各种经营。迪斯尼主要业务包括娱乐节目制作,主题公园,玩具,图书，电子游戏和传媒网络。皮克斯动画工作室、试金石电影公司、米拉麦克斯电影公司、博伟影视公司、好莱坞电影公司、ESPN 体育和美国广播公司都是其旗下的公司（品牌）。迪斯尼于 1955 年在加利福尼亚州创办了第一座现代化的游乐园，取名迪斯尼乐园（如图 7）。这不仅是第一个迪斯尼乐园，同时也是世界上第一个现代意义上的主题公园。另外还建造了奥兰多迪斯尼乐园、巴黎迪斯尼乐园、东京迪斯尼乐园和香港迪斯尼乐园（图 8）等主题公园。借助成功的动漫形象，迪斯尼开发了迪斯尼手表、迪斯尼饰品、迪斯尼少女装、迪斯尼箱包、迪斯尼家居用品、迪斯尼毛绒玩具、迪斯尼电子产品等多个产业。由于许多人都是从小看着迪斯尼的动画片长大的，所以迪斯尼所涉及的各大产业都受到了广大消费者的一致好评，取得了丰硕的商业价值。

图 7　迪斯尼乐园

图 8　香港迪斯尼乐园

2004 年，全球数字内容产业产值达 2 228 亿美元，与游戏、动画相关的衍生产品产值超过 5 000 亿美元。从全球来看，动漫产业已经成为一个庞大的产业。

二、中国动漫发展历程

(一)艰难的创始期(1926 年—1949 年)

中国动画历史上最具代表性的人物首推万氏兄弟(万籁鸣、万古蟾、万超尘、万涤寰)。他们是中国动画片的鼻祖,1926 年摄制的动画片《大闹画室》揭开了中国动画史的篇章。他们摄制的中国第一部动画长片《铁扇公主》(图 9)1941 年发行到东南亚和日本地区,深受人们喜爱,为中国动画走向国际作了很好的铺垫。外国评论家曾专访万氏兄弟,在国际杂志上深表感慨地描述了当时的工作条件和艺术家们的敬业精神:"此片不仅仅是艺术上的成功,技术水平也相当精良。这部技艺超群的作品是由 70 位艺术家用一年零四个月的时间在一个有限的空间里精心制作而成,即使是在寒冷的冬天和炎热的夏天也未停息工作的进程。"太平洋战争爆发后,万氏兄弟被迫中断动画创作。以钱家骏为中心的一批动画人绘制了以抗日为内容的动画短片《农家乐》,随后又绘制两部短片。中国动画片在创作初期就时刻与时代气息紧密相连。同时最早一批的动画人也显示了他们百折不挠的精神,具有强烈的民族使命感。

图 9　铁扇公主

(二)民族风格的探寻之路(1950 年—1977 年)

新中国成立后,中国动画片开始了更为广阔的发展空间。1947 年人民艺术家陈波儿和日本动画专家方明(持永只仁)等创作了新中国第一部木偶片《皇帝梦》和动画片《瓮中捉鳖》。他们在人员不足、设备简陋的艰难条件下完成摄制工作,为新中国动画片的发展揭开了序幕。

建国初期,中国动画片处于蹒跚学步的时期,中国动画人积极学习苏联和南斯拉夫等国家先进的动画技术和艺术,在动画技艺上有了很大提高。但在动画风格上不免受到这些国家动画的影响,如《小猫钓鱼》(1952年)、《小梅的梦》(1954年)、《野外的遭遇》(1955年)等影片便留有苏联动画的影子。特别是1956年《乌鸦为什么是黑的》在国际动画节上获奖,可是大多数与会者以为这部影片出自苏联。这个误会使中国动画人深刻意识到:模仿他国动画是不会利于中国动画电影发展的,只会导致中国动画的消减;只有搞民族化,才是中国动画电影的出路。

1957年,上海美术电影厂厂长特伟提出了"探民族风格之路"的口号,从此开始了中国动画的民族风格建设。动画片《骄傲的将军》民族特色十足,将军的京剧脸谱化借鉴了京戏人物造型,在动作的设计上也采取了京戏的风格。影片的背景音乐恰到好处地运用民乐,在将军彷徨无助时,琵琶古曲"十面埋伏"响起,画面与音乐完美地结合,达到烘云托月的效果。这部仅30分钟的动画片充满着浓郁的民族气息,给人耳目一新之感,对当时的民族化探索起了极大的鼓舞作用。同时,中国动画艺术家们积极致力于新艺术手法的探索和动画技艺的提高。在发展中国木偶动画时,著名的木偶片导演靳夕、钱远达,曾在20世纪50年代远赴捷克学习。靳夕的第一部代表作《孔雀公主》,故事情节动人。但是,受当时文艺政策教条的影响,动画作品过分强调"政治挂帅""革命传统""主题至上",限制了木偶片的进一步发展。1958年中国动画人研制了中国第一部剪纸片《猪八戒吃西瓜》,为中国动画增添一个新品种,且富有鲜明的民间艺术特色。接着又拍摄了剪纸动画《渔童》(1959)、《济公斗蟋蟀》、《金色的海螺》(1963)等影片,吸收了中国皮影戏和民间窗花的艺术特色,将动画形象塑造得生动丰满,也使中国的民间传统艺术得到发扬。1960年摄制的折纸动画《聪明的鸭子》,情趣盎然,活泼生动。同一时期发明创造的水墨动画片,可谓是最具中国风格的动画片,它将中国的水墨画与动画电影相结合,使中国特有的笔墨情趣完美地再现于银幕,形成最具中国特色的艺术风格,震惊了整个世界影坛。《小蝌蚪找妈妈》(1960)、《牧笛》(1964)可以说是其中的代表作,富于韵律的画面、诗的意境,给人以美的享受,动画艺术达到一种审美的境界。

可以说20世纪50年代末到60年代中期是中国动画的一个高潮,也是民族风格成熟的阶段。动画片《大闹天宫》上、下集(1961.1964)在造型、设景、用色等方面借鉴了古代绘画、庙堂艺术、民间年画的特色,将中国传统戏曲的表演艺术融入,描述了家喻户晓的孙悟空,使这一形象跃然银幕,化无形为有形,"挖掘各种艺术表现手段,具有鲜明的民族风格和精湛的艺术技巧"。国外评论说:"《大闹天宫》不但具有一般美国迪斯尼作品的美感,而且造型艺术又是迪斯尼式的美术片所做不到的,即它完全地表达了中国的传统艺术风格,是动画片的真正杰作。"

中国动画片所达到的艺术水准得到国际的首肯,具有中国民族特色的动画片深入到了世界民众当中。中国动画片因为它独到的民族特色而独立于世界动画之林,散发着独特的艺术魅力。中国动画片在海内外获得越来越高的声誉。

(三)动画事业百花开放(1979年—1989年)

由于文革的影响,中国的动画事业受到了一定的阻碍,发展缓慢。文革结束后,百花开放,我国的动画事业迎来了它的第二个春天。中国的动画人以更大的热情投入到动画创作当中,秉承以往的民族风格的道路,在题材内容、艺术形式和制作技巧等方面,进行新的开拓,并取得可喜的成绩。同时由于实行开放政策,扩大对外交流,中国的动画业也更多地与国际接轨,呼吸更多的新鲜空气,呈现出一片生机盎然的景象。

1979 年我国第一部彩色宽银幕动画长片《哪吒闹海》问世,这部被誉为“色彩鲜艳、风格雅致、想象丰富”的作品,深受国内外好评。民族风格在它的身上得到了很好的延续。动画片《三个和尚》既继承了传统的艺术形式,又吸收了外国现代的表现手法,在发展民族风格中做了一次新的尝试。动画片《雪孩子》画面优美富有诗意;《南郭先生》表现了汉代的艺术风格,格调古雅;《火童》结合了装饰性造型和民族艺术特点。同一时期的影片中,还有《两只小孔雀》《画廊一夜》《狐狸打猎人》《好猫咪咪》《愚人买鞋》《黑公鸡》《小鸭呷呷》《人参果》《淘气的金丝猴》《假如我是武松》《蝴蝶泉》《天书奇谭》《兔送信》《三十六个字》等也延续了这一创作思想。

20 世纪 80 年代,剪纸片技术日益成熟,美影厂研制成功剪纸“拉毛”新工艺,拍出了水墨风格的剪纸片《鹬蚌相争》。该片荣获第十三届柏林国际短片电影节银熊奖、南斯拉夫第六届萨格勒布国际动画电影节特别奖、加拿大多伦多国际动画电影节特别奖和文化部 1984 年度优秀美术片奖。1985 年出品的《草人》也获得好评,在日本第二届广岛国际动画电影节获儿童片一等奖和国内文化部 1985 年度优秀美术片奖、全国少数民族题材电影“腾龙奖”美术片二等奖。

1984 年的大型动画片《金猴降妖》,又一次将孙悟空搬上了动画银幕,塑造了一个感人的孙悟空形象。在表现手法上,通过将传统的民族风格和抽象绘画的手法与现代音乐融合,探索民族艺术的新发展。动画片《夹子救鹿》淡雅而抒情,具有敦煌壁画的古朴风格。此外,《女娲补天》《抢枕头》《海力布》《水鹿》《大扫除》《网》《偷东西的驴》《巫婆、鳄鱼和小姑娘》等,也都富于民族风情。

(四)20 世纪 90 年代以后的新发展

20 世纪 90 年代至今,我国动画创作相对于世界动画发展呈现缓慢趋势。由于缺乏市场化操作,动画的回收相对较慢。中国动画以往是纯国家投资,私人不愿投资,从而导致动画者的流失和中国动画业的发展缓慢。为重振国产动画,美影厂历时四年摄制了动画片《宝莲灯》,这是中国迄今投资最大的一部影院动画长片。故事取材于中国的民间传说,在画面、人物造型上都精心设计,音乐制作极为考究,同时现代高科技的运用也为影片增色不少,给人以耳目一新之感,获得了观众的好评。《气球上的五星期》《马可波罗回香都》《哎哟,妈妈》等一批优秀的动画片诞生,给动画注入了新的活力,动画片呈现出欣欣向荣的景象。

到 2005 年,中国动漫产业总产值达到 180 亿元人民币。动漫这个新兴的产业凭借着巨大的市场商机和文化影响力,推动着民族动漫产业的新发展。

【思考与练习】

1. 用自己的观点论述在动漫发展的历史上,技术革新和艺术观念创新的几个重要人物的贡献以及他们作品的意义。

2. 中国的动漫在实际发展过程中有怎样的地位？试选一部“中国学派”的动漫说明其艺术特点。

第二单元 动漫产业营销

【案例导入】

2007 年 8 月,《怪物史瑞克 3》数字电影赶上暑期末班车扫荡中国影线。4 个月后,正版 DVD 来到中国。在此之前,《怪物史瑞克 3》的同名游戏,在电影上市一个月内,在家用视频游戏机上的软件销售量就达到了 400 万片。这就是标准的“好莱坞”娱乐营销的鲜活案例,电影只是一个开端,随之而来的是从游戏、DVD 租售到外围产品授权的一路商机。

【案例分析】

那些梦工厂里的电影制片人需要打破“娱乐”的范畴,将电影、电视、音像制品、游戏以及其他衍生品笼统地归纳为“泛娱乐”概念,终极目标当然只有一个:获取更多的利润。有人甚至总结归纳出动漫形象营销中获取利润的比例:播放环节只占盈利的 30%,其余 70% 则来自音像制品与衍生品。

【知识要点】

“迷信”品牌价值的美国人,深谙营销之道,也造就了营销领域里无数的金科玉律。好莱坞对动漫形象 3:7盈利比例的理解也已成为国际惯例被广泛认同,所有在为动漫产业努力的创意人,都想方设法地积极打造形象营销方法论——动漫形象授权。

一、动漫产业赢利和销售

(一)产业赢利模式

动漫不是一项高投入的产业,但一旦成功,它的回报期则长得难以想象。一个经典的动漫形象会长盛不衰,由此带来的音像制品、玩具、图书、游戏等其他衍生品的消费,会像滚雪球一样越滚越大。可以说动漫产业是一劳永逸的产业,米老鼠红了近一个世纪,而迪斯尼这个文化传媒帝国就是依靠这个动漫形象建立起来的。

以“蓝猫”为主角的动画片在国内取得较大成功,这只“蓝猫”带来的是一条长长的产业链,形成了覆盖玩具、饮料、服饰和日用品等行业 4 000 多个品种的商品群。全国共有“蓝猫”专卖店达 2 400 家,其相关产品的销售额一年超过 4 亿元。如今这部动画片仅品牌授权年收入就达 1 600 多万元。

经过多年的发展,日本和美国的动漫业目前都已经形成了完整的动漫产业链条。以日本为例，日本动漫业的基础始于漫画和动画作品。在日本，有一大批以个人为主的漫画原创队伍创作漫画，随后他们的作品在漫画杂志上分期连载。如果市场反映良好，接下来就会有出版社出版漫画的单行本，而动漫制作公司则会从质量较高的单行本中挑选合适的作为脚本来拍摄动漫，而与之相关的图书、音像制品、游戏等衍生产品也会随之大量产生。

动画产业有独特的产业模式[①]（图10），它从市场调查开始到内容策划、制作、播出，再到衍生产品的设计、开发和营销，接着将资金投入下一个制作项目中，形成一个连续不断的良性循环。据相关资料显示，一部动画片经过播映，只能收回制作成本的20%～30%，而其他成本则是通过相关产品的销售才能收回，即使是商业运作纯熟的日本动漫，他们在电视台播出时也只能收回成本的50%左右。

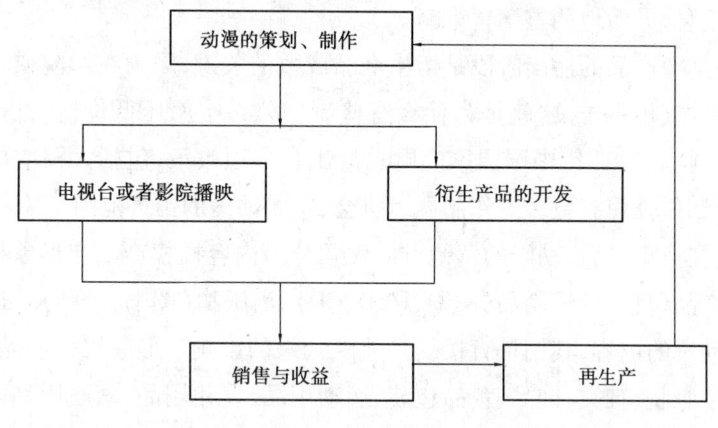

图10　动漫产业赢利模式

在动漫产业赢利模式中，除了故事与形象的创意，最重要的就是在动漫产品之前，规划完整的营销计划和拥有完备的授权方案。所以国内外大型的动漫公司里，都设有专门的衍生产品研发和版权交易部门。

版权的交易可以持续多年，以动漫造型为起点，延伸到动漫业、游戏业及其他产业，甚至发展成为主题公园。一个好的形象可以为动漫带来80%以上的增值，但必须不断地维持与创新。国产原创系列电视动画片《喜羊羊与灰太狼》自2005年6月推出后，陆续在全国近50家电视台热播，在北京、上海、杭州、南京、广州、福州等城市，《喜羊羊与灰太狼》最高收视率达17.3%。迄今已推出玩偶、图书、音像、文具、舞台剧、网络游戏、冷饮、服装等相关产品，其中“喜羊羊”系列图书销量过百万，在图书销售排行榜上长期位居前3名，是小学生最喜爱的口袋书之一。2009年1月16日推出的剧场版《喜羊羊与灰太狼之牛气冲天》播出后，首映日获得票房收入800万，周末3天票房收入3 000万。

（二）营销要点

世界动漫产业运作的一般模式是：在前期策划时作好充分的调查准备，投入大量的人

---

① 冯文，孙立军．动画概论[M]．北京：中国电影出版社，2006：9．

力、资金,来达到最好的艺术效果,最后运用成熟的营销手段和销售渠道,将动漫及其相关产品推销到全世界。美国好莱坞与迪斯尼的影片就是典型代表。从动漫的制作到发行的不同阶段,需要从策划、制作、播出和衍生产品等事项中了解动漫产品的营销。

策划阶段:动漫的故事、形象、风格设定,和目标观众的年龄、背景息息相关。在动漫的创意构想阶段,通过问卷调查、征稿、形象评比等互动活动,了解观众喜好与时代潮流,进而减少投资的风险,也可以提前打响动漫的知名度。创作动漫的角色形象时,需要考虑衍生产品的设计,对整体营销进程完整的规划。

制作阶段:在正式进入制作期之前,动漫的样片就是检验观众口味的很好的工具。除了用样片争取投资外,可以通过网络杂志媒介推广,进一步在国内外的展场播映,预售版权。在动漫作品的制作阶段,保证作品的质量是最重要的任务。与此同时,营销部门必须持续掌握市场信息,灵活地调整销售策略。

播出阶段:动漫产品的播出阶段是衍生产品成败的关键,因为在影院或者电视台的播映,等于长时间的宣传广告,这就是为什么有些制作公司宁愿压低价格,也希望在影响力较大的媒体上放映。2004 年中国国家广电总局出台多项政策,包括大幅增加动画的播出平台,这让动漫制作公司有更多的作品展示机会,扩大动漫的销售范围。

衍生阶段:在播出之后,动漫的营销方向大致分为内容授权产品与形象授权产品。动漫的内容授权产品包括:音像制品(VCD、DVD、CD)、出版物(图书、漫画)。这些产品直接复制或者选用动漫的内容,其销量直接受到放映效果的影响。形象授权产品包罗万象:如文具用品、玩具、服装、鞋类、饰品、食品包装、运动用品、婴儿用品、家庭用品、流行配件、地铁磁卡、信用卡、电话卡、手机彩铃、广告、游戏软件、主题公园等。形象授权产品所得的收益,是回收动漫制作成本的主要来源。动漫制作公司通常设有专门负责版权交易的部门,或是直接将动漫形象授权给以上提及的各类产品的生产厂商。

动漫产业的另一种模式是:制作公司先设计出形象,并以相关产品打造知名度,当产品受到市场认同时,再以赚取的资金投入制作动画片。日本 Sanrio 公司的凯蒂猫和其他形象,就是应用这种模式,形象的成败决定了它未来的发展方向。日本的许多动画产品都是由畅销漫画改编而成,也就是说,当某个漫画广受读者欢迎时,将它制作成动画给更多的观众欣赏是很必然的结果,此时,动画就是漫画的衍生产品了。

动漫产业的两种商业运用模式各有特点。他们都注重形象的设计,内容的质量直接关系到营销的成功与否。所以策划者对于市场动态的掌握、创作者的艺术造诣与对时代的敏锐度,都是决定一个作品命运的关键因素。

二、动漫形象授权

(一)形象的长期经营

动漫形象授权,是指将动漫中的角色形象视为一种商品,可以转卖或有时效性地转让给其他厂商使用,属于“品牌授权”业务的一种。受欢迎的动漫形象,不但能带来商品的销售,更能随着时间的演进,成为人人皆知的“明星”,一个时代的符号。例如迪斯尼的米老鼠,动漫的版权和形象授权可以长期、反复地被多种行业使用,随着衍生产品更深更广的开发,生产成本越来越低,附加的价值也不断提高,从而创造出可观的经济效益。

如今,动漫授权几乎无处不在,贯穿到了每一个国际知名卡通形象的背后。拿全球最值钱的"小狗"——史努比来说,从 1950 年开始,在持续 50 年的时间里,全球共有 75 个国家、3 亿多读者在 2 500 多家不同的报纸上看到了 1.8 万多套史努比的漫画。各家授权机构通过漫画和卡通片来传播和销售这一形象,令这只小狗成为风靡世界的著名卡通形象。带给史努比的创作者查理·舒兹先生庞大财富的不是稿费,而是卡通商品授权,2002 年全球就有超过 2 万种与史努比有关的商品,包括 0 ~4 岁婴儿装,浴巾、挂毯等家用纺织品,卡通钟表、体育用品、主题电脑、手机促销、流行食品饮料促销、特色机车、主题公园等,每年利润高达 11 亿美元!

以美国迪斯尼为例,公司一直大力推广两个最重要的授权形象,一个是具有 70 多年历史的米老鼠,另一个是从华纳兄弟公司收购的小熊维尼。延伸而来的商品从音像制品、漫画、文具、玩具、服装,进一步延伸到授权专卖店、卡通频道等一系列相关产业,最终在主题公园中集合各项服务:游乐设施、影院、礼品、餐厅、大型花车游行、各种卡通形象,俨然一个"动画王国"。完整的产业链分阶段各尽其职,发挥了最大的效益。卡通形象不断被开发和利用,成为一个品牌形象。在迪斯尼的全部收入中,其相关产品的销售占总收入的 50% ~60%(约为每年 35 亿美元),主题公园的收入占 20%。

在日本,全年的动漫产品消费数兆日元,动漫形象授权所占份额超过 50%。其中,"Hellokitty"这只著名的小"白猫",经多方授权使用就支撑着拥有其形象权的 3 家上市公司。动画片《樱桃小丸子》,推出多款"扭蛋"玩具,其动画形象也出现在食物、玩具、文具、衣物上,主要针对青少年族群。动画片《皮卡丘》主人公是神奇宝贝系列登场的 493 种虚构角色(怪兽)中的一种,随着日本的宠物小精灵(即神奇宝贝)动画的热播,这只神奇宝贝的魅力逐渐开始被低年龄层的玩家所接受,随之带动女性玩家,标志着这股皮卡丘风潮的到来,其相关产品在国内外共有上千家公司制造销售,四年的利润累计超过 8 亿美元。这些例子说明了形象的品牌经营、相关产品的开发,是动漫产业的主要利润来源。

动漫的形象授权,最大的敌人就是盗版和没有版权保护的环境。形象授权延伸而来的衍生产品、游戏软件、主题公园等领域,是动漫产业最重要的收益环节。因此,要是没有周全的授权管理和完善的法律体制保护,当动漫形象被商家滥用时,不仅无法控制相关产品的质量,降低整体设计的品质,还会因为收回不了制作成本,影响到未来作品的创作,从而扼杀动画产业的发展。在国外动漫的强势竞争下,国内的动漫产业仍有进步的空间,除了在制作方面追求更好的创意与品质,在健全产业方面也需要从业人员的相互扶持。

据统计,我国青少年最喜爱的 20 个动漫形象中,19 个来自日本,国内的动漫形象只有孙悟空榜上有名。从创造一个成功的动漫形象,到建立一个保护知识产权的环境,中国动漫产业的健全需要一个渐进的过程,这也需要政府的政策支持提供更大的推动力。

(二)衍生产品的开发

前期策划和市场论证是衍生产品开发的首要环节。首先,在设计形象时就要考虑开发衍生产品的方向。例如《灌篮高手》,写实的造型不适合制作成毛绒玩具,另外"Q版"的形象则弥补了该缺陷;《玩具总动员》中的角色本身就是玩具,因此在设计产品时减少了许多困难。其次,在策划剧情时就可以联想相关的产品,例如《海底总动员》的剧情主要是小鱼的冒险,所以制作成闯关的电脑游戏后,让观众有亲身参与剧情的快感;《狮子王》有宏大的场面与众人合唱的主题音乐,所以改编成百老汇的音乐剧之后,造成的轰动不亚于动画本身。

我国在动漫衍生产品的开发方面刚刚起步,远远没有打开思路,种类尚显单调。由于消费者定位不准确或者开发的种类不对,虽然许多国产动画片开发了衍生产品却得不到市场的承认,没有达到预期的收益效果。原因在于,在可开发的衍生产品的种类中,除了音像、图书项具有共性外,其余必须根据动画片的内容、人物、目标人群等诸多因素,作出选择。比如,同是大受欢迎的日本动画片,《宠物小精灵》一片中各式各样充满想象力、形象可爱的神奇宝贝造型,使该片在玩具开发上大获成功;而《名侦探柯南》却难以开发玩具,因为该片的形象比较写实,而且柯南也是以一个精明的侦探的正面形象出现,虽然故事性很强,但不具有吸引人的趣味性,所以图书影像制品出版了许多,文具也有一些,其他类型的衍生产品却是很少。国产动画片《我为歌狂》在图书开发上做足了文章,但不同版本的市场效果却存在着很大差异:小说版本销售情况最好,达100万册;黑白版本的漫画书次之,两种开本(32开和64开)共销售7万套,150多万本;而彩色版的漫画书销售情况最不理想,仅售不足2万套。再有《哪吒传奇》在彩色漫画书的出版上获得了良好的效果,售出300多万套,而上美厂出品的《大英雄狄青》漫画书的销售情况却非常不乐观。

随着多媒体手机的开发,手机彩信、游戏需求也大幅度上升。据北京的一家专业从事手机彩信业务的公司称,具有动画功能和用动画制作的小游戏最受欢迎,点击下载率很高。

许多商家在设计开发动漫衍生产品时,特别注重分析各类消费者的心理,侧重研发了一些深受女孩子和女士们欢迎的饰品。如:动漫形象的抱枕、壁挂、地毯、磁工艺品、纪念册、笔记本、贺卡、圣诞卡、拖鞋、围裙、手机链、钥匙挂饰品、手链、脚链、腰链、发卡、双肩包,甚至还有T恤、短裤、口罩、花瓶、小型收音机、卡通(造型)电话、卡通闹钟、像框、电脑鼠标垫,等等,已经形成了庞大的市场,为各个商家所追逐。

动漫会展是一种特殊的动画衍生品项目,它涉及到动漫文化的普及和建立,是动画产业相当成熟时期的产物。近年来,名目繁多的动漫展在各大城市轮番上阵,令人应接不暇,这对于动漫文化在全社会的推广起到了一定的积极作用。但我们也应该看到:国内举办的动漫展太多、太散,而且动漫展的内容重复,相差无几,总是名人作品展、画家签名售书、现场漫画比赛、COSPLAY等。有些动漫展缺乏专业性的策划,内容混乱,秩序混乱,甚至沦为伪劣、盗版小商品的集市。

三、动漫制片企化书

制片人是促使一个工作团队形成的关键人物。制片人发掘合适的故事,并选择合适的人来担任动画制作的核心工作。在前期策划阶段,制片人要撰写制片企划书,阐述影片的创作目的、目标群众、制作进度、制作预算、盈利方法等，以此对外来吸引投资，对内向工作人员说明制作概况。在中期制作阶段，制片人与导演保持良好的沟通，监督制作流程的进度，并且控管预算的流向。在后期阶段，制片人要安排影片的发行与推广。

制片企划书是筹备阶段必备的纸上作业。如同盖房子时的蓝图一样，企划书中包含许多明确、清晰的市场调查数据，以及主创人员对于影片的艺术阐述，让投资人可以对动漫影片制作完成之后的面貌有一个清晰的认识，进而判断是否投入资金。对于投资人来说，他们需要有事实根据的证据来证明高投入能够得到高回收，而且多半的投资人对动漫影片的生产规律和环境不甚了解，因此制片企划书的内容需要做到文字简练、易懂，让人一目了然。

动漫制片企划书一般包括以下部分：片名、片长、格式、类型、诉求对象、主题、故事大纲、工作人员、创意动机、表现手法、拍摄进度表、预算等。

【思考与练习】

1. 分析中国传统的动漫产品与现代动漫产品发展的异同。
2. 你认为我国当今动漫形象授权最大的问题是什么？如何解决该问题？

第三单元　中国动漫产业走向

【案例导入】

宏梦卡通传播有限公司自2004年5月成立以来，先后组建了湖南宏梦传媒有限公司、湖南宏梦信息科技有限公司及宏梦（上海）卡通实业有限公司，拥有了一条集动画片创作、出版物发行、衍生产品授权、品牌连锁店于一体的完整产业链。宏梦卡通传播有限公司开发的动漫产品主要有：《虹猫蓝兔小幽默》《花枝的故事》《虹猫蓝兔七侠传》《虹猫蓝兔阿木星》《虹猫仗剑走天涯》《神厨小福贵》等。目前，一座包括创意中心、原创中心、加工中心、培训中心和卡通商业街等在内的宏梦卡通城正在长沙星沙经济开发区逐步建立。依托宏梦专业卡通制作经验与强大品牌号召力，宏梦卡通城将成为以卡通节目制作、形象展示、互动娱乐、卡通产品开发和销售为基础，集观光旅游、休闲娱乐、学习体验、购物消费于一体的创意产业园。

【案例分析】

该公司以原创动漫影视作品为核心，打造国产原创动漫品牌，开发经营图书、音像、服装、饮料、食品、文具、玩具、电子游戏等动漫衍生产品，拓展版权贸易、教育培训、动漫传媒、信息化多媒体、主题公园、演艺娱乐等相关领域，构建“创意制作、品牌打造、整合经营、产业拓展”完整产业链。

【知识要点】

中国动漫产业具有巨大发展潜力，要在挖掘传统文化资源基础上，用好的内容塑造有血有肉的形象，从而形成产业链。

新中国成立以后，我国的动画业曾取得过辉煌的成绩，《大闹天宫》《哪吒闹海》《雪孩子》《九色鹿》《牧笛》《鹿铃》《小蝌蚪找妈妈》等是中国动漫发展史上永恒的经典，从内容到形式都具有民族风格，并体现了中国动画的制作水平，引起了世界的广泛关注。现代中国动漫产业虽然处在落后的境况，但在相关业界的努力下，也取得了一定的成绩：国产动画片创作热情高涨，涌现出了一些优秀原创动画片，如《蓝猫淘气三千问》《哪吒传奇》等，不仅体现了较高的制作水平，在产业运作上也获得了较大的成功，改变了我国动画不赚钱的历史。动画片收视平台不断扩大，播映体系日臻完善。多次开办国际国内动漫节，成为动漫交易的重要平台，为动漫产业的发展提供了契机。动画制作企业和培养动漫专门人才的院系大幅度增加，据统计，2004 年申报动画题材规划的动画企业只有 58 家，而在 2006 年第一批申报动画题材规划的动画企业已经达到 210 家；据有关部门调查，全国已经有 200 多所高校开办动画专业。国家政策的扶持在很大程度上促进了中国动漫产业的发展。

一、打造产业链

产业链即产业价值链，在产业经济学中，一般称之为产业关联。在动漫产业中，产业链具体是指通过动画漫画创造出动漫形象，利用这一形象对动漫作品进行二次开发利用，提升动漫作品的附加值，进行衍生产品如文具、玩具、游戏、电影的开发。通过动漫形象来赚钱的例子给中国印象最深刻的应属上世纪 80 年代在中国热播的美国动画片《变形金刚》了，动画播出之后引发变形金刚热，各种系列的变形金刚玩具在中国热卖。中国在这方面做得最成功的是湖南三辰集团的《蓝猫淘气》系列动画。因此，如何构建一条适合中国动漫产业发展的产业链，已成为动漫产业发展的关键。我们可以通过创造优秀的动漫作品和动漫形象、使动漫形象深入人心、开发衍生产品三种方式打造产业链。

二、内容为王

“内容为王”这种提法在动漫产业中非常合适，动漫形象的创造是依赖于动漫产品的内容的，一个有血有肉的形象是由内容填充的。要发展中国动漫，创造出成功的动漫形象，需要在内容上下大功夫。

日本的动漫作品虽然没有美国动画那种砸钱式的华丽特技，但它在人物造型、绘画技巧、色彩搭配、情节内容、主题内涵和配音配乐方面做得都非常优秀，所以日本动漫作品在全球范围内都非常受欢迎。它尤其在青少年中有很强的杀伤力，原因在于日本动漫作品很准确地抓住了青少年的心理。他们已经过了那种相信童话和神话的年龄，却还没成熟到完全生活在现实中的程度，在他们的心中依然存在梦想和幻想。日本动画漫画正是抓住这一点，巧妙地将现实与虚幻结合在一起，将生活中的事物夸张化简单化极端化，使得观众能够产生强烈的带入感从而被深深地吸引。

我国的动漫作品在面向受众方面呈现出低龄化的特点，绝大部分作品是面向小学生的，少有作品是针对15岁以上受众的。这样的作品自然不会吸引15岁以上的观众。但是我国动漫作品除了少数几部获得了儿童的喜爱之外，很多作品对儿童的吸引力也不足。寓教于乐是儿童教育中很成功的一个方法，但是做得过火了就会适得其反，使儿童失去看动漫的兴趣。我国动漫作品中充斥的说教恐怕是不得童心的重要原因。另外，内容老套，多有重复，缺乏现代元素，也使观众对其提不起兴趣。内容空洞，制作粗糙，使观众只能表示客观上的支持，主观上却很难受到吸引，更不用说形成一种带入感了。

三、充分挖掘传统文化资源

我们所创造出的动漫作品和形象要具有民族特色，要体现我们民族的特征，正所谓越是民族的东西越是有生命力。唯其如此，才能创造出中国自己的动漫作品和动漫形象。我们有丰富的历史文化资源，主要以历史文献、文物遗存、民间传说等形式流传，这都是动漫业资源开发可利用的基本素材。据不完全统计，中国传世的古籍文献在12万至15万种之间，截至目前，已经整理出版的古籍图书总计已逾1万种，接近传世古籍总量的1/10；目前我国已知的地上地下不可移动文物有近40万处，馆藏各类可移动文物约1 000万件；仅1984年至1990年间《中国民间故事集成》《中国歌谣集成》《中国谚语集成》三套民间文学集成图书就收集整理了全国各地民间故事183万篇，民间歌谣302万首，民间谚语748万条，总字数达40亿字。这些丰富的历史文化资源不仅是中国最可宝贵的精神财富，也是动漫产业乃至文化产业可利用的最可宝贵的文化财富。

利用中国传统文化，并不是单纯地做古装的、历史的动画，不是让神话、传说、历史故事等单纯地变成动画和漫画，而是要让它们作为一种文化的精髓融入动画漫画中。比如美国动漫作品中会体现出美国文化中的乐观向上、幽默、个性、英雄主义、温情脉脉等特点，而日本作品中则贯穿着日本文化中的坚忍不拔、永不言弃的精神。他们动漫作品中所体现出的文化特征并不是通过单纯的说教来体现的，而是在剧情内容、人物言行上自然而然地表现出来。这种形式比起中国动漫作品的刻板说教，更具有感染力和号召力，使观者在潜移默化中受到感染。如果我们继续照抄照搬传统文化来制作动漫作品，是很难抓住观众的心的。

四、题材多样化

我国动漫作品的最大缺点就是题材狭窄，内容老套，受众低幼化。只有突破这样一种现状，才能使中国动漫摆脱尴尬的局面。我国动漫作品基本上局限在神话、传说、历史故事等题材范围，缺少现代元素，所以导致内容形象多有重复，失去了动画漫画的新奇性，使吸引力大打折扣。动漫作品需要拓宽动漫作品的选材范围，使动漫作品的题材多样化；突破中国动漫低幼化的现状，实现受众广泛化。

【思考与练习】

1. 如果将中国传统的动漫如《葫芦娃兄弟》《黑猫警长》《雪孩子》《九色鹿》《牧笛》《小蝌蚪找妈妈》等作品重拍或续拍,你认为有无市场,为什么?

2. 文化部文化产业司动漫处副处长宋奇慧指出:中国动漫行业要做大做强,必须要有像网游业那样的一批企业,这就需要领军的企业家们集中行业优势,创造出适合中国的新盈利模式,这才能吸引更多的人才和资本进入这个行业。试分析中国动漫产业应走怎样的新盈利模式。

第十二部分 创意文化产业

【学习目标】

1. 了解什么是“创意文化”“创意产业”“创意文化产业”;
2. 学习“创意产业”中的各种思维方法;
3. 熟悉各种“创意文化产业”的特点;
4. 掌握创意文化产业的发展趋势和政策。

【内容描述】

“文化引领财富,创意改变人生”,这是矗立在山东文化产业职业学院大门上的标语。

创意产业的根本观念是通过创新促成不同行业、不同领域的重组与合作。通过创新,寻找新的增长点,推动文化发展与经济发展,并且通过在全社会推动创造性发展,来促进社会机制的改革创新。

创意文化产业是指依靠创意人的智慧、技能和天赋,借助于高科技对文化资源进行创造与提升,通过知识产权的开发和运用,产生出高附加值产品,具有创造财富和就业潜力的产业。联合国教科文组织认为文化创意产业包含文化产品、文化服务与智能产权三项内容。在文化产业中,创意起到巨大的作用。发展文化产业需要从创意开始。

第一单元 创意文化产业理念

【案例导入】

北京奥运会开幕式 LED 卷轴创意

2008 年 8 月 8 日晚,举世瞩目的北京第二十九届奥林匹克运动会开幕式上,总导演张艺谋等创意使用 LED 卷轴显示中华民族五千年的文明历史。在国家体育场中央,一幅 147 米长、27 米宽的巨大 LED 屏幕卷轴慢慢拉开,所有观众为之震撼。在悠扬的乐曲中,长卷上浮现出 2 000 多年前丝绸之路的商队和地图,中国古代名画《千里江山图》等五幅来自唐、宋、元、明、清五大朝代的著名长卷画,同时神奇地展示出“太古遗音”、四大发明、汉字和戏曲等中国灿烂的文化。

【案例分析】

北京奥运会开幕式的成功举世瞩目,令人震撼。开幕式技术制作组组长于建平说:震撼来自创新方案和高新技术的大量结合。奥运会一结束,就有人评出了本届奥运会的十大创意:击缶计时、空中巨足、中国画卷、璀璨星河、太极圆阵、万张笑脸、梦幻五环、逐日点火、中国色彩、人体鸟巢。而其中的中国画卷——LED 卷轴无疑是其创意代表。

是天才的创意让奥运会开幕式成功!而这也正是创意文化的魅力与创意文化产业的前景。

【知识要点】

创意是创新之母,创新是发展之基。创意文化是思维创新、观念创新、内容创新、方式创新的文化现象和活动。创意产业,又称创造性产业,创意文化产业因其具有鲜明的创新特点,而在当今世界得到了重视和迅猛发展。

一、创意文化

(一)什么是创意

"创意"是指与众不同、充满新意的理念。

在汉语中,创意作为名词是有创造性的想法、构思等,如"奥运会开幕式充满创意";作为动词是提出有创造性的想法、构思等,如"以画轴形式表现中国历史文化由张艺谋等人创意"。在英文中,originality 有独创性、创造力、创见、创举、独出心裁、新颖之意,create 有创造、创作、创设之意,creative idea 直译是有创造力的思想,即创意。

创意的主要特点是新奇、惊人、震撼、可行。创意不能因循守旧、抱残守钦,而要打破常规、叛逆本本主义;创意不是空穴来风、无日之影,而是智能拓展的结果,文化底蕴的显现;创意不是自我表现、自我循环,而要有自我否定、超越自我的勇气;创意不靠匹夫之勇、一己之力,而要思维碰撞、智慧对接、取人所长,是团队能量的释放;创意不是一日而生、一蹴而就,而是反复探索、殚精竭虑的结果;创意不是对昨天的追忆,而是对明天的企盼,对未来的投资。

创意是创新之母,创新是发展之基。胡锦涛总书记在党的十七大报告中明确指出:"提高自主创新能力,建设创新型国家"。这既要有经济创新、技术创新,也要有文化创新;既要成为财富中国、经济强国,又要成为文明中国,文化强国。

在传统的美学与文艺理论中,一直把创意或独创性视为艺术家或者艺术创作的独特品质。随着时代的发展,这种观念也在发生变化。一些文化产业理论家乃至经济学家,扩展了创意、独创性、创造性的主体的范围,使其成为一个内涵更广泛更具普遍意义的观念。

(二)什么是文化

文化的本义就是"以文教化"。

"文"的本义,指各色交错的纹理。《易·系辞下》载:"物相杂,故曰文。"《礼记·乐记》称:"五色成文而不乱。"《说文解字》称:"文,错画也,象交叉"。在此基础上,又有若干引申义。一是为包括语言文字在内的各种象征符号,进而具体化为文物典籍、礼乐制度。《尚书·序》所载伏羲画八卦,造书契,"由是文籍生焉";《论语·子罕》所载孔子说"文王既没,文不在兹乎"。二是由伦理之说导出彩画、装饰、人为修养之义,与"质""实"对称,所以《尚书·舜典》疏曰"经纬天地曰文";《论语·雍也》称"质胜文则野,文胜质则史,文质彬彬,然后君子"。三是在前两层意义之上,更导出美、善、德行之义,这便是《礼记·乐记》所谓"礼减两进,以进为文";郑玄注"文犹美也,善也";《尚书·大禹谟》所谓"文命敷于四海,祗承于帝"。

"化"的本义,是改易、生成、造化。如《庄子·逍遥游》:"化而为鸟,其名曰鹏";《易·系辞下》:"男女构精,万物化生";《黄帝内经·素问》:"化不可代,时不可违";《礼记·中庸》:"可以赞天地之化育"等。可见,"化"指事物形态或性质的改变,同时又引申为教行迁善之义。

"文""化"并联使用,较早见之于战国末年儒生编辑的《易·贲卦·象传》:刚柔交错,天文也。文明以止,人文也。观乎天文,以察时变;观乎人文,以化成天下。西汉以后,"文""化"乃合为整词,如"圣人之治天下也,先文德而后武力。凡武之兴,为不服也。文化不改,然后加诛"(《说苑·指武》)。"文化内辑,武功外悠"(《文选·补之诗》)。这里的"文化",或与天造地设的自然对举,或与无教化的质朴、野蛮对举。它表示对人性情的陶冶、品德的教养,本属精神领域之范畴。

(三)什么是创意文化

创意文化是指思维创新、观念创新、内容创新、方式创新的文化现象和活动,通过创意文化节、创意文化展、创意文化策划、创意文化模式、创意文化博览会等而表现。

创意文化与文化创意既有联系又有区别。文化创意是指文化生产和文化服务中的创新活动,文化修饰创意;而创意文化是突出文化中的一种特质,创意修饰文化。创意广告、创意设计、创意图片、创意产品、创意方法(金点子)乃至创意产业,都是创意文化的表现。

二、创意产业

(一)创意产业概念

创意产业,又称创造性产业,是指"源于个体创意、技巧及才华,通过知识产权的开发和运用,而形成具有创造财富和就业潜力的行业。"在英文中,Creative Industry 有创造性产业之意。

创意产业有广义和狭义之分。狭义的创意产业,是指运用创造性智慧进行研究、开发、生产、交易的各种行业和环节的总和,是源于个人创造力、技能及才华,通过知识产权的生成和取用创造财富并增加就业机会的产业。广义的创意产业是指创意文化产业,包括从个人的创造力、技能和天分中获取发展动力的企业,以及通过对知识产权的开发可创造潜在财富和就业机会的活动。主要有广告、建筑艺术、艺术和古董市场、手工艺品、时尚设计、电影与录像、交互式互动软件、音乐、表演艺术、出版业、软件及计算机服务、电视和广播等。此外,还包括旅游、博物馆和美术馆、遗产和体育等。

创意产业是一种在全球化消费社会的背景中发展起来的的新理念、新思潮和新经济实践,它推崇创新和个人创造力,强调文化艺术对经济的支持与推动,形成创造力、智力所带来的财产。它是技术、经济、文化的交融,运用"跨疆越界、交叉组合"方法,促成不同行业、不同领域的重组与合作;通过排列组合的筛选,激发新的灵感,寻找新的增长点,推动文化与经济发展。

需要指出的是,目前一些人往往将创意产业与文化产业混同,甚至在智慧产业的层面上错误地加以使用,这就需要辨明厘清。

(二)创意产业特点

凯夫斯在其《创意产业》中,为创意产业归纳了 7 个特点:

(1)创意产品具有需求的不确定性;

(2)创意产业的创意者十分关注自己的产品;

(3)创意产品不是单一要素的产品,其完成需要多种技能;

(4)创意产品特别关注自身的独特性和差异性;

(5)创意产品注重纵向区分的技巧;

(6)时间因素对于一个创意产品的传播销售具有重大意义;

(7)创意产品的存续具有持久性与营利的长期性。

凯夫斯的观点抓住了创意产业的经济属性和基本特点,是颇有见地的经典描述。学界提出创意产业建立在三个基点之上:一是它与文化、艺术、设计、体育和传媒行业等紧密相关,二是它要有新创业的、有新的文化创意和运作方式的现代企业,三是从事创意工作的人员要超过先前同类行业 10%。这第三条甚至成了是否能够成为创意产业的实际划分标准。

三、创意文化产业

(一)创意文化产业概况

创意文化产业(Cultural and Creative Industry)是指依靠创意人的智慧、技能和天赋,借助于高科技对文化资源进行创造与提升,通过知识产权的开发和运用,产生出高附加值产品,具有创造财富和就业潜力的产业。联合国教科文组织认为创意文化产业包含文化产品、文化服务与智能产权三项内容。

创意文化产业要从三个层面去理解:

一是要有文化。创意文化产业要有积淀的文化底蕴打基础,有丰富的文化资源做依托,有较多的文化受众为对象。"谈笑皆鸿儒,往来无白丁",借助小品中的一句戏言:"跟你们城里人就得拼点文化"。

二是具备创意。创意文化产业就是说你要与众不同,必须有很多好的主意,然后有好的创新思维,不能用一般传统的理念和常规的思考逻辑去考虑问题。

三是形成产业。创意文化产业也就是说要能规模化,能够形成各行各业的产业链,它们相互联系,相互影响,相互促进。

创意文化产业属于知识密集型新兴产业。它以创作、创造、创新为根本手段,以文化内容和创意成果为核心价值,以知识产权实现或消费为交易特征,以为社会公众提供文化体验为目的。

(二)创意文化产业特点

创意文化产业作为社会高频用词,频繁地出现在现代经济活动之中。其主要具备以下三个特征:

一是创意文化产业具有高知识性特征。创意文化产品一般是以文化、创意理念为核心,是人的知识、智慧和灵感在特定行业的物化表现。创意文化产业与信息技术、传播技术和自动化技术等的广泛应用密切相关,如电影、电视等产品的创作,就是通过与光电技术、计算机仿真技术、传媒等相结合而完成的。

二是创意文化产业具有高附加值特征。创意文化产业处于技术创新和研发等产业价值链的高端环节,是一种高附加值的产业。创意文化产品价值中,科技和文化的附加值比例明显高于普通的产品和服务。如英国创意文化产业,已经是仅次于金融业的全国第二大产业链。

三是创意文化产业具有很强的融合性特征。它在经济、文化、技术等领域,具有高度的融合性、较强的渗透性和辐射力,为发展新兴产业及其关联产业提供了良好条件。创意文化产业在带动相关产业的发展、推动区域经济发展的同时,还可以辐射到社会的各个方面,全面提升人民群众的文化素质。

(三)我国创意文化产业状况

截至2007年底,中国经营性文化产业机构已达27.2万家。文化产业日益成为市场经济条件下繁荣社会主义文化、满足人民群众精神文化需求的重要途径,文化产业对国民经济增长的贡献不断上升。

在金融危机从美国发端并蔓延全球之际,到2008年底为止,中国文化产业已在一定程度上受到影响。与制造业特别是出口外向型企业相比,危机对文化企业带来的影响还没有呈现集中爆发势头,对于一些坚持创新的文化企业来说,风暴虽然潜藏风险,但更蕴含机遇。国家拉动内需、拉动消费、减少收入差别程度等政策的实施,以及教育、卫生、文化等领域的改革,都会直接推动文化消费,直接推动创意文化产业发展。

文化产业是投资回报最好的行业之一。当代社会各种产业利润主要靠领先的自主创新和技术进步来实现,而文化产业正是自主创新程度和技术含量高的一个门类。加上政策因素和市场因素的作用,文化产业的资本盈利率比较高,文化产业方面的投资热将会长期存在。从消费角度看,文化产品也是与日俱增的消费热点。

文化部曾明确提出文化产业要实现年均15%的增长。北京、上海、浙江、广东、云南、重庆、四川、河南、山西等诸多省、市,均提出建设文化大省、文化强省的目标,在规划中都提出文化产业要高于GDP的增长速度。我国创意文化产业处在一个前所未有的发展时期。

【思考与练习】

1. 创意在文化产业中起到什么作用?
2. 你自己认为创意产业有哪些特点?
3. 创意文化产业主要具备哪些特征?

第二单元 创意文化产业特点

【案例导入】

迪斯尼乐园

1955 年,富于想象力和创造精神的美国动画片先驱华特·迪斯尼在加利福尼亚州创办了第一座现代化的游乐园,取名迪斯尼乐园(Disneyland,正式全名为 Disneyland Park)。这不仅是第一个迪斯尼乐园,同时也是世界上第一个现代意义上的主题公园。迪斯尼乐园将米老鼠等卡通人物重现于主题公园中,在有着真人大小的卡通形象的乐园中,可以驾驶未来车、搭乘密西西比的船尾舢车嬉游于中世纪的城堡,或在美国大街上漫步。2009 年 11 月 4 日,上海市人民政府新闻办公室受权宣布:上海迪斯尼项目申请报告已获国家有关部门核准,将是全球第 6 个、中国第 2 个迪斯尼乐园。据悉,上海迪斯尼乐园将不但拥有与全球迪斯尼旅游目的地度假区一致的设施,还将具有中国本土的神奇特色。其耗资 244.8 亿元,最早 2014 年开放。

【案例分析】

迪斯尼是一个集休闲、度假、娱乐、购物、餐饮于一体的大型综合主题乐园。迪斯尼乐园在设计的过程中,注重每一个细节,吸引全世界无数粉丝趋之若鹜。迪斯尼主题公园中到处是童话故事中的场景,有适合小朋友的游乐设施,也有吸引青年人的刺激项目(如翻越太空山等)。周边是与之配套的四星级或五星级的迪斯尼酒店,带动当地的旅游业,抬高地价,促进交通。创意文化产业的巨大文化、社会、经济价值可见一斑。

【知识要点】

创意文化产业的特点就是推陈出新,倚正出奇;情理之中,意料之外;发动视觉冲击力、思维冲击力、内容冲击力令人震撼,从而满足市场需求,收到产业大发展之实效。

一、推陈出新,守正出奇

(一)传统与现代

每个国家、每个民族、每个区域都有其独特的传统文化。传统文化就是文明演化而汇集成的反映特定集合体特质和风貌的文化，是其历史上各种思想文化、观念形态的总体表征。世界各地、各个民族都有自己的传统文化。中国的传统文化是以儒家思想为内核，讲究仁、义、礼、智、信、忠、孝、悌、节、恕、勇、让，通过书籍文章、诗词歌赋、艺术表演、法典律令、道德规范等各种方式，流传于世。中华民族的四书五经、音乐戏剧、杂技曲艺、书法绘画、工艺制品，乃至方言俚语、对联灯谜、射覆酒令、俏皮话、歇后语等，无论是内容还是形式，均体现了传统的文化形态。

现代文化相对并有别于传统文化。一般地说，现代文化是现代工业化时期的文化，具有高雅文化、纯粹艺术、独特风格等特点。作为创意文化产业，具有传统与现代交融的特点。

我们可以从婚庆文化中看传统与现代的交融。中国的传统婚庆礼仪规范繁复，禁忌多多，虽然冗沉繁琐，但也表现了古人对婚姻神圣性的敬重。到了现代社会中，人们崇尚一切从简，因此传统婚仪的种种程序、禁忌都逐渐被简化，当代婚庆大量吸收了西方的一些喜庆元素，当然，也部分失落了传统婚俗文化脉络。近年来，则出现了新老结合、中西合璧的趋势，新人拍摄婚纱照或着现代西式婚纱，或穿传统中式礼服；迎亲路上既有现代车队，又有骑马坐轿；既有不拘一格的旅行结婚，又有三叩九拜的古老礼数，给了人们更多的选择和愉悦。

（二）守本与创新

守本的字面意思是“持守本原”，有一颗平和安详的心，保持知足宁静的心境。《左传》中就有心荡则禄尽的记载。守本，又是佛家语言。歌云：守本真心。是第一道，是涅槃之根本，是入道之要门。三界虚幻，唯是一心；恒沙诸佛，皆从心生。守本是循规蹈矩，恪守中庸，维系纲常，保持本色。用在文化上，即是遵循内在规则、保持固有模式之意。

创新主要有三层含义：一是更新，推陈出新；二是创造新的东西，除旧布新；三是改变，“千门万户曈曈日，总把新桃换旧符”。创新是人类特有的认识能力和实践能力，是满足受体需求的必然途径，是文化发展的主要推动力。

我们可以从京剧艺术中看守本与创新的碰撞。京剧行当角色分生、旦、净、末、丑，京腔京调的声韵和音乐，融合了“西皮”“二簧”的典型唱腔，表演程式中的四功五法、唱念做打，净、丑诸行当的红、黑、黄、蓝、绿、白脸谱，各式行头等是本，京剧的守本就是“国粹”的灵魂不能丢，中华民族审美习惯不能丢，文化传统的艺术瑰宝不能丢，国人含蓄、稳健、精致、典雅的精神品格不能丢。但如果让现代的年轻人看与过去一模一样、数十年不变的剧目，只依靠传统剧目过日子，必然失去受众。在创新中可以尝试用交响乐团伴奏，但不能代替或淹没京剧鼓点；可以采用高科技布景，但不能破坏京剧艺术的写意性；可以斥资大制作，但不能改变演员为中心的角色地位。

（三）正合与奇胜

老子《道德经》中有“以正治国，以奇用兵”之言，孙子兵法中有“以正合，以奇胜”之语。创意文化产业在求新、求异、求特、求变的过程中，既是新奇的，又是正统的。

“以正合”，就是在创意中，不能丢失文化的正统和主流，要合乎人们的文化习俗和思维习惯。正,是大概率事件,是符合文化产业一般规律的。一是要把文化作为创意产业的支撑,文化是创意产业发展的渊源。二是规模化。现代文化创意成果是策划、制作、传播、管理多方合作的产物,能进行规模性复制和广泛的传播。比如字画只是文化创意,其能够进行复制,就是创意文化产业。三是不具备排他性。创意文化产业产品中,一个人的消费并不减少其他人的消费。

"以奇胜",则是创意中的灵魂。故善出奇者,无穷如天地,不竭如江河。奇,是小概率事件,是符合文化产业特殊规律的。动漫、游戏、数字艺术,甚至软件设计、增值文化产品,都要以新奇的内容和形式来取得市场,赢得受众。一是创意是创意文化产业的灵魂,创意产业链的核心价值是创意、创新。二是创意的智力成果是创意产业的核心,创意本身不能实现它的价值,创意要变成产业,智力要结出成果,理念要化为财富。三是创意人才是创意产业的本元,一切创意和成果,都是创意人才智慧的结晶。创意文化产业必须能够集聚文化奇才、怪才、偏才乃至全才,才能实现"守正出奇"。

二、情理之中,意料之外

(一)发散型

一是逆向(求异)思维。"司空见惯寻常事,断尽江南刺史肠"。创意者往往寻求从结论回推思考,从结果回放表现,因而创造出新的意境和作品。许多电影、电视剧中有武林高人原地干拔飞上房檐的镜头,其实往往是从房檐跳到地下的镜头的倒放。

二是横向思维。毛泽东早就说过:"东方不亮西方亮,黑了南方有北方"。1984 年洛杉矶奥运会组织者彼得·尤伯洛斯运用横向思维理论,实现赢利 1.5 亿美元,一改奥运会长期亏损的历史。北京 2008 奥运会组委会也邀请爱德华·德波诺教授为奥组委的工作人员进行横向思维培训。

三是侧向(旁通)思维。"阵而后战,兵之所常;运用之妙,存乎一心",创新既有"横平竖直",亦可"撇捺提钩"。一家位于纽约的商店叫做"七只钟",然而在它的外面却挂着八只钟。难道商店老板愚钝?非也。正因为许多游客能够发现这一错误且进店指出,从而使其人气、名气、财气齐增。

四是置换思维。比如在数学中,任何数的平方都是正数,但我们用置换思维的办法,确定 i 的平方等于负 1,这样就解决了许多数学难题。20 世纪 50 年代一个中外记者招待会上,一个外国记者问中国的人民币一共有多少?对此无法直接回答的问题,周总理用置换思维的方法回答:"18 元 8 角 8 分"(当时人民币票面值加起来共 18 元 8 角 8 分),从而巧妙地解决了问题。

五是碰撞思维(头脑风暴法)。将自己的思维与别人的思维碰撞,将正向的思维与反向的思维碰撞,将一个人的思维与大家的思维碰撞,从而产生火花,形成创意。19 世纪人类最杰出的艺术家之一、后期印象画派代表人物梵高的典型作品如《向日葵》《吃马铃薯的人》《乌鸦群飞的麦田》《梵高的卧室》等,都体现了思维的碰撞乃至视角的碰撞。我国元代杂剧家马致远的《天净沙》只有 28 个字,就有 12 个相对独立的意象镜头。整首小令虽惜墨如金,却充满排列和碰撞,一切景语皆情语。“此中有真意,欲辨已忘言”(陶潜)。

(二)聚合型

一是类中求同。类中求同是指在某一类型的不同事物中找出共同点。数学中就有求同类项的问题,如求最大公约数。在文化创意中,有风格求同,塑造自己的品牌特色;意境求同,形成自己的作品品味;指向求同,确定自己的销售群体。

二是类中求异。类中求异是指在某一类型的各种事物中找出不同点。比如在摄影服务中,可以求出儿童摄影之异;在儿童摄影中,可以求出系列产品之异;在系列产品中,可以求出节日套装之异;在节日套装中,可以求出个性包装之异;在个性包装中,可以求出品牌宣传之异;在品牌宣传中,可以求出特色优势之异。

三是同异各用。当今体育传播界当红播音员韩乔生与他人之同为体育解说,与他人之异为有一串啼笑皆非的笑话,如:迅雷不及掩耳盗铃之势,守门员一声哨响比赛结束,中秋节刚过我给大家拜个晚年,30 公里开外一脚远射等。西泠印社还专门出版了《恐韩·韩乔生语录》一书。正如著名杂志策划人老枪所说:“一个人偶尔口误一次不难,难的是一辈子能坚持口误”,韩乔生的“同异各用”给大家也给自己带来了快乐。

四是类中拼接。是从某一类事物中抽取看来不适宜搭配的元素进行拼接,从而产生新的特殊效果。2009 年春晚宋祖英与周杰伦的一曲《本草纲目》,将流行音乐的时尚元素跟民族音乐的低调奢华完美结合,相得益彰,让数亿观众对他们二人有了崭新的印象。在文化创意中,中国元素与外国元素拼接,现代元素与古典元素拼接,官方元素与民间元素拼接,高雅元素与低俚元素拼接,都可以产生出许多好的作品。

(三)想象型

一是臻善臻美。事实上,每一个具体的人都是有缺陷的,每一个现实的环境都有不尽人意之处,每一个时代都是待发展的。而人们普遍不满足于现状的心态和努力,却成了社会前进的动力。正是因为这样,在文化创意中,大量出现对臻善臻美的向往和表现。在社会、生活、文学、教育、科技、新闻、体育、娱乐等方面,追求完美也是普遍的心理诉求。

二是夸张夸大。各种广告宣传,本质上和形式上都是一种放大现象。“夸张”和“夸大”的共同部分是“夸”,赞扬真善美,摒弃假恶丑。“夸大”侧重数量,“夸张”侧重性质,譬如描述美丽为“沉鱼落雁之容、闭月羞花之貌”;形容相貌“去年一滴相思泪,今日方流到嘴边”和“白发三千丈”。如此形容美丽、脸长和愁深,虽然明知其与实不符,但无伤大雅。当然,新闻报道、法律诉讼中,事实、内容和数字是容不得半点夸张的。

三是假想假说。中国文学史的源头就是古代神话,嫦娥奔月、夸父逐日、精卫填海、女娲补天、后羿射日、八仙过海等,都表达了人们的良好愿望和美好追求。孙悟空会七十二变,一个筋斗能翻十万八千里,他的如意金箍棒能随意变化,他有一双火眼金睛,能识破妖魔鬼怪的伪装。这个现实世界并不存在的形象代表了古代中国人善良、正义、不阿的情怀和追求。

四是梦境梦幻。梦境梦幻的本义是睡眠中的幻像和境地,是人类不可能达到的梦想天堂。“梦”由“苜”(mò,眼看不清)“宀”(人的变形)“夕”(晚间)三字会意,形象地描绘了人作梦的条件和结果。清代文学家蒲松龄所著的《聊斋志异》共有奇文异事491篇，运用传奇小说文体，通过谈狐说鬼方式，寄托现实孤愤悲情。通过《画皮》《促织》《梦狼》《婴宁》《叶生》《席方平》《青风》等一个个梦境梦幻的故事，揭露当时社会的黑暗，反对封建婚姻，歌颂人民反抗斗争精神，总结生活经验教训，带有道德训诫意义。

三、冲击力强，令人震撼

（一）视觉冲击力

亦称视觉震撼力或眼球吸引力，是指文化产品对受众的视觉影响程度，俗话叫“抢眼”。视觉冲击力在电影、电视、绘画、广告等以视觉欣赏为主的文化艺术形式中，通过造型、颜色、材料表现手法，刺激视觉感官，吸引众人注意，施加直观影响。

视觉冲击力构成方式主要有：(1)页面构图的图层区分，运用光线、几何图形、颜色、数字等元素，使要表现的物体具有一定的纵深感和层次性；(2)页面上构图的视线牵引；(3)色彩诱导，如红色代表生命热情，橙色代表喜悦，黄色代表意志，绿色代表生命，蓝色代表宽阔，紫色代表雍容；(4)明暗诱导，颜色的两端就是黑与白；(5)瞬间捕捉，以“白驹过隙”来表达永恒；(6)改变视觉平衡，通过视觉上的夸张来达到创意要求；(7)调整比例大小，推出视觉重点；(8)视觉幻像表现美好的虚拟世界；(9)抽象表现，用简单的几何图形、变幻的颜色、对比的图块来代表事物、突出主题。

（二）思维冲击力

如果说视觉冲击力是为了吸引受众的眼球，那么思维冲击力就是为了吸引受众的大脑。

视觉冲击力反映了思维冲击力，思维冲击力决定了视觉冲击力。视觉冲击力是先导，文化创意首先要有人注意，有人欣赏，甚至有人反对，否则，就是“养在深闺无人识”。但是，如果一味追求视觉冲击力，形式至上，图形至上，场面至上，忽视了内部的内容和情境，就产生不了思维冲击力，也达不到预期效果。比如一部2010年由名人执导的贺岁大片，在视觉上颇多冲击，在包袱上留下玄机，在包装上光彩十足，在推销上做足文章，但是作品面世后却并不如意。这主要就是创意冲击力不够。在文化创意中有与众不同的思维亮点，才能攻破受众的视觉防线，使作品或产品进入欣赏者的大脑。

（三）内容冲击力

如果说思维冲击力就是为了吸引受众的大脑，那么内容冲击力是为改变受众的心灵。

文化创意在引起人们的注意后，要使受众接受一个思维方式，其目的是要把作品的内容传达给消费者。文化创意也要坚持“为人民服务，为社会主义服务”的方向，在内容与形式的结合上“弘扬主旋律，提倡多样化”，在宏观上把握“以正确的舆论引导人，以科学的思想武装人，以高尚的情操陶冶人，以优秀的作品鼓舞人”，以培养“四有”新人为目标，提高全民道德精神素质和科学文化品质。

在2008年北京奥运会开幕式上，水墨长卷体现视觉冲击力。当场地上巨大的卷轴慢慢拉开时，全体观众为之震撼。主题歌《我和你》体现思维冲击力。中国顶尖歌手刘欢和

“天后”莎拉·布莱曼站在直径18米、重16吨的液晶星球顶端，伴随着小提琴奏出的天籁之音，奥运主题歌《我和你》传遍全球。点燃主火炬体现内容冲击力。最初上报国际奥委会的方案是“凤凰飞天”：在火炬手的跑道上逐渐展开一幅长长的画卷，随后运动员将沿着打开的画卷奔跑，后面是所有从希腊点燃的火炬传递的画面，2万多名火炬手一个不落地依次展现，在到达主火炬点火点时，将出现一支飞翔的“凤凰”，凤凰用嘴去轻轻地衔起运动员手中火炬的火种，然后飞向主火炬，在点燃主火炬后，凤凰会继续飞翔，燃烧，直至最终翱翔天空。在实施中由于技术原因进行了调整。

四、满足需求，收到实效

(一)文化项目开发创新

在创意文化产业中，人们首先接触的一般是具体的文化项目，而不是抽象的创意理念。所以，要想满足受众的需求，首先要对文化项目的开发进行创新。文化项目开发创新代表了从宏观上进行顶层设计，把握文化创意的发展方向。可以采用创意文化产业项目推介会、建立文化创意主题产业园、成立创意文化产业公司、节日文化创意专项开发、地域文化创意专项开发、旅游文化创意专项开发、生态研究文化创意专项开发等各种新方法。

2009年5月13日，“中国(重庆)国际创意文化产业项目推介会”在重庆国际会展中心举行，重点推介了7个文化项目：一是新华书店集团开发的“解放碑时尚文化城”，二是广电集团开发的“大足石刻影视创意文化产业基地”，三是重庆日报开发的“创意文化产业园”，四是重庆出版社开发的“重庆印刷包装创意产业基地”，五是重庆日报报业集团开发的“报业大厦”，六是重庆出版社开发的“重庆天健动漫基地”，七是重庆出版社开发的“黑山谷景区”。

(二)文化营销策划创新

有了好的文化项目，却未必能为广大受众接触和了解，所以还要通过文化营销策划的创新来吸引公众。在文化营销策划中，除介绍产品外，要强调宣传企业的理念、宗旨、目标、价值观，以及企业环境、组织力量、经营管理制度、人员行为规范、品牌个性等文化元素。在实际运作中做到：总揽文化态势，捕捉文化理念；观察文化变化，扩展文化外延；体现文化品味，创造文化趋势；满足文化需求，形成文化创意。一是以人为本，不能只想我要卖什么，而要思索你要买什么；二是个性鲜明，肩膀上长的是自己的脑袋，喉咙中说的是自己的声音；三是生动活泼，即营销技术要灵活，品牌形象要独特，广告词语易传播；四是体现公益，人们一般都是愿意购买社会责任感强的企业的产品。好的文化项目加上好的营销策划，就如同将钻石镶进白金戒指，形成“1+1>2”的效应。

(三)文化产品开发创新

文化营销策划只是手段，目的是为了推介产品。公众通过营销策划可以了解企业及其特色，但最终消费的是文化产品。再好的营销策划只能吸引人们一时的注意，只有好的产品，才能使人有长久的记忆。

20世纪80年代，由于世界第八大奇迹——秦兵马俑的发现和对外开放，陕西的文物旅游吸引了众多国际国内的游客。但前来西安观光的数万游客却陷入了"白天看庙,晚上睡觉"的尴尬局面。为解决文化创意产品匮乏严重制约旅游事业发展的问题,1982 年 9 月,由陕西省歌舞剧院原创的中国第一台唐代宫廷乐舞《仿唐乐舞》及其姐妹篇《唐·长安乐舞》打开了旅游演艺产品的先河,成为国内首部走向旅游市场的演艺产品。它以古朴、典雅的艺术风格和恢宏的盛唐气象,受到世界各国宾客的热烈欢迎,被誉为最具唐代乐风舞韵的东方艺术瑰宝。品牌效应和市场需求催热了"唐文化"主题演出,唐乐宫还首开了国内"歌舞剧院餐厅"一体化的先河。"仿唐乐舞"巨大的品牌与市场效应,促进了陕歌大剧院的兴建和节目内容的拓展,以及演出队伍的分蘖与发展。

【思考与练习】

1. 举例说明你所知道的"传统与现代"结合的文化创意产品。
2. 创意文化产业中的"发散思维法"主要有哪几种?
3. 解释"视觉冲击力"的特点。
4. 文化产品开发创新有何特点?

第三单元 创意文化产业方法

【案例导入】

华谊兄弟传媒集团的成功

华谊兄弟传媒集团(Huayi Bros. Media Group)由王忠军、王忠磊兄弟在 1994 年创立,开始时是由投资冯小刚、姜文的电影而进入电影行业,尤其是每年投资冯小刚的贺岁片而声名鹊起,随后全面投入传媒产业,投资及运营电影、电视剧、艺人经纪、唱片、娱乐营销等领域,在这些领域都取得了不错的成绩。在 2005 年成立华谊兄弟传媒集团,旗下有华谊兄弟时代文化经纪有限公司、华谊兄弟影业投资有限公司、华谊兄弟电视节目事业有限公司、华谊兄弟音乐有限公司、环球热力兄弟影音文化传播有限公司、华谊兄弟广告有限公司、华谊兄弟国际发行有限公司等。2009 年 10 月 30 日,作为首批创业板上市股票,总股本为 16 800 万股,发行总量为 4 200 万股。现已成为中国内地一家知名综合性娱乐集团,在文化领域成功创业的典范。

【案例分析】

华谊兄弟作为中国民营文化企业,它做到了如下几点:(1)突出品牌效应。电影就是它的强势品牌。华谊出品的《集结号》是 07 年最受瞩目的华语电影之一,早在影片上映前,广告和商务方面已为公司带来了约 1 亿的收入,上映至今已产生了 2 亿 3 000 万的票房成绩。(2)专业化程度高。民营电视传媒企业由于很难和国营电视台及境外电视机构进行全方位的竞争,所以它们大都在某一个领域或针对某一题材集中财力,重点突破,做精做细,以专见长。华谊兄弟善于投资、发行影视剧,通过多重窗口销售,经营后产品和相关演艺活动来获利。(3)重视政策规定,即既讲政治又讲市场。对民营文化企业来说,如果只看经济效益,一旦触犯政治禁区,就可能“血本无归”,甚至丢掉企业的“身家性命”。(4)并购和重组活跃,彼此业务互有协作。而这几点,也正是我们这一单元要强调的。

【知识要点】

创意文化产业的方法多种多样。重要的就是突出特色,讲求个性;掌握趋势,把握政策;服务社会,瞄准市场;借力造势,形成规模。

一、突出特色,讲求个性

(一)中国特色

文化具有多样性和历史性,不同的国家,有着不同的文化形态。在文化创意中,既要汲取外国文化的丰富营养,更要突出华夏文化的品质和特点,即所谓“中国的才是世界的”。

生肖文化是典型的中国文化。子鼠丑牛寅虎卯兔辰龙巳蛇午马未羊申猴酉鸡戌狗亥猪,这些生肖依次出场,它们不仅仅将每一年的地支化为灵气飞动的属相,还是带着更多的中国文化底蕴登台的。中国关于十二生肖的记载,从天文、星象、历法、考古、神话、传说等方面都有着丰富的内涵,构成了每个人永生也剪不断的文化情结。

作为中国特色的十二生肖,近年来已普遍为外国接受。如澳大利亚在(庚)虎年,由秉承英国皇家造币技术的澳洲珀斯铸币局精心打造了生肖单枚银币,共有1/2盎司、1盎司、5盎司、1千克等4种规格,体现了中国文化对外域文化的影响。

(二)民族特色

文化具有民族性。中国是个多民族的大家庭。“五十六个民族五十六朵花”,各民族的文化有着多种多样的表现形式。比如产自于民间、流传在民间、表现民间生活生产的中国民族音乐,就有民族歌曲、民族歌舞音乐、民族器乐、民间说唱音乐和民间戏曲音乐等。民族歌曲泛指各个民族人民自己创作并传唱的歌曲,通常带有浓郁的民族风情,曲调简单,歌词通俗易懂,唱出来朗朗上口,并多为口头流传,如《茉莉花》《牧羊歌》《兰花草》等。民族舞蹈是一种起源于各族人民生活中的肢体动作语言,以日常活动抽象化为表现形式,亦可称为土风舞或民俗舞蹈。民族乐器即中国的独特乐器,有鼓、钟、磬、缶、埙、萧、笙、琴、瑟、筝、琵琶、笛、方响、箜篌、钹、胡琴、大阮、月琴、洋琴等。民族器乐曲表现了各民族的风格,它涉及到曲调的音高关系、调式、调性、节奏、节拍、速度、音区、力度、音色、演奏法等,组成因素为演奏技巧、民间旋律和乐队组合等。

(三)区域特色

由于地理环境和自然条件不同,导致历史文化背景差异,从而形成了明显与地理位置有关的文化特征,这种文化就是区域文化。中国有以二人转为代表的东北黑土地文化,有以秦腔为代表的西北豪放文化,有经济特征的晋商文化,有儒雅相间的徽商文化,有高度发达的江浙文化,有独具特色的广东文化,有民族交融的西南文化。地方特色历史文化资源与现代文化元素要结合,如山东的齐鲁文化可以突出历史名人文化、孔孟儒家文化、海洋旅游文化、当代创意文化等。

(四)产品特色

文化创意的中国特色、民族特色、地域特色,都是要通过产品来实现的,所以归根结底,要有产品特色。各种文化产品要做到:人无我有,人有我好,人好我特。通过不同特色的文化产品,引起受众的兴趣,使公众喜爱,甚至多次消费。

2010 年上海世博会有 29 大类近万种特许产品,其中茶叶、电脑外部产品、家用金属制品、钻石制品等属于较热门的产品。特别是金银币因其产品特色而受到人们的追捧。

二、掌握趋势,把握政策

(一)国家文化产业基本方针

我国发展文化产业的基本方针是百花齐放、百家争鸣。打个比喻:在百花园中花都一样就会审美疲劳甚至厌倦,如果有一朵与其他的不一样,有另类的美,就会特别引人注意。这就是“人气”,就是效益。

国家文化产业发展的指导思想是要大力培育市场主体,加快转变文化产业发展方式,进一步解放和发展文化生产力,切实维护我国文化安全,推动文化产业又好又快发展,将文化产业培育成国民经济新的增长点。发展的基本原则是:坚持把社会效益放在首位,努力实现社会效益和经济效益的统一;坚持以体制改革和科技进步为动力,增强文化产业发展活力,提升文化创新能力;坚持走中国特色文化产业发展道路,学习借鉴世界优秀文化,积极推动中华民族文化繁荣发展;坚持以结构调整为主线,加快推进重大工程项目,扩大产业规模,增强文化产业整体实力和竞争力;坚持内外并举,积极开拓国内国际文化市场,增强中华文化在国际上的影响力。

(二)文化产业振兴规划

2009 年 7 月 22 日,国务院常务会议通过了《文化产业振兴规划》。这是继纺织、轻工等产业规划之后的第十一大产业振兴规划。

国家将重点推进的文化产业包括:文化创意、影视制作、出版发行、印刷复制、广告、演艺娱乐、文化会展、数字内容和动漫等。这将极大地鼓舞整个文化产业的发展,推动中国的文化像经济一样走向国际市场。

国家出台了《关于金融支持文化出口的指导意见》,明确指出:积极吸收社会资本和外资,进入政策允许的文化产业领域,参与国有文化企业股份制改造。可以预见资本扶持的力度将不断加大。投资文化产业原先有一定的进入门槛,且缺乏有效的退出机制。现在在国家的鼓励下,必将带动文化产业的投资。

(三)知识产权法律

在创意文化产业中,遵守知识产权法律法规特别重要。其中,尤其要学习、遵循《知识产权法》。

知识产权有四大类:专利、版权、商标和设计。知识产权法是指因调整知识产权的归属、行使、管理和保护等活动中产生的社会关系的法律规范的总称。知识产权法的综合性和技术性特征十分明显。在知识产权法中,既有私法规范,也有公法规范;既有实体法规范,也有程序法规范。但从法律部门的归属上讲,知识产权法仍属于民法,是民法的特别法。民法的基本原则、制度和法律规范大多适用于知识产权,并且知识产权法中的公法规范和程序法规范都是为确认和保护知识产权这一私权服务的,不占主导地位。

知识产权法律制度一般包括以下几种:著作权法律制度,专利权法律制度,版权法律制度,商标权法律制度,商号权法律制度,产地标记权法律制度,商业秘密权法律制度,以及反不正当竞争法律制度等。

(四)国际相关规则

中国的创意文化产业,不仅要面对国内,显然还要面向世界。因此,遵循国际相关规则也是不言而喻的。

在国际相关规则的大框架内,发展中国的创意文化产业,一是要接受国际相关机构的指导。二是要接受国际已有法规的约束。如世界上第一个国际版权公约是1886年9月9日通过的《保护文学和艺术作品伯尔尼公约》(Berne Conventionforthe Protectionof Literary and Artistic Works,简称《伯尔尼公约》)。1992年7月1日中国成为该公约的第93个成员国。三是要按照国际通行规则办事。如在文化产品的输入和输出时,一般要有版权技术许可、专利技术许可、专有技术许可。四是要积极争取自己的话语权,在制定和运用国际相关规则中,发挥应有的作用。

三、服务社会,瞄准市场

(一)创意文化与社会文化一致

文化创意尽管有着新颖性和独特性等特点,但是创意要符合基本准则,就是与社会认可的文化特别是主流文化相一致。

创意文化要与建设和谐文化相统一,树立社会主义核心价值体系。必须坚持马克思主义在意识形态领域的指导地位,牢牢把握社会主义先进文化的前进方向,弘扬民族优秀文化传统,借鉴人类有益文明成果,倡导和谐理念,培育和谐精神,进一步形成全社会共同的理想信念和道德规范,打牢全党全国各族人民团结奋斗的思想道德基础。

(二)创意文化与市场需求吻合

创意文化与社会文化一致是前提,但人们接受文化产业是一种市场行为,所以必须以市场为导向。如果说人类在自然经济时代,文化艺术作品是“自然”浮现的话,那么,在市场经济的今天,在消费全球化的社会里,创意文化产品就要受到市场经济中那只看不见但始终在起作用的手的操控与拨弄。

社会经济活动的集约化、专业化、大工业化的发展,给创意文化产品的消费增加了投资、流通、传播的环节,而且这个环节越来越大,越来越重要。由于文化艺术活动日益市场化、商业化与产业化，作为传统的文化创意中的关键环节和决定因素的作家、艺术家和编剧，已经离不开懂得市场、了解市场、能够准确预测和把握市场、拥有市场份额的人，包括经纪人、策划人、创意者和制作人。创作文化艺术生产机构与传播机构（如出版社、画廊、音乐厅、博物馆等）也不例外。所以近年来各种文化艺术的投资机构、中介机构蜂拥而出。与之相应，"新媒介人"阶层（比如艺术策划人、投资人、经纪人、传媒中介人、制作人、销售商、文化公司经理等）顺势崛起，他们就是日益重要的"创意阶层"。

（三）社会效益与经济效益结合

创意文化产业必须追求经济效益，用最少的劳动耗费和劳动占用，获得尽可能多的劳动成果。但创意文化产业又是直接为公众的物质文化生活服务的，带有不同程度的公益性，所以创意文化产业就应该比一般企业更加重视社会效益，坚持社会效益与经济效益并重。

井冈山旅游中"红色"与"绿色"的结合就是一个典范。

在红色旅游中深入挖掘红色文化。该市成立了井冈山精神研究会，出版了一大批反映井冈山斗争史实的革命书籍，精心编排了红色经典晚会，搜集制作了井冈山斗争图片展，推出了"吃一顿红米饭、唱一首红军歌、走一趟红军路、读一本红军书、听一堂传统课、扫一次烈士墓"的"六个一"革命传统教育模式。在绿色旅游中投巨资扮靓旅游景点。其森林覆盖率占86%，这里有全球同纬度保存最好的次原始森林7 000公顷，各类植物3 800余种，被人称为"天然氧吧"和"避暑胜地"。

由于将"红色摇篮""绿色家园""古色文化""蓝色碧水"等旅游资源和旅游品牌有机组合，井冈山的旅游业已占到该市国民生产总值的42.6%。如今，拥有全国百个爱国主义教育示范基地、全国旅游胜地四十佳、中国优秀旅游城市、国家4A级风景旅游区等称号。

四、借力造势，形成规模

文化产业的创意，尽管有异想天开的成分，却不是空穴来风，需要取现有文化种类之形，借现有市场产品之力，集时尚元素流行之风，造创意文化燎原之势。

（一）混搭拼揉法

混搭（Mashup）作为一个时尚界的专用名词，是指将不同风格、不同材质、不同样式的要素，按照创意者的个人喜好拼凑在一起，从而混合搭配出完全个性化的产品并得到社会认可。混搭的基本思路即"不囿习惯约束，不守传统规矩"。拼揉作为一个创意学的专用名词，是指通过拼缀揉合，将现有的文化要素和艺术信息转化为新颖的文艺作品或产品。拼揉的惯用手法即"杂取百家之长，酿集百花之香"。

混搭拼揉是时下最流行的创意方法，是文化艺术形式和内容创新的基本套路。文化创意首先是文化信息创意，"创意生产者将信息纳入一个确定的形态，将不同的材料整合在同一个体内，也是整理、修订、重排的过程，当创意生产者修改、准备、改编、重获灵感，重新转入语境，精简和消减材料，使得它们‘形成一个确定的形态’时，拼编创意正指引道路。”①创意的理念引导创意的实践，混搭拼揉法已被不少文学艺术家视为文化产业创新的滥觞，追寻灵感的法宝。在艺术形式、服装设计、音乐作品等各方面都大有文章可做。

周杰伦作为歌手、创作人、制作人甚至电影导演，混搭拼揉贯穿了他的艺术生涯。从最早的《威廉古堡》《爸，我回来了》《双节棍》，到每张专辑中必备的中国风格曲目，周杰伦以融合中西式曲风的嘻哈或节奏蓝调为主，突破原有亚洲音乐的主题、形式，融合多元的音乐素材，创造出多变的歌曲风格，其中最为著名的作品是与费玉清的合作《千里之外》，以及《青花瓷》《东风破》。他的穿着也是混搭拼揉，如唐装配牛仔裤，民族风的项链搭配一件嘻哈式的衣服和带有中国龙刺绣的破破的牛仔裤。

（二）借壳下蛋法

创意文化产业不能像传统产业，一定要经过一个资金、技术的原始积累过程一样。而应该借他人之力，乘现有之势。孙子曰：“如转圆石于千仞之山者，势也。”创意文化产业可以通过借壳下蛋的方法，迅速进入角色，形成规模发展。如深圳动漫的发展，在20世纪80年代，深圳从外来加工制作起步，完成票房惊人的国际巨片，因而成为名副其实的“世界动漫制作加工基地”；到20世纪90年代中期，深圳动漫产业就进入了鼎盛期，吸引了全国大批动画人才和从业人员；20世纪90年代中期后，深圳动漫的发展受益于市政府对高新技术产业的大力扶持，基于计算机虚拟技术的三维数码动画的迅速发展，涌现了大量三维动画加工企业和个人工作室；21世纪开始至今，深圳动画加工企业开始尝试原创，并成立了怡景国家动漫产业基地。2006年，由深圳环球数码公司推出，创国产动画史投资之最、耗资1.3亿元打造的首部三维动画电影《魔比斯环》，被称为中国动漫业里程碑式的开山之作，实现了民族动漫产业的历史性突破。

（三）名人效应法

名人效应（Celebrity Effect）是指由于名人出现而吸引眼球、扩大影响、强化事物、事态扩大、影响加强的效应和人们模仿名人的心理现象和品牌效应。

名人一般具有较高的知名度，具有相当的美誉度，以及特定的人格魅力等，公众往往“爱屋及乌”，从对名人的喜欢、信任甚至模仿，迁移到对产品的喜欢、信任和模仿。早在20世纪初，美国智威汤逊公司（j. w. Thompson）在力士香皂的广告中开始使用影星照片，名人广告（Celebrity Ad）由此成为重要的广告表现策略。而在当今的中国，自李默然参与拍摄“三九胃泰”广告以来，各类名人广告更是无处不在，进入“形象代言人时代”。

由于名人是人们心目中的偶像，因而有着一呼百应的作用。有一笑话云，一出版商有一批滞销书久久不能脱手，他忽然想出了非常妙的主意：给总统送去一本书，并三番五次去征求意见。忙于政务的总统不愿与他多纠缠，便回了一句：“这本书不错。”出版商便大做广告：“现有总统喜爱的书出售”，于是这些书被一抢而空。不久，这个出版商又有书卖不出去，又送了一本给总统。总统上了一回当，想奚落他，就说：“这本书糟透了。”出版商

---

① ［美］布拉德·黑斯曼.《创意实践》,《创意产业读本》［M］. 北京：清华大学出版社，2007：141.

闻之,脑子一转,又做广告:“现有总统讨厌的书出售”,又有不少人出于好奇争相购买,书又售尽。第三次,出版商将书送给总统,总统接受了前两次教训,便不作任何答复。出版商却大做广告:“现有令总统难以下结论的书,欲购从速”,居然又被一抢而空。

(四)圆心扩散法

在核心创意的基础上,按照不同领域、不同层次、不同方式逐渐推广,形成不断扩大的产业链。在创意文化产业中,往往一个金点子,能带来一片金子。

国家在提出“和谐”的核心思想后,就出现了和谐社会、和谐中国、和谐社区、和谐家庭等,乃至我国拥有自主知识产权的高速列车系列 CRH1 型动车组也称为“和谐号”;环保要求“绿色”,就有了绿色食品、绿色包装、绿色软件、绿色下载、绿色演出、绿色文化商品等;哥本哈根会议倡导“低碳”,就产生了低碳经济、低碳城市、低碳住宅、低碳校园等。这些就属于圆心扩散。

采用圆心扩散法,第一步要确定圆心。例如,山东蓬莱是“八仙过海”神话故事的发源地,可以把“八仙神话”作为创意文化产业的圆心。第二步要确定半径。我们可以确定长度不同的三种半径,即:直接产品,间接产品,抽象产品。显然,它们距圆心的距离是有区别的。第三步是确定角度。我们可以根据圆心的特质、人们的文化心态和市场的需求,确定不同的角度,如食品、文化用品、工艺品、艺术品。第四步确定交点。从圆心出发,朝向不同的角度,截取不同的半径,就可以求得排列组合出来的若干交点。然后进行筛选,经过市场调研后,即可确定创意文化产业的内容。

这是一个真实的教学事例。2009 年 9 月 26 日,某文化产业学院,教师在课堂上要求以所在地山东蓬莱“八仙过海”的神话故事为圆心,分组进行产品创意。10 分钟后学生报告了答案。第一组:微雕,木雕,泥人,大头贴;第二组:八仙水杯;第三组:贝雕,刺绣;第四组:八仙连环画;第五组:折扇,木偶玩具,彩绘瓷盘,漫画;第六组:音乐盒,灯,服装,食品,海滩鹅卵石贴图片装入锦盒;第七组:中国画,游戏软件;第八组:十字绣,卡通,抱枕,面具,八仙用的器具。

(五)信息主导法

在创意文化产业中,大量使用现代信息技术已是一个不争的事实。如 2009 年 9 月第 20 届大连国际服装节的表演,是利用地面的多媒体显示;2009 年 10 月第 11 届全运会的开、闭幕式,是利用空中的多媒体显示。在信息时代,在创意文化产业中,用信息主导的方法,应该是长时期有效的方法。

【思考与练习】

1. 怎样突出创意文化产品的特色?
2.《知识产权法》的基本内容是什么?
3. 怎样做到社会效益与经济效益的有机结合?
4. 阐述混搭拼揉法。

第十三部分　地方特色文化产业

【学习目标】

1. 了解地方文化产业的定义、分类和特征；
2. 了解地方文化产业对经济的促进作用；
3. 了解地方政府对文化产业相关的扶植政策；
4. 了解地方文化产业营销的概念及经营特征。

【内容描述】

文化产业的发展具有明显的地域特征，一方面取决于地方的历史文化传统，地方的历史发展、文化习俗构成了地方特有的文化风景；另一方面则取决于地区的经济发展水平，根据消费需求层次理论，文化消费则是地方生活水平到达一定阶段才出现的，随着文化消费成为新型"无烟工业"而受到地方政府的高度重视。

由于过去物质比较匮乏，文化被定位为是纯欣赏的、奢侈的，沾染了商业化的活动不易被人接受，而且因为其消费昂贵而令人退却。在经济高速发展的今天，高经济效率商业活动充满人民生活的方方面面，连高雅的文化也不免为其侵蚀。但从另一方面看，地方文化要流传需要产业投资、扶持，古今中外莫不如此，况且这种投资也给地方带来直接或者间接的经济效益。

将具有地方特色、丰富内涵的地方文化产品借助商业推广，运用包装、营销、宣传的手法，让人们来到地方、接近地方、认识地方，在互动中创造产业生机，让观光者由地方风土人情油然而生尊重之情，进而带动地方居民对周围文化环境的尊重及推动地方政府对文化的关注和保护。

第一单元　地方文化产业概述

【案例导入】

北京作为央视所在地，央视的节目需求催生了北京市一大批文化产业的发展。随着服务外包经营模式在生产经营中的逐步推广，影视制作、广告传媒、多媒体公司、影视基地、管理咨询等产业类型成批地出现,极大地丰富了地方经济的发展。最为典型的是与旅游紧密关联的住宿、餐饮、娱乐、旅游纪念品等产业链条。

【案例分析】

地方文化产业发展更多的体现为微观层面的生产、营销,以及对地方经济和社会生活的影响等方面。一般认为文化及相关产业横跨四个大行业:工业、批发零售业、服务业和公共管理业,具体涉及提供文化产品、文化传播服务和文化休闲娱乐活动有直接关联的用品、设备的生产和销售活动以及相关文化产品的生产和销售活动等。央视在文化产品生产和传播过程中,调动和整合了北京市相当一部分文化产业资源,从而拉动了地方经济的发展。

【知识要点】

地方文化产业是以地方文化为基础的产业形式,是集地域性、独特性、历史性、生活性和经济价值于一体的概念。基本要素可以概括为文化产业资源、地方文化产品和文化品牌等几个方面。地方文化产业的分类方式很多,从活动形式和内容角度,地方文化产业可以分为传统地方文化产业、地方旅游文化产业和地方文化活动产业等。这些产业类型都是地方文化产业的支柱,对地方经济发展产生巨大的拉动作用。

一、地方文化产业定义

早在1980年联合国科教文组织(UNESCO)与加拿大针对文化产业发展的迅猛现实,在蒙特利尔共同举办会议,提出文化产业是按照工业标准,生产、再生产、储存以及分配文化产品和服务的一系列生产活动①。地方文化产业是以地方文化为基础的产业形式,是集地域性、独特性、历史性、生活性和经济价值于一体的概念。首先,地域性是地方文化产业的首要特征。历史上,由于交通和通讯技术的落后,不同地理区域之间交往较少,因此在割裂的地理空间内形成了各自不同的生产和生活体系。其次,因为地域历史发展的差异,不同地区的文化都有其独特的一面。第三,文化的形成一般是以一个较长时段内各种生活和生产方式的积淀为基础的,如长江下游的古吴越文化,中部地区的中原文化。第四,生活是文化的载体,可以从若干个角度细分文化的内容,如婚嫁文化、节庆文化和饮食文化等。第五,文化的经济价值则更强调文化在经济社会中的经济功能,文化商品可以和大宗商品一样成为市场交易的重要内容,而且经济环境对于文化的发展也有重要的影响。

由于各国的文化背景和社会经济基础不同,各国对文化产业的界定和分类标准不一,内涵和外延各不相同。国内对文化产业的界定也有多次修订,2004年3月29日国家统计局正式颁发了《文化及相关产业》标准,将其概念界定为:"为社会公众提供文化、娱乐产品和服务的活动,以及与这些活动有关联的活动的集合。"鉴于本书的编写体系,本章所指地

① 郭鉴.吾地与吾民:地方产业文化研究[M].杭州:浙江大学出版社:2008.

方特色文化产业是将地方名胜古迹、传统习俗、民间工艺、风物资源加工生产，最终形成产品和服务输出而形成的产业。各地方都依据当地的消费情况以及特色文化资源，对地方文化产业的内容有不同的界定，发展水平也有很大差异。

二、文化产业的几个要素

地方文化产业的基本要素可以概括为以下几个方面。

（一）文化产业资源

文化产业资源是地区文化产业发展的基础，是市场环境下，可以将其客体化、对象化的载体。文化被置于市场运作的循环之中，文化内涵是文化产业经营运作的灵魂。文化资源是一个具有动量的概念，在历史文化积淀的基础上，其发展及走向可以受到政府政策规划和传媒渲染的影响。此外，文化消费者的消费偏好也是决定文化产业发展方向的重要因素之一。比如，上世纪90年代相继流行的港台影视和日韩娱乐产品，与内地观众的文化品位有关系，而最近出现的“去流行化”则说明观众偏好的变化。

（二）地方文化产品

地区文化产品是地区文化“资源化”的成果。市场运作和消费者的消费偏好一起将文化资源整合创造为大众易于和乐于接受的文化产品以获得消费者心理上的满足和个人认知的提升。地方文化产品从形式上可以分为物质和非物质的，如地方戏曲、地方民风习俗、地方土特产品、地方文化旅游资源和历史遗迹等。从西藏回来的游客难免会从当地买一些诸如藏刀、藏毯、藏红花、唐卡画等藏族特色产品，这些产品是西藏文化市场化和产业化的结果。此外，正如越剧相对于杭州，沪剧相对于上海，锡剧相对于无锡，每个地方所具有的独特文化又反过来代表了该地域本身。

（三）文化品牌

文化品牌是衡量一个文化生产流程成功与否的重要标志。文化品牌本身也是重要的市场资源，是文化生产继续发展的推动力。文化品牌一旦形成将会在地方形成良好的社会经济效益。近年来，越来越多的地方政府开始注重地方文化品牌的建设和推广。文化品牌可以成为地方的名片，成为与外界经济交流的重要桥梁。宜兴的紫砂壶、福建漳州的木刻年画、天津的泥人张彩塑、汾阳杏花村汾酒、山西刀削面、苏州的丝绸锈品、景德镇瓷器、河南仿古陶瓷唐三彩、湖北随州蜜枣，以及工业文明中产生的四川长虹、青岛海尔、哈尔滨啤酒、上海大白兔奶糖等，都成为地方的文化品牌。

三、地方文化产业的分类

根据地方文化产业的特性可分为传统地方文化产业、地方旅游产业及地方文化展销活动产业等三类。

（一）传统地方文化产业（Traditional Local Culture Industry）

传统的地方文化产业是指当地经过长时间孕育出来的自然环境和社会资源，比如传统文物、传统民俗、乡土文化、历史古迹、风俗民情、民俗活动，等等。现今传统的地方文化产业以传承与再发展地方传统文化、确保经营永续为根本，因此如何找到现实生活中传统文化的保存与再发展的可行并卓有成效的操作模式将是重中之重。现今耳熟能详的将传统文化产业发扬光大的如东北二人转、国粹京剧、泰山石敢当、泉州提线木偶、昆曲、藏戏等。这种在地方特有的自然环境和社会资源基础上孕育成长起来的地方传统文化越来越具有生命力，逐步成为弘扬地方品牌、吸引外来投资、促进地方经济发展的一种有效手段。

(二)地方旅游文化产业(Local Tourist Cultural Industry)

地方旅游文化产业的发展有强烈的地域性，它是凭借地方的自然资源作为卖点，以旅游市场为导向，以旅游设施为条件，以生态环境为综合吸引物，满足旅游者在旅行活动过程中吃、住、行、游、购、娱等物质需要和精神享受的综合性服务行业。旅游产业是日益发展的朝阳产业，一个特殊的具有高度复合性的产业①。旅游产业是综合性和依托性很强的产业，它除了需要自身的交通运输业、旅游饭店业、旅行社业和风景名胜业的协调发展外，还会带动区域经济相关的其他产业共同发展。旅游产业的诸多优势已经俨然成为全球经济中发展势头最强劲和规模最大的产业，对城市经济的发展具有拉动性。

(三)地方文化活动产业

地方文化活动则是以地方文化活动为主体，由政府结合地方文艺团体共同推动实现。其内容可分为传统的和现代的文化活动，通常以常设、永久性的建筑物设施和以动态性场所作为展览空间。今年来各地政府积极推动的各种文化节庆，就是以地方文化活动为主体，包含地方民俗活动、文化庆典活动、地区文化展览活动以及地方居民集体创作文化活动等，这已经在近几年成为地方经济振兴及文化生活素质提升的主要动力。同时，作为现代经济运行的基本特征之一，地方政府对文化产业的扶持和推动将有利于地方品牌的推广。如杭州的"印象西湖"、无锡的"太湖牌"、长春的民俗博览会等都受到政府强有力的推动。

四、地方文化产业特征

(一)独特性和本地化

地方文化产业独特性表现为地方文化产业的价值和审美多元化的独特性，除表现在产业内在的生产逻辑外，还表现在产业的地理依存性上。

地方文化产业具有传统文化意义上的独特性价值，同时也必须是本地化的产物，具有地方的传统文化历史根源及特殊性，并通过与地方关系的界定，重新发掘地方历史性基础及文化特色来凝聚地方认同意识，才会成为地方文化产业最重要的发展动力。其重要性也就是为什么许多人为了欣赏别人的文化就必须长途跋涉，只有到那个地方才可以真正看到具有吸引力、独一无二的文化，而无法借助大量复制生产到处销售。想看某个地域的特殊文化，如江南水乡的庙宇、民居和楼台，或想品尝水乡的原味土产，则非得亲自去那个地方不可。

地方文化产业应以地产地销的发展策略来实现其独特性及本地化的价值，将地方所

---

① 张跃西. 浙江旅游产业地理[M]. 杭州:浙江大学出版社,2002.

发展出独特的以地方文化为基础的产业留在本地，让外地人来欣赏、品味及购买，如此才有利于与地方文化紧密的连接，并促进相关产业体系整体性的振兴。换言之，地方文化产业的生产方式与生产关系，必须以地方整体的生产组织与分工为主导，如此才能对地方各种相关产业活动的振兴有直接的帮助。所以独特性与本地化的协调发展是地方文化产业发展很重要的动力因素。

(二)内生性发展

地方文化产业独特性以及本地化特性的形成与保持，其背后的重要支撑是地方内生性的发展策略。内生性发展强调以地方为主体，由地方居民自发、自主的动力或潜在动力来参予地方工作，以地方特色、地方条件、地方人才为基础，以地方自身利益作为思考的出发点，以地方既有的文化资产，如人力、文史、产业、土地、景观等种种素材为基础，参考外来的知识、技术、制度等，自主地创造出适合固有自然生态系统的发展方向及方式来发展产业。

用地方内生性的思维来构思、主导和整合出文化产业发展的方向及方法，可以在参与的过程中思考地方传统文化与价值，重视生活质量、生活美学及生态价值，逐渐凝聚地方认同意识，且追求地方文化产业永续性发展的经济策略与分工形态，也就是通过空间与产业的多样性、连结性、整合性，形成一套结构性的地方生产模式，来振兴地方经济。

(三)地方文化产业的功能

地方文化产业具有发展经济的功能。文化产业在现代经济中通过市场交换、创造就业机会、充实地方财政等方式创造价值，促进社会财富的增长。此外，地方文化产业还能间接地创造社会价值，比如提升居民的文化层次，增进地方的认同感，沟通人际关系，增强互信互助，促进地方安定。公园、博物馆和图书馆的免费开放可以间接地、多种机制地促进地方社会经济的发展和推动当地的繁荣。从效用需求角度分析，还可以满足居民精神文化生活的需要。

(四)文化产业化和产业文化化

作为地方文化产业的意义延伸，需要强调的是，其发展维度的问题。除了文化产业化，也就是将文化带入市场，通过市场化的运作创造经济效益，还包括将产业文化化，当传统的生产模式逐渐远离人们的记忆时，人们对其历史的思考自然便有了文化的属性。正如一汽上世纪50年代的生产线和产品，因为有着特殊的历史政治背景，则可以通过汽车博物馆的建设将产业文化化。再如，传统的农耕和渔猎已经逐步远离现代的生产体系，但是恰恰可以通过“文化化”的模式，将其重新包装。比如欧洲的街头四轮马车，创造的经济收益率远比出租车高。此外，农家乐、渔家乐、手工作坊的生产模式也因丰富的文化内涵而使得其附加的文化价值得到体现。

【思考与练习】

1. 联合国科教文组织对文化产业的定义是什么？
2. 地方文化产业区别于其他产业的重要特征是什么？
3. 地方文化产业如何分类？

第二单元　地方文化产业与地方经济发展

【案例导入】

安徽无为是传统的劳务输出线，当地政府于1995年起实施“凤还巢”工程。目前回乡创业人员的业绩已是硕果累累。迄今为止，已经有万余人回乡创办或参股企业，年产值50亿元，对全县财政的贡献率达到一半以上。2007年无为县引进的203个项目，70%是外出务工人员回乡投资的。这些投资覆盖特种电缆、医药医用品、纺织服装、羽毛羽绒加工、新型建材、特色种植养殖和农副产品深加工等多个领域，甚至世界最大的保龄球道板厂也是来自无为。

【案例分析】

地方文化产业对于地方经济的发展，除了文化产业本身对于经济的发展拉动外，更重要的是地方的文化情节产生的经济发展引力。文化产业的发展各地方都有各自的特点，而有些地方在特定时期内，可能缺乏文化产业的发展要素。但是，文化的本质和内涵依然可以成为创造生产力的要素。地方文化是维系地方居民的灵魂所在，是促进地方经济发展的动力之源。在我国东部沿海地区经济发展的同时，对应的是中西部地区人员的迁徙。人口的迁徙直接造成了内陆地方的“发展赤字”。如何吸引地方富裕的创业者回归家乡为地方经济发展服务，本案例中的“凤还巢”工程，就为促进投资和人才回流提供了范例。正是一种故乡情结使得很多外出的创业者们，不为外地的生活迷惑，突破重重困难，回到自己的家乡参与发展建设。这种饮水思源的创业类型首先来自地方的文化情结。

【知识要点】

地方文化产业越来越成为地方消费经济发展的重要推动力量。一方面有利于我国当前产业结构调整的需要，有利于发展服务经济和平衡地域经济发展。其次，地方文化产业依然属于劳动密集型产业，产业的发展可以吸收大量的从业人员①。文化产业作为新兴的朝阳产业，在各国经济发展中具有越来越重要的地位，许多发达国家和地区的文化产业已经成为国民经济的支柱产业②。这对于我国的地方文化产业发展也有着极为重要的启示。

---

① 当人类跨入21世纪，文化在推动人类进程中的作用更加强大，同时，文化产业的从业人员已占全社会从业人员的3%~6%。据统计，日本文化娱乐消费占国民生产总值的4%，其娱乐业仅次于汽车工业；美国文化产业的产值已占GDP总值的18%~25%，其中音像业已经超过航天工业，占出口贸易的第一位；英国的文化产业，平均发展速度是整个经济增长率的近两倍，从业人员占全国总就业人数的5%；加拿大的文化产业规模已经超过农业、交通、建筑等行业。

② 从地区角度讲，文化产业已经成为相关地区经济发展的支柱。如巴黎的历史文化及相关旅游产业，汉堡的传媒和设计，杜塞尔多夫的商贸和会展，深圳文化产业成为其经济增长的第四大支柱，丽江古城的巨大部分GDP收入来自文化观光产业……在我国全国范围内，从2000年至今文化产业值增长了6倍；年实现利税47.9亿元；年制造增加值148.6亿元；文化产业机构增长了35%；从业人员增长了46%，已达到116万人。

一、地方文化产业与地方消费经济

地方文化产业越来越成为地方消费经济发展的重要推动力量。中国地方文化的博大精深体现在地方的乡土文化遗存的多样性,包括物质和非物质文化遗产。地方文化是地方历史发展的积淀,是当地居民得以繁衍和发展的精神寄托,是故乡情结的真正动因。地方文化根植于民众的思想和血液中,是同乡同族之间交流的无声的语言。此外,地方文化不仅对于故土居民具有强大的吸引力,对于外界社会依然具有很大的感召力。随着人们价值追求的多元化,到异域旅游,感受异乡文化成了一种时尚。目前全国各地流行的农家乐和乡土体验项目越来越受到追捧。地方文化的强大吸引力和市场经济结合到一起时便产生了无限的经济效应,文化消费将成地方经济发展的重要推动力量之一。随着居民生活条件的改善,越来越多的居民选择到具有丰富文化积淀的景点观光和消费。文化旅游产业中的食、宿、行、游、购、娱等要素都可以将地方文化的经济价值植入其中,从而通过文化消费带动生产和就业的扩大,在此基础上推动经济的发展。

地方文化产业是基于地方文化资源优势发展起来的新型产业类型,其特有的历史内涵、民风习俗、传统工艺、人文风景成为地方文化产业的核心价值和无形资产。古镇周庄依靠其悠久的历史和丰富的文化底蕴每年吸引着300万以上人次的旅游观光,打田财、摇快船、阿婆茶和万三蹄等成了周庄特有的民俗风景,而沈厅、张厅、迷楼、叶楚伧故居、澄虚道院、全福寺等名胜古迹则反映了周庄的历史文化底蕴,游客很多都是慕名而来,餐饮住宿的经营和文化纪念品的生产销售就成了周庄GDP收入的重要来源,全镇平均每两户居民中就有一人从事与文化旅游相关的产业。文化旅游收入成了保证农民增收的重要渠道。

二、地方文化产业与地方经济结构

我国的经济发展越来越受到环境和资源的限制,传统靠投资和产品生产拉动经济发展的粗放型经济增长模式使得我国社会生产的可持续发展受到了越来越大的挑战。资源的相对不足已经成为制约经济和社会发展的一个突出问题。一般而言,第二产业被看成是可通过能源供给对现有资源进行加工生产的产业类型,价值的创造直接依赖于能源和资源的使用。这种增长模式对资源和能源并非充裕的我国来说,具有相当的挑战。哥本哈根气候峰会的召开揭开了全球经济增长的权责承担机制的序幕,尽管我国目前仍然是发展中国家,但在不久的将来——2012年以后,这一体制将成为制约我国经济增长的重要障碍。

地方的文化产业可以看作是地方消费经济的重要组成部分,是高附加值、高技术含量、低能耗、少污染的新型绿色产业,对建设资源节约型和环境友好型社会具有重大意义。发展文化产业,完全符合中国建设资源节约型社会的国情需要。

此外,地方文化产业作为服务业的重要组成部分,其最主要的特征之一是依然属于劳动密集型产业。产业的发展需要大量的从业人员,这恰好符合我国人口多的国情。再者,从区域发展角度看,我国广大的中西部地区是我国古代历史文化的发源地,在改革开放政策的影响下,和东部地区的发展差距逐步扩大。这种情况下,发掘中西部历史文化积淀,促进地区文化产业发展有利于拉动当地就业和均衡我国东西部之间的区域发展。

三、地方文化产业与地方品牌

文化产业与城市发展之间是一种双向推动的关系。文化产业以其巨大的产业附加值及其相关产业的带动作用,使整个城市增值,并以巨额利润吸引越来越多的投资者;而它所催生的城市新环境,又加快了城市人流、物流、资金流和信息流的流动速度,从而大大提升了现代城市的集聚和扩散功能,那么文化产业在自身实现新的跃迁的同时,既成为城市流量的加速器、城市经济的重要组成部分,也在其中构建了意义交换和流动不可或缺的平台①。

某种程度上讲,文化既是产品又是地方品牌。云烟、鲁酒、川菜、金华火腿、瑞士表、德国车、法国葡萄酒等同时具备两种属性。这种带有地方文化色彩的产品品牌已经内化到消费者的心智中。

昆山市巴城镇在农业产业结构调整过程中,努力发展"大闸蟹经济",将养殖、销售和品牌推广融为一体,形成以养蟹、卖蟹、吃蟹为载体的房地产业和以吃蟹、买蟹为主要内容的旅游业。以大闸蟹打响的地方品牌,成为拉动巴城镇相关经济发展的一项重要措施。如今阳澄湖大闸蟹已经成为巴城镇的一项文化名片,在地方社会经济发展中起到了至关重要的作用。

2001 年以来巴城镇通过举办一年一度的"巴城阳澄湖大闸蟹文化节""蟹乡欢乐周"、龙舟赛、花车巡游、摄影赛、蟹王蟹后大比拼等活动,加大品牌的宣传推广力度,在电视、电台、报刊等宣传媒介上广泛宣传。凭借"阳澄湖美,巴城蟹肥"这一金字招牌,巴城镇 2005 年一年期间就吸引前来赏蟹、买蟹、吃蟹等游客将近 113 万人次,创造产值 8 个多亿,解决了 1.4 万多人的就业问题。随着阳澄湖大闸蟹和巴城镇的日益知名,以蟹为内容的旅游高潮也随之而来,从而推动了巴城镇旅游业的发展。目前,在巴城镇已经形成了集美食、旅游、观光、休闲、度假为一体的多功能场所。此外,各种规模的饭店、宾馆也相继建立起来,其他配套设施也紧随其后。如昆山红枫房地产开发有限公司的东方云顶广场,上海国际高尔夫球度假村会员俱乐部和新上海威尼斯度假村俱乐部等。此外,在塑造地方品牌方面,巴城镇更是深入挖掘地方文化内涵,根据阳澄湖的特色,提出"阳澄烟雨、生态水乡、千年古镇、螃蟹为上"的理念,将人文景观和旅游产业紧密相连。

【思考与练习】

1. 地方文化产业促进地方经济发展的表现形式有哪些?
2. 地方文化产业如何促进地方经济结构转型?
3. 地方文化产业如何有助于树立地方品牌?

---

① 蒋晓丽. 四川文化产业发展研究[M]. 成都:四川大学出版社,2006.

第三单元　地方文化产业政策

【案例导入】

深圳首个文化产业发展规划纲要出台(深圳商报)

为了全面实施"文化立市"战略,进一步做强做大文化产业,深圳市首个文化产业发展规划《深圳市文化产业发展规划纲要》(2007—2020)已经于2008年初正式出台(以下简称《纲要》)。《纲要》包括文化产业"发展基础""发展目标与战略思路""重点领域""空间布局""支撑体系和对策措施"五大部分,分近期、中期、远期阶段实施。《纲要》提出到2020年,深圳文化产业总体实力和核心竞争力大大增强,文化产业增加值占本地GDP的11%左右,成为深圳举足轻重的支柱产业。其增长速度明显高于本地GDP增长速度和全国可比城市文化产业增长的平均速度。

【案例分析】

可以看出《纲要》作为深圳首次系统编制文化产业发展的总体规划,已经将地方文化产业作为促进地方经济发展的一个重要政策举措。深圳市是一个年轻的工业化城市,文化产业发展缺乏深厚的历史底蕴,因而纲要所体现的文化产业发展思路都是建立在现代工业和娱乐文化基础之上,是基于自身条件的考虑和定位。全国其他地区的地方文化产业发展也应遵循着地方化和特色化相结合的原则。

【知识要点】

我国文化产业历史沿革,文化产业法规与地方文化产业。

一、我国文化产业历史沿革

新中国成立以来的一段相当长的历史时期内,文化产业一直由国家垄断,人民对于文化产品的消费甚少。其主要原因首先在于文化产品的供给量较少;其次,居民生活水平低下,缺乏文化消费力。在改革开放前的相当长时期内,文化产业和政治治理紧密相联,长期属于意识形态领域,缺乏市场基础。

改革开放以来,对着经济的稳步快速发展,我国人民拥有比过去优越的物质生活,对精神文明和文化的需求日益增长,文化产业化逐步为广大人民接受。同时,国家也进行了一系列的政策调整。七五计划中提出进一步发展新闻出版、广播电视、文学艺术的规划建议;1990年的八五计划中提出新闻出版、广播电视、文学艺术等文化事业在社会主义建设中的重要作用;2000年十五计划明确提出文化产业政策的概念,强调要完善文化产业政策,加强文化产业市场建设和管理,推动文化产业展。

2009年7月22日,国务院常务会议通过了《文化产业振兴规划》(以下简称《振兴规划》),这是继纺织、轻工等规划之后的第十一大产业振兴规划。国家将重点推进的文化产业包括:文化创意、影视制作、出版发行、印刷复制、广告、演艺娱乐、文化会展、数字内容和动漫等①。《振兴规划》的出台意味着我国文化产业的发展将进入快车道。在此基础上,各地区纷纷制定和调整区域文化产业政策,以发展和振兴地区文化产业市场。

二、文化产业法规与地方文化产业

文化产业政策是指一个国家为了促进本国的经济发展,根据文化产业发展客观规律,综合运用经济手段、法律手段以及必要的行政手段,调整文化产业关系,维护文化产业运行,促进文化产业发展,达到对社会文化资源的最优配置,重新调整文化产业经济活动的一种政策导向。

在现代政治学理论中,政策是政府对价值的权威性分配的决策方向。一般而言,福利、权力、荣耀、安全是政策分配的价值所在。因而可以认为文化产业政策是政府分配文化价值的决策方向。各地区在制定文化产业政策的时候需要考虑到以下几个方面的内容:经济发展、信息传播的推动和控制、个人的社会化及文化和认同资产的传递②。

政府介入文化产业有助于国家意识形态的控制从而维持政府统治的稳定性,因为文化往往被视为意识形态与国家认同的重要内容。从文化自身发展角度看,文化的多样性和复杂性需要一定的宏观干预以保证其纯洁和有序。地区在制定文化产业政策时必须考虑到经济发展、信息传播的推动及控制、个人的社会化及文化和认同资产的传递③。

首先,从经济发展功用角度讲,文化产业是现代经济体系的一个重要组成部分。具体地分析,文化产业可以归为服务行业。通过向市场提供具有满足个人文化品味追求的产品或服务而获得市场收益。人们生活水平的提升直接推动消费层次的提高,文化产品在个人生活消费中占据着越来越重要的分量。经济功能的另一个重要体现是文化产业发展对就业的拉动。

其次,从文化产业对社会意识形态影响角度分析。文化产业内容的恰当与否将直接影响到社会发展的稳定。媒体的宣传对社会的意识形态产生根深蒂固的影响,设想如果没有媒体的宣传推广,文化大革命在全国范围内造成的破坏影响将会小得多。同时,作为正面引导社会发展发面,文化产业的发展可以起到净化社会风气的作用。传媒对于见义勇为行为的报道,对贪污贿赂的揭发都将推动社会朝积极方向迈进。

第三,地方文化产业的发展建立在地方历史文化基础之上,地区文化的发展可以使文化成为地区的一笔永久财富,推动和延续地区发展和地区经济振兴。在创造经济价值的同时,还可以通过文化产业提升社会认同。如博物馆、历史遗迹、爱国教育基地等。地区文化的认同,更会促进地区文化自豪感和人们的幸福感。水城威尼斯的人认为他们是世

① 文化产业振兴规划,百度百科,http://baike.baidu.com/view/2839461.htm? fr = ala0_1_1.

② 郭鉴.地方文化产业经营[M].杭州:浙江大学出版社.

③ 郭鉴.吾地与吾民:地方文化产业研究[M].杭州:浙江大学出版社,2008:129.

界上最幸福的人，贡多拉的划手更认为他们的职业是世界上最好的职业。

基于以上几点考虑，如何让文化产业的功能得到有效发挥，地方政府应该采用切实可行的措施积极推动文化产业的建设。世界主要国家都有一套成型的文化产业政策，如美国、法国、德国、英国甚至欧盟层面。我国的文化产业政策也已具雏形，2009 年我国《文化产业振兴规划》出台，标志着文化产业发展已经作为一个战略性产业上升到国家战略的层面，在此基础上各地区纷纷出台地区的文化产业政策。如南京市在文化产业方面进行了大幅度的改革，首先是文化管理体制改革方面，"三局合并"启动，成立了文化广电新闻出版局；金陵大报恩寺琉璃塔暨遗址园区，建成后将成为南京一大文化旅游基地；中华戏曲文化博览园将打造长三角地区最时尚的演艺中心；江苏未来影视文化创意产业园，旨在打造"东方好莱坞"①；中国南京文化产业交易会；赴香港参加"江苏南京文化贸易产品推介会"。

2003 年，深圳市作为全国第一批文化体制改革综合性试点地区，在国内城市中率先提出并确立"文化立市"战略，制定了《文化发展规划纲要》《文化产业发展"十一五"规划》和《文化产业发展规划纲要（2007—2020）》及其他一系列文化配套政策。经过几年的发展，深圳市在文化产业方面已经取得了非常卓越的成绩，十一五期间，深圳的文化基础设施投资超过 130 亿元，深圳规划的"钢琴之城""图书馆之城""设计之都""动漫基地"等四大精品文化工程，都已见雏形并逐步发挥经济和社会效益。目前，深圳每百户家庭的钢琴拥有量居全国第一；率先实现每 1.5 万人拥有一个社区图书室；文化产业年均 20% 以上的增长速度；深圳已经取得联合国科教文组织授予的世界第六个、中国第一个"设计之都"的称号；近 5 年，文化产业已成为仅次于高新技术产业、物流业和金融业的第四大支柱产业。

上海的文化产业发展也进入了快车道。作为国际大都市，上海格外受到外资的青睐，新闻集团、美国在线时代华纳、迪斯尼公司等海外文化产业巨头纷纷进入上海。在此背景下，上海市出台一系列政策，鼓励相关文化产业的发展，同时利用上海有利的地理位置有效地促进了上海文化产业的发展。2009 年岁末，迪斯尼正式获准在浦东川沙建立新的公园。此外，世博会将为上海文化创意产业发展提供历史机遇，世博会将促进不同的理念与文化的交流从而激发人们的创新思维。同时还将推进上海的广告、建筑设计、时尚设计、影视广播、出版、演艺、音乐、计算机软件服务业等相关创意产业的发展。世博会结束后，大量场馆将成为各具特色的创意产业集聚区，并聚集大量的创意产业人才，使上海成为一个名符其实的国际文化交流中心②。

【思考与练习】

1. 地方政府干预地方文化产业的必要性有哪些？

2. 理解可持续发展的文化产业政策。

---

① 诸敏. 南京文化产业迈向境外第一步. 朱敏. 南京报业网，2009-8-18.

② 王如忠. 世博会与上海文化创意产业[N]. 文汇报，2010.01.03.

第四单元 地方文化产业市场营销

【案例导入】

《老友记》里面有一个片段,乔伊拿到了六张博物馆的门票,问其他老友在哪里见面,三位女生齐声答道:"礼品商店"。在欧美国家博物馆的礼品商店是十分普遍的,是博物馆经费的重要来源之一。

【案例分析】

相比西方博物馆,我国博物馆经费主要靠政府财政拨款,有限的经费来源难以满足博物馆的长远发展之需,国家文物局于2009年组织的博物馆文化产品开发调研显示,我国当前博物馆文化产品开发能力不足,产品缺乏特色,品种单调,缺乏吸引力,因而失去了很多创收的机会。从游客的文化品位角度出发,我国的博物馆文化产品也具有较大的市场空间和消费活力,因而有必要加大我国文化市场营销创新和结构调整。[①]

【知识要点】

改变文化产业营销观念,注重地方文化产业营销;注重培育地方文化产业市场,加强地方文化产业经营;发扬光大地方文化,做大地方文化产业。

一、地方文化产业营销

(一)文化产业营销观念

在全面建设社会主义市场经济的今天,文化建设不仅履行着上层建筑和意识形态的功能,而且也是发展社会生产力、完善社会主义经济基础、实施国民经济战略性调整的关键环节。营销观念是将文化企业的产品管理、价格决策、分销渠道、促销力量和市场研究连在一起,实现与消费者的双向沟通,使企业获得良好的经营效果。以电视、电影营销为例:在文化市场进入新营销时代,电视剧、电影不仅是一件艺术产品,更多的是要获取商业利益的最大化。一些投入了大量资金的历史电视剧、电影拍摄基地保留下来成为宣传地方文化的平台,如近几年来雨后春笋般涌现的无锡三国影视城、横店影视城、桃花岛金庸小说拍摄基地,等等。一些电视剧、电影开始寻找传统特色文化做题材,做背景,如电影《大红灯笼高高挂》、电视剧《乔家大院》都以宅院相连的形同古堡式的大院为背景,片中大量传统民居建筑艺术反映了山西三晋文明史而令世人瞩目,很多观众在看完电视剧、电影

① 近年来,已经有一些成功的博物馆经营案例说明了这一点,如:上海博物馆新馆建成十多年累计开发文化产品1 600多种,年销售额2 500万人民币,远超过门票收入;湖北省博物馆注册了以馆藏国宝"曾侯乙编钟"为重要内容的"曾侯乙编钟乐舞"商标。这些成功的案例表明我国博物馆文化产品开发和文化产品营销市场空间还很大。博物馆营销只是地方文化产业市场营销的一个缩影,地方文化产业的其他方面,比如非物质文化遗产的发掘,地方风俗文化的弘扬,旅游市场的国内外推广等都需要注重同市场营销紧密结合起来。

后对这些精致无比、保存完好的宅院赞叹不已。因此，我们在发展地方文化产业、推广地方传统文化旅游业、销售地方产品的时候，一定要将活跃的经营理念注入文化产品销售和服务中，要十分重视树立正确的营销观念并不断创新。

(二)营销组合

营销组合是指营销企业根据内部可控制的四个变量——产品、分销、促销、价格来构建营销组合。地方文化产业推广同样可以借助营销组合的观念，运用产品文化化策略，扩大地方文化形象，区分目标市场，针对性采取营销价格策略，以有效的价格策略促进文化产品营销。在这种营销组合策略上，韩国的电视剧市场经营提供了一种成功的模式。韩国电视剧《大长今》在华人地区炙手可热，该剧的热播极大地抢占了中国市场，并实现了品牌打造，进一步带动韩国文化传播。该剧的成功取决于该剧导演及编剧对韩国文化师承中国文化等历史渊源的准确把握，在产品战略上采用包含中国文化“食 + 医”这两条主线，扬长避短，推陈出新，成就了《大长今》的品牌塑造。在定价策略上，确定高端的市场价格路线，确保出品商和经销商有丰厚的利润以及广阔的炒作空间，中国内地的播映权和音像版权被湖南卫视以 2 000 万高价买得。由上例可以看出，文化产业的营销观念应该反映出消费者对物质和精神追求的各种文化要素(既包括以视觉为主要通道的产品构思、设计、造型、装潢、包装、商标、广告、款式等，又包括对文化产品营销传播活动的价值评判、审美评判和道德评价)，利用文化的独特亲和力，把具有相同文化底蕴与文化追求的人们聚集在一起，并取得价值的认同，达成有效的沟通。

二、地方文化产业市场

(一)民间工艺品市场

中国民间工艺品历史悠久，内容丰富多彩，如陶瓷、泥塑、布艺、灯彩、吊饰、木刻、桦皮工艺、漆器工艺、鹿皮工艺、砚石工艺、竹编工艺、漆器陶具、玉器工艺、大理石工艺、黄杨木雕、风筝、剪纸、麦秆画、银饰、年画、纸编画、苏绣等。内容表现活泼向上、吉祥如意、长命健康、富贵有余、儿孙满堂等祈福心愿，用于民间传统节日、宗教节日和民族饰品等，流传广泛，生动有趣。

中国民间蕴藏着无数民间工艺精品。这些民间工艺品大多是由各族民间艺人手工制作而成，不但精美，而且是中国悠久文化的根基，具有很高的收藏价值。伴随着人们的文化意识不断增强，非物质文化的保护也逐渐成为热点，越来越多的境外游客大量购买中国的民间工艺品，甚至用集装箱大量销往国外。因此，关键是要让民间工艺品走向市场，让人民真正意识到民间工艺品的艺术价值和收藏价值[①]

(二)地方旅游资源市场

旅游活动是集食、住、行、游、购、娱为一体的综合性消费活动。专业旅游公司既要为消费者保证基本的食、住、行等常规服务，还要提供游、购、娱等高层次精神享受的特色服

---

① 蔡嘉清. 文化产业营销[M]. 北京：清华大学出版社，2006.

务。现代旅游活动的内容包括旅游观光、休闲度假、康复疗养、科学探险、宗教朝拜、体育比赛、探亲访友、商务活动等。山水旅游、科技旅游、红色旅游和民俗旅游等项目日益成为吸引消费者旅游的重要项目。

1. **自然景观** 自然界中具有欣赏价值的地貌、水体、生物、气象、气候和天象等自然现象,是人们外出旅游获得审美情趣的首选资源。特别是天然形成的滩涂、荒壁、冰川和石林等土地资源,海洋、江河、湖泊、沼泽、冰川、地下河流等水资源,以及附着在这些资源上的树木森林、花草植物及栖息动物,等等,都是吸引各地游客的重要因素。

2. **人文景观** 人文景观是人类历史实践遗存下来的具有观赏价值的文化景观和传统资源。随着我国经济的发展,许多地方充分挖掘本地人文资源,掀起“经济搭台,文化唱戏”的热潮,推动了人文景观市场的发展和繁荣。人文景观不仅包括古遗址、古建筑、古墓穴、石窟和石刻、园林、近现代史迹和现代物质文明景观等不可移动的物质文化景观,而且还包括民间习俗、宗教礼仪、民间艺术和民间游艺等非物质文化景观。

(三)文教场馆市场

随着人们对各方面知识的渴求和审美水平的提高,一座座现代科技馆、博物馆、儿童活动中心、游乐场、美术馆、会展中心拔地而起,构成了社会教育和资讯传播的海洋。这些展示场所有目的、有计划、符合逻辑地将展示内容呈现给观众,并通过运用空间规划、平面布局、灯光控制、色彩配置等场馆条件,在传授知识的同时带给人们愉悦的审美享受。

(四)文化节庆活动市场

目前,学术界对于节庆活动的界定,普遍采用 Getz 所提出的广义定义,即节庆是在一种理性活动之外,在组织运作以及经费赞助的配合下所形成的一种一次性的或非经常性发生的特殊活动①。节庆活动按照规模的大小,可以分为超大型活动、大型活动、重要活动、地区性活动数种,划分指标包括参观人数、媒体曝光率、知名度、硬件设施、成本、效益影响及冲击强度,等等。就影响力而言,越是大型的节庆活动影响越明显②。

1. **超大型活动** 超大型活动的规模最庞大,影响范围波及整个社会和经济体系,同时会引起国际媒体的注意和大量报道,例如奥运会、世界博览会等。超大型活动的规模以及影响力巨大,能拉动当地旅游人数大幅增加,经媒体大量报道,声名远播四方,举办地的经济也因此产生极大的变化③。

2. **大型活动** 大型活动指的是那些已经与主办城市、地区的精神、特色、名称完全契合,几乎变为举办城市、地区的代名词的活动,并且广泛获得当地人的认同与支持。黎奇对大型活动的定义是偶尔特别性举办,或经常性举办但持续时间有限的活动,其目的主要是促进各地对于举办地的认识,创造当地观光产业短期及长期的商业利益④。

---

① Cetz,D. Festivals,Special Events and Tourism,New York:Von Nostrand Reinhold,1991.

② McDonell,Ian,AllenJohnny,& O' Toole,William,Festival and Special Event Management. Singapore;John Wiley &Sons Australia,Ltd. 1999(10).

③ Getz,D Events Management and Event Tourism,New York:Cognizant Communications,1997.

④ Ritchie J. R Brent,Assessing The Impact of Hallmark Events:Conceptual and Reasearch Issues,Journal of Travel Research,1984(23),pp. 2-11.

大型活动成功的关键在于其定位必须独特,内容必须新鲜,有良好的名声,并借着时机的精确把握来创造大众对该活动的注意和兴趣。

大型活动的典型案例,当属巴西里约热内卢的嘉年华、慕尼黑的啤酒节、爱丁堡的艺术节,等等。这些活动已经与当地特色及市民相结合,吸引大量观光客前来消费,也为举办地赢得无比的自信与骄傲,获得国际间普遍的认可。

Getz 认为这些活动能为举办地带来高度的竞争优势。大型活动可以形成一个反复举办,且有重大意义的活动。这样的活动对于传统的维系、观光客的吸引、都市的形象与信誉的建立都有正面的帮助,使得举办该活动的场地、地区、都市都变得具有高度的竞争优势。例如新奥尔良狂欢节的国际知名度使得该地区的竞争优势大增,安大略史垂特福的年底莎士比亚戏剧节也为该市带来大量观光人员及消费。每个地区或城市都需要节庆或活动来建立自己的特色,确保媒体经常作正面的宣传,建设积极的形象,借此塑造这个城市的竞争优势①。

3. **重要活动**　从媒体报道的强度以及活动本身的规模来衡量,重要的活动指的是可以吸引相当数量(数万人)的参观人潮,吸引媒体报道并能取得经济效益的节庆活动。

4. **地方性活动**　具有地方性的仪式、典礼、展演、庆典、竞赛等,参观者来自主办地区附近的城镇居民(地区、乡镇级参加人数约数千人)、媒体宣传限于地区性的报道、对经济略有影响的活动。各地方政府主办的活动大多数都是地方性的活动。

三、地方文化产业经营

地方文化产业经营是一个非常广泛的概念。从内容上分,地方文化产业可以分为地方文化观光产业、地方节庆文化、地方休闲产业文化、地方特产文化、地方传统工艺文化等,每一种产业形式都有不同的经营管理方式。本文拟分类介绍相关地方文化产业的经营方式。

(一)地方文化观光产业

地方文化观光产业属于旅游业范畴。与旅游业相异的是文化观光更加注重观光的文化内涵。世界观光组织《文化观光宪章》将文化观光狭义地定义为场所的发现,因而有人将其称为遗产观光,比如参观长城、斗兽场、金字塔等。按照广义的定义,文化观光还包括非物质文化方面,如风俗民情、地方节庆等。此外,文化观光还包括与文化产业环境相关的旅游活动,如工业旅游中的企业生产车间、产品展示厅,现代建筑艺术经典等。目前,作为旅游观光的一个重要方面,文化与观光之间的联系越来越密切,亦即文化引导观光,观光充实文化。从旅游产业的统计资料中可以发现,凡是历史文化名城,或者获得联合国自然或文化遗产标志的地区的旅游收入明显高于其他地区。这也是为什么近年来某些主体公园经营惨淡的最好解释,通常这些凌空而建的公园缺乏文化底蕴。而同样是主题公园的迪斯尼乐园,其经营不衰的秘诀也在于文化底蕴,唐老鸭米老鼠已经从绝对意义上奠定了迪斯尼的文化基础。

---

① Getz. D Events Management and Event Tourism, New York: Cognizant Communications, 1997.

就地方观光资源的内容而言,这些内容通常反映某个时代精神,并且这种精神可以迎合观光者的个人价值追求和独特历史品味。英国的一些老旧工业城市今天成为国际观光的热点,是因为观光者对于工业文明给当今世界带来巨大变化的惊叹以及对其起源的神往。巴黎的奥赛博物馆里聚集了一大帮近现代艺术的追求者,雷诺瓦的加雷特磨坊舞会、梵高自画像、莫内的蓝色睡莲绘画前站立着一大批虔诚的艺术信仰者。荣军院里拿破仑棺椁前的观光者自然也是这个伟大历史人物的信仰者。按照 CristopherM. Law 的定义,文化观光产业具体内容可以细分为主要元素、次要元素和附属元素三个部分。

1. **主要元素** 一般包括观光文化的主体部分,如博物馆、电影院、音乐厅、剧院、特殊建筑、历史街区、古老纪念物、教堂、寺庙以及相关的自然环境、社会特色文化等。主要元素是整个观光文化的核心价值所在。

2. **次要元素** 作为主要元素的配套设施,如观光旅馆、会议厅、休闲设施、配套市场等。次要元素可以帮助主要元素实现更大的经济收益,其自身获得的收益甚至和主要元素相当,甚至超过主要元素。现代的营销策略会刻意降低主要元素的定价,而通过次要元素的收益加以弥补。

3. **附属元素** 作为前两部分的补充,附属元素通常是为主要元素服务,如交通设施、信息咨询、生活服务等,以提高游客的满意度。

地方文化观光产业的营销

地方文化观光产业发展必须具备许多有效吸引游客的要素,这些要素是影响观光旅游地区成功的关键。这些要素建立在以上三个元素的基础上,通过不断深化各种元素的诱导力吸引观光游客。按照麦卡锡营销的四个要素——产品(Product)、价格(Price)、渠道(Place)、促销(Promotion),结合文化观光产业的三个要素,本文将观光产业的营销推广归结为以下几个部分:

(1)突出文化焦点,挖掘文化内涵。文化始终是文化观光产业的核心价值所在,挖掘文化内涵有助于提升该地区的文化吸引力。文化的自然形态具有不规则性的特点,如民俗风情等。对于观光者而言,如果没有丰富的知识积淀,则很难理解相应文化的内涵。而这恰恰需要文化产业开发机构作好知识的系统梳理,通过特定媒体加以宣传和推动。

(2)产品宣传与市场推广。和前者注重文化性不同的是,产品宣传与市场推广更注重市场性。实践表明,市场宣传可以引导消费者的消费行为,文化产品的宣传推广同样需要从市场角度引导消费。

(3)定价策略方面,需要统筹兼顾。较低的主要元素价格可以从次要元素的收益中转移弥补,通常景点的餐饮、住宿和休闲等项目的支出价格比景点门票要高数倍,而吸引观光者的更多的可能是主要元素价格。

(4)互补性配套设施的建设,满足游客的多元化需求。在名胜古迹附近设立其他休闲游乐设施可以提升观光者的满足感。

(二)地方节庆经营

节庆经营近年来成为地方文化产业新的发展契机,其不仅可以增加地方收入和地方就业机会，还可以提升地方形象，提升地方品牌，带动观光人潮。国际上节庆活动的发展历史悠久，如公元前776年古希腊举办的奥林匹克运动会。目前的节庆活动很多跟宗教有关，如与基督教有关的圣诞节、复活节、受难节、圣灵降临节、感恩节；与伊斯兰交有关的节日有开斋节、古尔邦节、圣纪、白拉提节、盖德尔夜、登霄节、法蒂玛忌日等。我国具有悠久的历史文化，从古至今也流传着许多民俗节日，如春节、元宵节、端午节、七夕节、中秋节、重阳节等。此外，还有民俗节日、风土人情、新兴的产业节庆和观光节庆，如德国的十月啤酒节、香港地区的包子节、世界博览会等。

产业化的节庆活动区别于原生态的节庆活动，前者需要经过市场化的包装运作，并以获取市场收益为直接目的。所以在原生态的节庆活动基础上，需要加大活动策划力度。根据实际运作及编排需要，节庆活动的策划运作分为以下几个方面。

1. **明确的节庆概念**　节庆首先必须是普遍意义上的，得到广泛认可的概念。对于一些传统的节庆而言，节庆概念较为明确。但是对于一些新兴的地方节日而言，则需要加以特别推广说明。近年来，我国各地方相继举办很多地方品牌节日，如杭州的西湖博览会、盱眙龙虾节、无锡太湖博览会、广州商品交易会等。一些刚打出的品牌则需要加大品牌推广力度，特别是类似于商品交易和招商的节日。

2. **推广方案**　在推广方案的制定过程中，需要明确的推广目标、推广对象。同时要考虑到方案的创新性，要树立自身的品牌特色。很多地方在做地方产品博览会和地方招商节时，很少能摆脱开拓者的影子。方案缺乏吸引力自然降低了节庆的推广效果。从推广渠道角度分析，网络、电视、广播、期刊等都是有效的方式，但是要考虑到成本和收益的问题。同时，资金筹集过程中需要考虑到与其他营销策略的配套，包括和其他商家形成战略联盟，达到提高营销效果和降低营销费用的目的。此外，推广过程中，需要通过问卷调查等方式及时观察市场的反应，从而作出相应的策略调整。

3. **过程控制**　过程控制分为监督、评估、反馈及总结四个部分。这个过程也可以列入方案的制定中，随着过程的进行，不断根据跟踪反馈结果恰当调整方案。对过程中遇到的问题及解决办法列于其中，以便日后管理使用。另外，对于周期性节庆的营销，前一个周期的管理资料可以作为下一期的参考标准。

在以上的管理模式中，地方艺术节营销一般分为以下几个步骤：①树立艺术节使命；②整合营销团队；③市场调研，营销策划撰写；④制定营销目标；⑤营销执行。

（三）地方文化休闲产业经营

文化休闲产业是艺术、文学等文化活动的统称。地方休闲的营销需要有针对性地分类进行。比如可以按照年龄将消费者分为少年儿童、青年、中年和老年，每个年龄段所能接受的文化产业种类不一样。另外，也可以按照收入层次进行分类，比如同是体育运动，网球、乒乓球、保龄球、高尔夫球的消费成本不一样。另外，休闲文化产业相对于其他方面的产业，更具有日常生活的性质，跟百姓的福利密切相关。因此，在休闲文化产业的营销过程中，要注重产业化和公益性的有效统一。由于地区经济发展水平的差异，地方财政水平也不一致，发达地区的城市博物馆可以获得财政的全额资助而向公众免费开放，而大多数地区还要将门票收入当作博物馆运营的资金来源。这种情况下,便需要协调好公益事业与市场产业之间的关系,即不要因为高票价而影响居民的文化消费需求,也不能因为低收益而降低服务标准。同时,需要充分发挥外部力量的作用,比如民间团体或其他基金会的资助。

(四)地方文化商品经营

地方文化商品是指那些传递地方文化信息、内涵及生活方式功能的消费品。通过文饰、造型与意义转换等方法,地方文化被以抽象的形式渗入到实物或服务的商品中。如漳州的木板年画,苏州园林,山西汾酒,西安木偶,西安剪纸,仿秦俑,杭州西湖手工绸伞,福建古田竹编,广东的粤绣,牙雕,端砚等。

地方文化商品营销的重点在于将产业和地方品牌结合起来,地方文化产品的品牌效应是该类产品取得市场竞争力的关键。在西安购买的仿秦俑和在上海豫园商场购买的同样产品有着不一样的意义。后者仅仅是一个商品,而前者则是在考虑了文化商品的地域属性基础上,将地方文化植入物化的商品中,建构消费者的文化认同感。此外,文化产品的经营还需要和文化产品的开发放在一起考虑。文化产品的开发包括产品造型设计、文化活动策划、宣传推广等环节。同时,文化产品的开发还要借助于传媒的宣传,如电视、报纸、网络甚至明信片。苏州丝绸博物馆便是一个很好的例子,其在国外的声誉绝不亚于国人对它的知晓。

地方文化产品经营的一个困境是如何走出去的问题。对地方产品而言,地区以外具有更大的市场和发展空间。地方文化产品“走出去”战略的成功与否关键在于市场推广,如何找到恰当的市场定位,做恰当的宣传推广、调整和改进产品设计,采用长期的发展战略,最终获得外部市场认可。

【思考与练习】

1. 文化产业市场营销组合是指什么?
2. 举例说明文化手工艺品市场的特点有哪些。
3. 举例说明节日庆典活动主要分为哪些类。
4. 设计一个地方节庆活动方案。

参考文献

[1] 建设文化强省参考资料 第九期[J].2003(4).

[2] 欧阳友权.文化产业概论[M].长沙:湖南人民出版社,2007.

[3] 宋培义.文化产业经营管理[M].北京:中国广播电视出版社,2008.

[4] 陈少峰.文化产业战略与商业模式[M].长沙:湖南文艺出版社,2006.

[5] 刘凌云,文芳,谭晓雨,等.文化产业"同一首歌"蝶变[M].文化创意产业网,www.cci.cuc.edu.cn,2008-1-21.

[6] 刘江华,李彦.《同一首歌》缘何招标成功?[N].北京青年报,www.sina.com.cn,2002-6-27.

[7] 刘星.CCTV-3:《同一首歌》唱不停.中金在线,www.cnfol.com,2005-10-10.

[8] 钱峻,等.电视业娱乐化倾向及效果评估.中国新闻研究中心,www.cddc.net,2005-10-10.

[9] 孟欣简介.人民网,www.people.com.cn,2006-9-27.

[10] 孟欣荣获"中华十大财智人物特别奖".央视国际,www.cctv.com,2006-12-23.

[11]《同一首歌》栏目简介.http://www.sina.com.cn,2007-1.

[12] 程恩富.文化经济学[M],上海:上海财经大学出版社, 1999.

[13] 邓安庆,邓名瑛.文化建设论[M].长沙: 湖南人民出版社, 1998.

[14] 江蓝生,谢绳武.2001-2002:中国文化产业发展报告[M]. 北京社会科学文献出版社, 2002.

[15] 北京市社会科学院和北京市计划委员会.北京文化产业研究[M].北京:北京出版社, 1999.

[16] 黄楠森,龚书铎,陈先达. 有中国特色社会主义文化研究[M].济南:山东人民出版社, 1999.

[17] 欧阳友权. 文化产业概论[M].长沙: 湖南人民出版社,2007.

[18] 蔡尚伟,温洪泉.文化产业导论[M].上海:复旦大学出版社,2006.

[19] 胡惠林.文化产业与管理[M].天津:南开大学出版社,2007.

[20] 向勇.中国创意城市理论与实践[M].北京:新世界出版社,2008.

[21] 何群.文化生产及产品分析[M].北京:高等教育出版社,2006.

[22] 陈少峰,朱嘉.中国文化产业十年[M].北京:金城出版社,2010.

[23] 叶朗.中国文化产业年度发展报告(2007)[M].长沙:湖南文艺出版社,2007.

[24] 姜知非. 21 世纪初我国文化产业的发展趋势[J]. 江西政报,2005(8).
[25] 欧阳宏生. 广播电视学导论[M]. 成都:四川大学出版社,2004.
[26] 谭晓雨. 广电大重组模式. 中华网科技频道.
[27] 欧阳友权. 文化产业概论[M]. 长沙:湖南人民出版社,2007.
[28] 国家广播电影电视总局发展研究中心. 2009 年中国广播电影电视发展报告[M]. 北京:新华出版社,2009.
[29] 杨玉龙. 我国数字电视发展的必要性与优势. 广播电视信息,2009-7-23.
[30] 李康化. 文化市场营销学[M]. 太原:书海出版社,2006.
[31] 李向民,王晨,成乔明. 文化产业管理概论[M]. 太原:书海出版社,2006.
[32] 胡惠林,李康化. 文化经济学[M]. 书海出版社,2006.
[33] 扬先顺,陈韵博. 广告文案写作原理与技巧[M]. 广州:暨南大学出版社,2005:7.
[34] 林丽丽. 宽带互联网时代网站盈利实现方式探讨[M]. 科学教育前沿.
[35] 王伟军. 电子商务概论[M]. 武汉华中师范大学出版社,2006.
[36] 曾明,李建军. 网络工程与网络管理[M]. 北京电子工业出版社,2003.
[37] 胡铮. 网络与信息管理[M]. 北京:电子工业出版社,2008.
[38] 李钢,王旭辉. 网络文化[M]. 北京:人民邮电出版社,2005:14.
[39] 山东省网络文化办公室. 网络文化建设与管理[M]. 济南:山东人民出版社,2009.
[40] 休闲产业将是我国新的经济增长点[N]. 科技日报,2000-14-12.
[41] 徐晓飞. 论我国休闲产业的发展[D]. 大连:东北财经大学,硕士学位论文,2006.
[42] 陈喜红. 休闲产业与经济发展[J]. 北京:经济研究. 中国高新技术企业.
[43] 李培祥. 试析我国休闲产业的发展[J]. 哈尔滨:商业研究,2008(3).
[44] 陶萍,黄清. 论休闲产业的社会功能[J]. 哈尔滨:哈尔滨工业大学学报(社会科学版).
[45] 宋瑞. 浅论休闲经济[J]. 桂林:桂林旅游高等专科学校学报,2001,12(3).
[46] 张建国,余建辉. 生态林业论[M]. 北京:中国林业出版社,2002.
[47] 张广瑞,等. 2003-2005 中国旅游发展:分析与预测[M]. 北京:社会科学文献出版社,2005.
[48] 黄蕾,李娟. 浅谈我国休闲产业的发展[J]. 北京:商业文化·社会经纬,2007(11).
[49] 刘洪娜,等. 浅议休闲产业经济价值的主要体现[J]. 井冈山:井冈山学院学报,2007(6).
[50] 厉守卫. 休闲产业经济发展模式探析[J]. 北京:中国集体经济. 文化产业,2009(3).
[51] 刘海鸿. 我国休闲产业的特点、态势与前瞻[J]. 太原:生产力研究,No. 18. 2007.
[52] 周志平. 论休闲产业与社会经济发展的关系[J]. 南昌:东华理工大学学报(社会科学版),2008(9).
[53] 张捷,等. 试论城市闲暇业及其持续发展[J]. 南京:南京大学学报,1998(2).
[54] 魏小安. 发展休闲产业论纲[J]. 杭州:浙江大学学报,2006(9).

[55] 冯文,孙立军.动画概论[M].北京:中国电影出版社,2006.
[56] 王庸声.现代漫画概论[M].北京:海洋出版社,2006.
[57] 贾否,路盛章.动画概论[M].北京:中国传媒大学出版社,2005.
[58] 百度百科,动漫产业.http://baike.baidu.com/view/645743.htm?fr=ala0_1.
[59] 黄兴芳.动画原理[M].上海:上海人民美术出版社,2004.
[60] 孙立军,张宇.世界动画艺术史[M].北京:海洋出版社,2007.
[61] 王传东,郑琳.动漫产业分析与衍生产品开发[M].北京:清华大学出版社,2009.
[62] 甄西,译.动漫创意产业论[M].北京:国际文化出版公司,2007.